高等法律职业教育系列教材
审定委员会

主　任　万安中

副主任　王　亮

委　员　陈碧红　刘　洁　李定忠　刘宇翔
　　　　刘树桥　顾　伟　杨旭军　黄惠萍
　　　　蒋崇良　侯　伟

高等法律职业教育系列教材

司法鉴定文书

SIFA JIANDING WENSHU

主　编○罗光华　宋健文
撰稿人○（以姓氏笔画为序）
　　　　叶伟权　朱巧红　阳　雁　刘志杰　吕亮胜
　　　　宋健文　陈映彤　陈佳亮　张路路　张伟程
　　　　罗光华　谢剑捷　滕姣

中国政法大学出版社

2023·北京

声　明　1. 版权所有，侵权必究。

　　　　2. 如有缺页、倒装问题，由出版社负责退换。

图书在版编目（CIP）数据

司法鉴定文书/罗光华,宋健文主编. —北京：中国政法大学出版社,2023.8
ISBN 978-7-5764-1041-9

Ⅰ.①司… Ⅱ.①罗…②宋… Ⅲ.司法鉴定－法律文书－写作 Ⅳ.①D916.13

中国版本图书馆CIP数据核字(2023)第142638号

出 版 者	中国政法大学出版社	
地　　址	北京市海淀区西土城路25号	
邮　　箱	fadapress@163.com	
网　　址	http://www.cuplpress.com（网络实名：中国政法大学出版社）	
电　　话	010-58908435(第一编辑部) 58908334(邮购部)	
承　　印	固安华明印业有限公司	
开　　本	787mm×1092mm　1/16	
印　　张	11.75	
字　　数	257千字	
版　　次	2023年8月第1版	
印　　次	2023年8月第1次印刷	
印　　数	1~4000册	
定　　价	45.00元	

总序

高等法律职业化教育已成为社会的广泛共识。2008年，由中央政法委等15部委联合启动的全国政法干警招录体制改革试点工作，更成为中国法律职业化教育发展的里程碑。这也必将带来高等法律职业教育人才培养机制的深层次变革。顺应时代法治发展需要，培养高素质、技能型的法律职业人才，是高等法律职业教育亟待破解的重大实践课题。

目前，受高等职业教育大趋势的牵引、拉动，我国高等法律职业教育开始了教育观念和人才培养模式的重塑。改革传统的理论灌输型学科教学模式，吸收、内化"校企合作、工学结合"的高等职业教育办学理念，从办学"基因"——专业建设、课程设置上"颠覆"教学模式："校警合作"办专业，以"工作过程导向"为基点，设计开发课程，探索出了富有成效的法律职业化教学之路。为积累教学经验、深化教学改革、凝塑教育成果，我们着手推出"基于工作过程导向系统化"的法律职业系列教材。

《国家中长期教育改革和发展规划纲要（2010～2020年）》明确指出，高等教育要注重知行统一，坚持教育教学与生产劳动、社会实践相结合。该系列教材的一个重要出发点就是尝试为高等法律职业教育在"知"与"行"之间搭建平台，努力对法律教育如何职业化这一教育课题进行研究、破解。在编排形式上，打破了传统篇、章、节的体例，以司法行政工作的法律应用过程为学习单元设计体例，以职业岗位的真实任务为基础，突出职业核心技能的培养；在内容设计上，改变传统历史、原则、概念的理论型解读，采取"教、学、练、训"一体化的编写模式。以案例等导出问题，根据内容设计相应的情境训练,将相关原理与实操训练有机地结合,围绕关键知识点引入相关实例,归纳总结理论,分析判断解决问题的途径,充分展现法律职业活动的演进过程和应用法律的流程。

法律的生命不在于逻辑,而在于实践。法律职业化教育之舟只有驶入法律实践的海洋当中,才能激发出勃勃生机。在以高等职业教育实践性教学改革为平台进行法律职业化教育改革的路径探索过程中,有一个不容忽视的现实问题:高等职业教育人才培养模式主要适用于机械工程制造等以"物"作为工作对象的职业领域,而法律职业教育主要针对的是司法机关、行政机关等以"人"作为工作对象的职业领域,这就要求在法律职业教育中对高等职业教育人才培养模式进行"辩证"地吸纳与深化,而不是简单、盲目地照搬照抄。我们所培养的人才不应是"无生命"的执法机器,而是有法律智慧、正义良知、训练有素的有生命的法律职业人员。但愿这套系列教材能为我国高等法律职业化教育改革作出有益的探索,为法律职业人才的培养提供宝贵的经验、借鉴。

2016 年 6 月

前言 Foreword

习近平总书记在党的二十大报告中强调,"努力让人民群众在每一个司法案件中感受到公平正义"。在全面依法治国的背景下,法庭诉讼作为社会矛盾纠纷的终局性解决方式和司法正义实现的主要渠道,承担着越来越重要的责任。要实现司法公平正义并获得公正裁决,其基础在于案件事实的查明。司法鉴定作为一门运用科学理论和技术鉴别案件事实真伪的法庭科学,由其所产生的鉴定意见,作为司法鉴定的最终成果,被我国三大诉讼法认定为重要的证据形式。随着现代科技的繁荣和发展,司法鉴定意见日趋成为现代法庭审判中不可缺少的证据形式之一。从中外许多具有重大影响力的司法实践案例中不难发现,鉴定意见在其中发挥着不可替代的作用。司法鉴定文书作为鉴定意见的书面载体,其质量高低必然会直接或间接影响证据的质量和证明力,进而对司法公正的实现产生影响。

司法部于2014年公布的《关于进一步发挥司法鉴定制度作用防止冤假错案的意见》(司发通〔2014〕10号)提出要建立健全司法鉴定文书质量评查制度,组织专家开展鉴定文书质量评查,对发现的问题和不足要督导整改。2016年司法部公布的《司法鉴定程序通则》(中华人民共和国司法部令第132号)和《关于印发司法鉴定文书格式的通知》(司发通〔2016〕112号)对司法鉴定文书的格式和内容作了详细的规定,从形式及实质内容等方面规范了司法鉴定文书。最高人民法院于2019年发布的《关于民事诉讼证据的若干规定》明确了司法鉴定的委托、鉴定意见审查内容、是否作为定案依据以及鉴定意见撤销等问题。由此可见,上述法律法规为司法鉴定文书的制作提供了依据,明确了司法鉴定文书制作的规范与要求,也成为本教材编写的重要基础。

鉴于国内尚无专业的司法鉴定文书教材,为满足高职院校司法鉴定相关专业学生学习的需要,由项琼、陈国庆主编,中国政法大学出版社2016年出版的《司法鉴定文书写作》教材正式出版并已使用6年。基于原教材编写参考的基础法规文件《司法鉴定文书规范》（司法通［2007］71号）已于2017年被废止，且高职教育理念的更新、"大思政课程、三全育人"背景的需求和师生对教材不断完善的期待，本教材结合鉴定实践并以原教材作为重要参考文献进行编撰，以满足新时代背景下职业教育理念的贯彻和司法鉴定行业的实际要求。

根据高等职业教育司法鉴定专业学生培养目标和教学大纲的要求，本教材立足高职教育特点，以满足"岗位需要"为原则，突出"实效性"、重在"实用性"，在内容编写上涵盖司法鉴定文书的基本知识、基本方法和基本要求等，同时以司法鉴定文书制作的"实例导入"，加入"技能训练"项目，融入"课程思政元素"内容，通过司法鉴定文书制作要求和案例制作，结合技能训练，使司法鉴定文书制作技能更加直观，学生更易掌握，以利于培养适合行业实际需求的司法鉴定专业高素质技术技能人才。本教材适应司法鉴定助理岗位技能需求，可供同类高职院校教学之用，也可作为行业继续教育教材面向司法鉴定各级培训课程。

本教材是广东司法警官职业学院建设项目——司法鉴定技术专业现代学徒制试点和广东省2021年省高等职业教育教学质量与教学改革工程项目司法鉴定技术专业产教融合实训基地的建设成果。

本书编写人员及撰稿分工如下（按姓氏笔画为序）：

主编：罗光华、宋健文

编委成员：

叶伟权（暨南大学司法鉴定中心）学习单元七项目一、项目二

朱巧红（广东司法警官职业学院）学习单元二项目一、项目二、项目三，学习单元五项目一

阳雁（广东司法警官职业学院）学习单元一项目一、项目二，学习单元五项目二

刘志杰（广东司法警官职业学院）学习单元三项目一、项目二，学习单元四项目二

吕亮胜（广东司法警官职业学院司法鉴定中心）学习单元五项目三

宋健文（广东司法警官职业学院）学习单元三项目一、项目二，学习单元四项目一、项目三、项目四，学习单元五项目四

陈映彤（广州软件应用技术研究院电子数据取证实验室）学习单元六项目一

陈佳亮（广东省环境科学研究院）学习单元六项目二

张路路（广东省环境科学研究院）学习单元六项目二

张伟程（南方医科大学司法鉴定中心）学习单元五项目三

罗光华（广东司法警官职业学院）学习单元一项目一、项目二，学习单元二项目一、项目二、项目三，学习单元三项目一、项目二，学习单元四项目二，学习单元七项目一、项目二

谢剑捷（中山大学法医鉴定中心）学习单元七项目一、项目二

滕姣（广东司法警官职业学院）学习单元五项目四

由于编者时间仓促，掌握的司法鉴定知识有限，本教材的内容和形式难免有不妥之处，恳请广大师生和同行批评与指正。

编　者

2023 年 5 月

课程思政元素

本教材在立德树人思想的指导下，着力打造课程思政内容，从培育和践行社会主义核心价值观、中华优秀传统文化教育以及深入开展法治教育等角度着眼，结合司法鉴定职业道德和职业素养的要求，提炼出本教材课程德育元素，设计出课程思政的主题，然后紧紧围绕"价值塑造、技能培养、知识传授"三位一体的课程建设目标，在课程相关内容中寻找落脚点，通过案例、知识点等教学素材的综合运用，寓价值观引导于知识传授和素质培养中，以润物无声的方式将正确的价值追求有效地传递给学生。

本教材的课程思政元素设计以习近平新时代中国特色社会主义思想进教材、进课堂、进头脑为指导思想，运用大量培养大学生爱国主义、文化自信、法治教育、职业道德、科学精神、工匠精神等为主题的题材与内容，全面提高大学生学识、见识、责任感及使命感，为锻造忠于党、忠于国家、忠于人民、忠于法律，具有良好的道德品质和职业操守的高素质技术技能司法鉴定人才做好铺垫。

教材每个思政元素的教学活动过程都包括内容导引、展开研讨、总结分析三个完整的课程思政教学过程，老师和学生都能参与其中，是针对本课程课堂教学而专门设计的。

分类	页码	内容导引 (案例或知识点)	展开研讨 (思政内涵)	总结分析 (思政升华)	思政落脚点
开展法治教育	13~27	司法鉴定文书规范	依法治国的基本内涵是什么？	社会主义法治理念是中国特色社会主义理论在法治建设上的体现。依法治国、执法为民、公平正义、服务大局、党的领导，五个方面相辅相成，体现了党的领导、人民当家作主和依法治国的有机统一。统一、规范的司法鉴定文书制作要求是司法鉴定意见作为法定证据的重要保障和前提，也是维护司法公正、提升司法鉴定公信力，践行执法为民、公平正义等社会主义法治理念的必然要求。	执法为民 公平正义

续表

分类	页码	内容导引 (案例或知识点)	展开研讨 (思政内涵)	总结分析 (思政升华)	思政落脚点
社会主义核心价值观	28~44	法医临床司法鉴定意见书	抗美援朝战争中被烧伤而牺牲的英雄是谁？	抗美援朝占中，在一次执行潜伏突击任务时，美军燃烧弹落在邱少云潜伏点附近，火势很快蔓延其全身，为避免暴露，他严守战场纪律，放弃自救壮烈牺牲，时年26岁。一个人的全身被烈火覆盖着、燃烧着，他感觉到的疼痛会是多少级？要有多么强大的意志和坚强的精神才能支撑他至死不吭一声、纹丝未动？为常人所不能为，是为英雄。他是当之无愧的英雄。	爱国情怀 英雄主义
职业道德和职业素养	44~54	法医病理司法鉴定意见书	为什么说科学性是司法鉴定的本质属性？	习近平总书记在全国抗击新冠肺炎疫情表彰大会上指出："尊重科学，集中体现了中国人民求真务实、开拓创新的实践品格。"在浩荡的历史进程中，中国人民求真务实、开拓创新的实践品格历久弥坚。司法鉴定是一种运用科学技术或专门知识解决诉讼活动中涉及的专门问题的科学实证活动。在鉴定过程中，检验方法、鉴别和判断标准都应该构建在科学规律、科学定理、科学理论、科学知识的基础之上。司法鉴定过程就是一个科学认识的过程，司法鉴定以科学技术为生命。	科学精神 敬业精神
中华优秀传统文化教育	54~63	法医物证司法鉴定意见书	中国最早进行的法医物证鉴定产生于哪个朝代？	法医物证鉴定的历史源远流长。我国三国时代有"以弟血滴兄骨验亲"的记载，宋代《洗冤集录》中亦有"判血入水辨认亲子、兄弟"的记述，这些都是我国最早的法医物证鉴定记载，这些方法虽不科学，但有启蒙意义，是现代血清学和遗传学的萌芽和先声。充分证明我国法医鉴定理念的先进性。	民族自豪感 文化自信

分类	页码	内容导引 (案例或知识点)	展开研讨 (思政内涵)	总结分析 (思政升华)	思政落脚点
中华优秀传统文化教育	71~83	文件检验司法鉴定意见书	中国最早的伪装笔迹鉴定案件出现在哪个朝代？	笔迹鉴定技术应用从汉武帝时期初步形成，至宋元明清时期逐步被广泛使用。从史籍材料中可以看出，古人在办理案件的过程中已经运用到了笔迹鉴定的手段。从汉武帝识破笔迹，国渊"比方其书"，到《周书·艺术》"冀隽仿诏"中我国最早的伪装笔迹鉴定案例，反映了笔迹鉴定的早期雏形，这为之后我国笔迹鉴定的发展奠定了基础。	科学精神 工匠精神
中华优秀传统文化教育	84~93	手印检验司法鉴定意见书	我国最早运用指纹破案的案件始于什么时候？	指纹技术并非是在步入现代后才出现的，早在三千多年前的中国人就已经开始认识并尝试应用指纹了。西周时期，古人已经发现每个人的指纹不同，可以用指纹的特殊性来表明人的身份。《周礼》中记载："以质剂结信而止讼。"这里的"质剂"就是在买卖双方签订的文书上按上手印留下指纹，使得彼此信任，避免日后的事端纷争。可见，最早在周朝人们就已经开始利用指纹作为司法物证。	文化自信

续表

分类	页码	内容导引 (案例或知识点)	展开研讨 (思政内涵)	总结分析 (思政升华)	思政落脚点
职业道德和职业素养	93~112	交通事故痕迹物证司法鉴定意见书	在交通领域不断依靠科技创新走上科技强国之路。	近年来,作为中国高科技企业的代表,中兴通讯、华为公司相继受到美国各种手段的打压和制裁。通过分析该事件发生的背景及引致原因,警示学生目前我国高科技领域仍存在不少瓶颈和短板,并处在一个需要创新、必须创新的重要历史时期,进一步激发学生坚定理想信念,通过自强不息和改革创新逐个突破技术壁垒,担当起科学报国的重任。例如,我国在交通领域上具有代表性的"复兴号"中国标准动车组建立了全方位安全临测系统,全车两千五百余项临测点如眼睛般,时时刻刻对列车的运行状态、轴承温度、冷却系统温度、制动系统状态、客室环境进行动态监测,为乘客安全出行保驾护航。	爱国情怀 科学精神 文化自信
职业道德和职业素养	112~119	微量物证司法鉴定意见书	根据微量物证的特点,讨论在物证提取和检验的过程中应该注意哪些问题?	每种微量物证都有各自的特点,比如,爆炸现场破坏力度大、波及范围广,射击残留物分布范围广、犯罪痕迹易丢失,纤维、油脂、油漆等物证体积小、重量轻、易破坏,导致现场存在的物证难以被发现,这需要司法鉴定技术人员用严谨认真、精益求精的态度去发现和提取有价值的残留物证。此外,微量物证司法鉴定运用物理学、化学和仪器分析等方法给出的鉴定意见是社会法治、公平、正义的体现,所以保证司法鉴定意见的质量是每一个司法鉴定技术人员的责任。	严谨认真 工匠精神

续表

分类	页码	内容导引 (案例或知识点)	展开研讨 (思政内涵)	总结分析 (思政升华)	思政落脚点
职业道德和职业素养	120~134	声像资料司法鉴定意见书	声像资料鉴定中的图像增强处理包括哪些内容？	根据图像实际情况采用不同的图像增强处理操作，比如检查待处理图像，分析导致图像不清晰的原因，明确需要达到的处理效果，选择适当的处理方法、处理顺序和处理工具。一般有调节色阶、亮度、对比度、阈值、曝光度等参数处理，达到较佳的明暗视觉效果；调节颜色值、色调、饱和度、颜色亮度、色彩平衡等参数处理，达到较佳的色彩视觉效果；使用锐化、强化边缘等滤波方式，逐步调节参数处理，增强特定区域的图像细节；保存处理结果，留待进一步处理或直接输出。	创新精神 科学精神

目录

学习单元一　司法鉴定文书概述 ·· 1

　项目一　司法鉴定文书的概念与特征 ·· 1

　项目二　司法鉴定文书的作用与分类 ·· 2

学习单元二　司法鉴定文书的构成要素 ··· 5

　项目一　司法鉴定文书的主题目标 ··· 5

　项目二　司法鉴定文书的材料构成 ··· 8

　项目三　司法鉴定文书的结构组成 ·· 10

学习单元三　司法鉴定文书规范 ·· 13

　项目一　常用司法鉴定文书格式 ·· 13

　项目二　干预司法鉴定活动记录表和鉴定人承诺书 ······································ 25

学习单元四　法医类司法鉴定意见书 ·· 28

　项目一　法医临床司法鉴定意见书 ·· 28

　项目二　法医病理司法鉴定意见书 ·· 44

　项目三　法医物证司法鉴定意见书 ·· 54

　项目四　法医毒物司法鉴定意见书 ·· 64

学习单元五　物证类司法鉴定意见书 ·· 71

　项目一　文件检验司法鉴定意见书 ·· 71

　项目二　手印检验司法鉴定意见书 ·· 84

　项目三　交通事故痕迹物证司法鉴定意见书 ·· 93

　项目四　微量物证司法鉴定意见书 ·· 112

学习单元六　声像资料和环境损害类司法鉴定意见书 ……………… 120

　　项目一　声像资料司法鉴定意见书 ………………………………… 120

　　项目二　环境损害司法鉴定意见书 ………………………………… 135

学习单元七　司法鉴定文书制作与出具 …………………………… 164

　　项目一　司法鉴定文书的制作 ……………………………………… 164

　　项目二　司法鉴定文书的审核与出具 ……………………………… 170

参考文献 ……………………………………………………………… 173

学习单元一

司法鉴定文书概述

方针政策：2017年以来，司法部和全国司法行政机关认真贯彻落实《关于健全统一司法鉴定管理体制的实施意见》，适应以审判为中心的诉讼制度改革，深入推进司法鉴定管理体制改革，不断强化监督管理，严格执业责任，无论是司法行政机关管理人员，还是司法鉴定人、司法鉴定机构管理人员，都更加迫切要求进一步学习掌握司法鉴定活动的基本管理规定，特别是准确理解、把握司法鉴定程序通则的基本规定和要求，遵守司法鉴定文书规范。

项目一 司法鉴定文书的概念与特征

学习目标

知识目标：
1. 了解司法鉴定文书的概念。
2. 熟悉司法鉴定文书的特征。

能力目标：
1. 熟悉《全国人民代表大会常务委员会关于司法鉴定管理问题的决定》的内容。
2. 掌握《司法鉴定程序通则》第36~42条内容。

内容结构

任务一：司法鉴定文书概念。
任务二：司法鉴定文书特征。

知识要点

司法鉴定机构和司法鉴定人在完成委托的鉴定事项后，应当向委托人出具司法鉴定文书。司法鉴定文书的制作应当符合统一规定的司法鉴定文书格式。

任务一 司法鉴定文书概念

司法鉴定文书是司法鉴定机构和司法鉴定人依照法定的条件和程序，运用科学技术或专门知识对诉讼涉及的专门性问题进行分析、鉴别和判断后，所出具的记录和反映司法鉴定过程及司法鉴定意见的书面载体。

任务二　司法鉴定文书特征

一、制作主体特定性

《司法鉴定程序通则》第36条规定，司法鉴定机构和司法鉴定人应当按照统一规定的文本格式制作司法鉴定意见书。由此可见，司法鉴定意见书的制作主体是司法鉴定机构和司法鉴定人。鉴定意见是司法鉴定人运用科学技术或者专门知识对相关专门性问题作出的鉴别和判断。因此，司法鉴定意见书应当由参加鉴定活动、作出鉴定意见的司法鉴定人负责起草。而司法鉴定意见书的正式出具还需要司法鉴定机构进行复核、统一编号、加盖司法鉴定专用章等工作。

二、制作程序合法性

鉴定意见是我国诉讼法规定的八大证据种类之一，是司法机关进行侦查、审判、判决的重要依据。司法鉴定意见书是鉴定意见的书面载体，是司法鉴定人依照法定程序和条件，运用科学技术或专门知识对相关专门问题进行分析、鉴别和判断的具体体现。为提高司法鉴定质量和公信力，司法鉴定意见书的制作程序必须严格遵照法律规定。

三、文书内容科学性

司法鉴定是指在诉讼活动中，司法鉴定人运用科学技术或者专门知识对诉讼涉及的专门性问题进行鉴别、判断并提供鉴定意见的活动。司法鉴定文书，尤其是司法鉴定意见书所记载的内容实质首先来源于司法鉴定人在对被鉴定客体进行检验后产生对客体的感性认识，然后，司法鉴定人根据其具备的专门知识和经验，将对客体的感性认识上升至理性认识，再作出客观判断后出具的意见。因此，司法鉴定文书内容并不是凭空产生或随意杜撰的，而是源于司法鉴定人对被鉴定客体的客观、科学的认识过程。

四、文书形式规范性

司法鉴定文书应当按照统一规定的文本格式制作。这里要求司法鉴定机构和司法鉴定人，按照司法部《关于印发司法鉴定文书格式的通知》（司发通［2016］112号）统一规定的文本格式制作司法鉴定文书。

项目二　司法鉴定文书的作用与分类

学习目标

知识目标：

1. 熟悉司法鉴定文书的作用。
2. 掌握不同司法鉴定文书的用途。

能力目标：掌握司法部《关于印发司法鉴定文书格式的通知》统一规定的司法鉴定文

书文本格式。

内容结构

任务一：司法鉴定文书的作用。

任务二：司法鉴定文书的分类。

知识要点

2016年11月21日，司法部发布了《关于印发司法鉴定文书格式的通知》（司发通［2016］112号文件），其中包含了司法部制定的《司法鉴定委托书》《司法鉴定意见书》《延长鉴定时限告知书》《终止鉴定告知书》《司法鉴定复核意见》《司法鉴定意见补正书》和《司法鉴定告知书》等7种文书格式。这些法律法规的出台，都为司法鉴定文书的制作提供了法律法规依据，也明确了司法鉴定文书制作的法定标准和要求。

任务一　司法鉴定文书的作用

鉴定意见是我国三大诉讼法及其司法解释规定的法定证据种类之一。司法鉴定文书是司法鉴定人针对案件中的专门性问题进行鉴定后，就鉴定过程、鉴定结果所作出的书面报告，是鉴定意见的主要呈现方式。司法鉴定文书对诉讼过程有重要的作用，主要表现在以下几个方面：

一、司法鉴定文书是记录司法鉴定活动的载体

在制作鉴定文书之前，司法鉴定人应当获得充足可靠的鉴定材料；鉴定人所依据的专业知识必须与案件中的专门性问题具有相关性；鉴定人必须根据可靠的专业知识、技术、方法进行鉴定。鉴定活动为了达到可靠性的要求，司法鉴定文书应当明确说明检材和样本的情况，作为鉴定基础的鉴定材料是否具备充分性，是否存在局限性，是否存在对检验、鉴定结果有影响因素等；准确描述鉴定人的资格、专业职称；说明所依据的科学理论、专业技术技能、经验的可靠性；详细描述检验鉴定的全过程。要求完整记录以上内容，让司法鉴定文书为司法活动提供可靠、有力的保证。

二、司法鉴定文书为司法活动提供科学的依据

司法鉴定文书对侦查、起诉、审判、判决、执行等司法活动起着至关重要的作用，为揭露犯罪、确认犯罪事实、认定犯罪嫌疑人，准确打击犯罪，维护社会公共秩序，保障人民合法权益不受侵犯提供了有力的科学依据。例如，检察机关可以通过司法鉴定文书记载的内容来核实案件的相关证据，确定是否执行批捕、公诉等司法活动；审判机关通过司法鉴定文书记载的内容了解案件涉及的专门性问题，为科学、公正的判决提供重要依据；监狱部门以及其他判决执行部门有时需要通过司法鉴定意见确定服刑人员的服刑能力等专门问题，以判断该人员是否符合保外就医等条件，以便正确、有效地执行司法判决。

任务二　司法鉴定文书的分类

根据各种文书在司法鉴定程序中不同的用途，可以把司法鉴定文书分成不同的种类。包括：司法鉴定委托书、司法鉴定意见书、延长鉴定时限告知书、终止鉴定告知书、司法鉴定复核意见、司法鉴定意见补正书、司法鉴定告知书等。

一、司法鉴定委托书

司法鉴定委托书包括委托人基本信息、委托的司法鉴定机构基本信息、明确的委托鉴定事项、是否属于重新鉴定、鉴定用途、基本案情、鉴定材料、预计费用及收取方式、司法鉴定意见书发送方法、约定事项、鉴定风险提示、其他需要说明的事项、委托人签名或盖章、司法鉴定机构签章等。

二、司法鉴定意见书

司法鉴定意见书是指根据司法鉴定机构和司法鉴定人对委托人提供的鉴定材料来进行检验、鉴别后出具的记录司法鉴定人专业判断意见的文书。一般包括标题、编号、基本情况、基本案情、资料摘要、鉴定过程、分析说明、鉴定意见、附件、落款等内容。

三、延长鉴定时限告知书

延长鉴定时限告知书是指司法鉴定机构已经受理相关案件并开展了相关鉴定工作，由于与鉴定相关的原因无法在规定的时限内完成该鉴定，经过鉴定机构负责人的批准，可以延长鉴定时限，一般不超过30个工作日。

四、终止鉴定告知书

终止鉴定告知书是指司法鉴定机构已经受理相关案件并开展了相关鉴定工作，因特殊原因致使鉴定工作无法继续进行的，鉴定机构决定终止鉴定工作。

五、司法鉴定复核意见

司法鉴定复核意见包括司法鉴定基本情况即案件编号、司法鉴定人、鉴定意见等，还包括复核意见即鉴定程序、鉴定意见等。

六、司法鉴定意见补正书

司法鉴定意见补正书是指鉴定机构已经完成了鉴定并出具了司法鉴定意见书，鉴定机构发现该司法鉴定意见书存在不影响鉴定意见原意的瑕疵性问题，应当予以补正并出具补正意见书。

七、司法鉴定告知书

司法鉴定告知书包括委托人和受托人的义务、鉴定可能存在的风险、鉴定需要注意的事项、异议解决的方式、可以终止鉴定的情形等。

启发与思考

1. 司法鉴定研究对象有哪些？
2. 如何理解司法鉴定文书制作的合法原则？

学习单元二

司法鉴定文书的构成要素

方针政策：2020年11月习近平总书记在中央全面依法治国工作会议上指出，坚持建设德才兼备的高素质法治工作队伍。全面推进依法治国，首先要把专门队伍建设好。要加强理想信念教育，深入开展社会主义核心价值观和社会主义法治理念教育，推进法治专门队伍革命化、正规化、专业化、职业化，确保做到忠于党、忠于国家、忠于人民、忠于法律。司法鉴定文书伴随着诉讼活动的进行发挥作用，是具体实施法律的重要手段，是进行法治宣传的生动教材，是对司法鉴定活动的忠实记录，同时也是综合衡量鉴定技术人员能力的重要尺度。司法鉴定人员在制作司法鉴定文书过程中要严格遵守法律法规，坚定理想信念、社会主义核心价值观及社会主义法治理念，确保司法鉴定文书更好地为诉讼活动和法治工作服务。

项目一　司法鉴定文书的主题目标

学习目标

知识目标：了解和掌握司法鉴定文书主题目标的含义。

能力目标：掌握各种司法鉴定文书主题制作的要求，并培养制作能力。

内容结构

任务一：司法鉴定文书主题目标的概念。

任务二：司法鉴定文书主题目标表达的要求。

知识要点

司法鉴定文书的主题目标是指司法鉴定文书制作目的和中心思想，贯穿于整个司法鉴定文书的制作过程，是筛选鉴定材料、组织结构及鉴定语言使用的前提。司法鉴定性质的差异决定了每种鉴定文书的主题目标不同，因此对于鉴定主题目标的确定应遵守相应的要求。

任务一　司法鉴定文书主题目标的概念

司法鉴定文书的主题目标是指司法鉴定文书制作所要表达的中心思想和制作的根本目

的，是司法鉴定文书的材料组织、结构组成、语言使用的前提。贯穿司法鉴定文书制作始终，起到统领整个司法鉴定文书的作用。

司法鉴定文书是为解决诉讼中涉及的专门性问题而制作，在制作时因鉴定类型不同必须明确相应的主题目标。例如，法医临床类鉴定文书指运用临床医学和法医学及其他自然科学理论和技术，研究和解决与法律有关的人体伤、残及其他生理病理等医学问题时制作的鉴定文书，主要包括人体损伤程度鉴定、劳动能力与伤残等级评定、医疗损害鉴定等司法鉴定文书。法医病理类鉴定文书是为了解决与法律有关的医学问题，通过尸体外表检查、尸体解剖检验、组织切片观察、毒物分析和书证审查等方法，针对包括死亡原因鉴定、死亡方式鉴定、死亡时间推断、致伤（死）物认定、生前伤与死后伤鉴别、尸体个体识别等认定问题而制作的鉴定文书；法医精神病类鉴定文书是为了解决与法律有关的精神状态、法定能力、精神损伤程度、智能障碍等认定问题而制作的鉴定文书；法医毒物类鉴定文书是为了解决关于人体内外未知毒（药）物、毒品及代谢物等问题所进行的定性、定量分析，并通过对毒物毒性、中毒机理、代谢功能的分析，结合中毒表现、尸检所见，综合鉴定毒（药）物中毒等认定问题而制作的鉴定文书；文书类鉴定文书是为了解决文书中的笔迹、印章、印文、制作工具、形成时间等认定问题而制作的鉴定文书；痕迹类鉴定文书是为了解决有关人体、物体形成痕迹的同一性及分离痕迹与整体相关性等问题而制作的鉴定文书；声像资料类鉴定文书是为了解决录音带、录像带、磁盘、光盘、图片等载体上记录的声音、图像信息的真实性、完整性及其所反映的情况过程等问题所进行的鉴定，并对记录的声音、图像中的语言、人体、物体作出种类或同一认定等事项而制作的鉴定文书。

综合上述，司法鉴定文书因种类不同其制作的主题目标也不同。例如，法医病理类鉴定中死亡原因鉴定书是为了明确委托鉴定对象系自杀、他杀还是意外死亡的问题。那么鉴定文书的主题目标就必须为实现这一目的而在文书中叙述清楚认定的事实，列举主要证据，阐明鉴定对象的死亡原因是否构成自杀、他杀还是意外死亡的理由和依据，并提出明确的鉴定意见。文书类鉴定中笔迹鉴定是为了判别被鉴定的检材笔迹与样本笔迹是否为同一人书写，那么鉴定文书的主题目标就必须围绕这一目的而在文书中叙述清楚客观事实，列举主要证据，阐明检材笔迹与样本笔迹是否为同一人的书写笔迹的理由和依据，并提出明确的鉴定意见。凡此种种，强调了司法鉴定文书的主题目标必须鲜明突出，否则就不能发挥司法鉴定文书的应有功能。

任务二　确定司法鉴定文书主题目标的要求

司法鉴定文书伴随着诉讼活动的进行发挥作用，是具体实施法律的重要手段，是进行法治宣传的生动教材，是对司法鉴定活动的忠实记录，同时也是综合衡量鉴定技术人员能力的重要尺度。习近平总书记在中央全面依法治国工作会议上指出，坚持建设德才兼备的高素质法治工作队伍。全面推进依法治国，首先要把专门队伍建设好。要加强理想信念教育，深入开展社会主义核心价值观和社会主义法治理念教育，推进法治专门队伍革命化、正规化、专业化、职业化，确保做到忠于党、忠于国家、忠于人民、忠于法律。因此司法鉴定人员在确定司法鉴定文书主题目标时应严格遵守法律法规，坚定理想信念、社会主义核心价值观及社会主义法治理念，确保司法鉴定文书更好地为诉讼活动和法治工作服务。

司法鉴定文书为解决诉讼中涉及的专门性问题而服务，具有很强的实用性和目的性，要解决的问题单一集中，观点、意见泾渭分明。因此司法鉴定文书的主题目标必须符合以下要求：

一、合法

所谓合法，即要求司法鉴定文书的主题目标要以法律为准绳。主题目标正确与否决定了司法鉴定文书功能的发挥好坏。司法鉴定文书主题目标是在鉴定过程中根据鉴定类型从案情事实材料中提炼、概括出来的，因此其必须以案件事实为基础；此外，司法鉴定文书为满足为诉讼服务的目的，必须以法律为标准，这也是其作为司法鉴定过程体现的应有之义。作为司法鉴定文书主体的鉴定人，除了具备专业素质之外，还应具备相应的思想政治水平和理论素养，因此司法鉴定文书制作人员必须不断提升自身的政治理论素养，用正确的世界观和方法论武装自己，具备运用辩证唯物主义的观点分析问题、解决问题的能力，同时还应刻苦钻研业务，熟悉法律知识，练就过硬的办案本领，唯有如此才能保证制作司法鉴定文书主题目标符合法律要求。

二、鲜明

所谓鲜明，即司法鉴定文书的主题目标必须清楚明确。司法鉴定文书是为解决诉讼活动中专门性问题进行鉴别和判断并提供鉴定意见的活动而制作的。因此其制作必须有明确的主题目标，明确需要解决的主要问题，这样才能有目的地叙述案件事实和论证鉴定结论，才能更好地发挥司法鉴定文书解决诉讼问题的应有作用。

三、集中

所谓集中，即一份司法鉴定文书只能有一个主题目标，即唯一性。司法鉴定文书内容必须以主题目标为中心，才能将要解决的问题分析清楚，论述透彻。一份司法鉴定文书的中心必须明确唯一，也不可将次要的、甚至与主旨无关的枝节问题与主题目标等量齐观，更不能全无主题目标、东拉西扯。《全国人大常委会关于司法鉴定管理问题的决定》等相关法律法规已明确规定，不同类别的司法鉴定应用不同的司法鉴定文书来表达，更明确了各类司法鉴定文书主题目标的唯一性。

四、客观

所谓客观，即司法鉴定文书主题确定必须尊重案件事实，不受鉴定人主观意愿或情感的影响。司法鉴定文书是为解决诉讼中专门问题而制作的，所以其制作时必须遵守"以事实为依据"的原则，在尊重事实本身的客观意义和客观价值的基础上去确定文书应有的主题目标。具体包含两个方面的含义：一是指主题目标是客观现实的反映，是现实生活的产物，不是凭空捏造的；二是指主题目标所体现的思想意义是对客观现实生活的概括和总结，是符合客观现实规律的。

项目二　司法鉴定文书的材料构成

学习目标

知识目标：了解和熟记司法鉴定文书材料的分类和特点。

能力目标：掌握司法鉴定文书材料的构成内容，并培养对司法鉴定文书材料的分析判断能力。

内容结构

任务一：司法鉴定文书材料的概念。

任务二：司法鉴定文书材料的特点。

任务三：司法鉴定文书材料的选用要求。

知识要点

司法鉴定文书材料是司法鉴定结论的基本依据。司法鉴定要通过对鉴定材料分析、判断后得出结论，因此其必须具备真实、客观及现实性。而且根据鉴定性质不同选用的鉴定材料也不同，因此鉴定材料的筛选必须与鉴定要求相对应。

任务一　司法鉴定文书材料的概念

司法鉴定文书材料是指委托人提供的鉴定材料，包括检材和鉴定资料。司法鉴定文件主题目标是根据鉴定材料和鉴定目的确定的，同时司法鉴定文件内容的叙写说明需要立足于鉴定材料。

"检材"，是检验材料的简称，亦称鉴定的对象，是指与鉴定事项有关的生物检材和非生物检材。生物检材，广义上泛指有生命的动植物的组成全部及部分残留于刑案中的痕迹物证；狭义上指与人体有关的毛发、血液、分泌物、人体组织、骨骼等；非生物检材是指无生命力的物质，如药物、毒物、化学物质、油墨、纸张、录音录像制品等。

"鉴定资料"是指与案件有关的书证资料，如案卷、病史、文件资料、录像资料等。鉴定资料真实、完整、充分，是顺利开展司法鉴定活动，也是作出科学、公正、准确的司法鉴定意见的前提和基础。

任务二　司法鉴定文书材料的特点

一、材料的真实性

司法鉴定文书是以案件事实材料为基础制作的，其制作最根本的要求是客观真实，既不能夸大或缩小事实材料，更不能用编造虚构的材料。"以事实为根据、以法律为准绳"是处理解决案件问题的原则之一，因此任何不以事实为根据的司法鉴定文书都不能作为认定案件事实的根据。所以司法鉴定文书的事实材料要求绝对的真实，所反映的情节必须是客观存在的真实情况；在引用材料对案件事实进行说明时，材料必须经过反复核对，保证出处准确无误；在使用数据说明问题时要求必须精确无误，绝不允许夸大或缩小事实，更不允许歪曲甚至虚构、捏造事实。

二、内容的客观性

司法鉴定文书主要是对诉讼中涉及的专门性问题进行分析、鉴别后制作的文书，这种实用性决定其文体内容和使用鉴定材料的客观性。因此在制作过程中与司法鉴定有关的如说明问题的时间、地点、情节或数据等鉴定材料必须立足于客观事实，绝不允许虚构。

三、适用的现实性

司法鉴定文书中的鉴定材料都是为了解决诉讼中涉及的专门性问题而使用的，是为了正确运用法律，制裁犯罪、平息纠纷，其立足点仅涉及本案现时法律现象，而不涉及过去或今后的人或事，因此具有很强的现实针对性。

任务三 司法鉴定文书材料的选用要求

根据习近平总书记在中央全面依法治国工作会议上的要求，作为法律服务工作者的司法鉴定人员在司法鉴定文书材料的选用上应坚持正确政治方向，依法依规诚信执业，认真履行社会责任，以便更好地发挥司法鉴定文书在诉讼中的作用。

一、遵守主题目标和鉴定材料的辩证统一关系

对于司法鉴定文书制作而言，鉴定材料是基础。司法鉴定文书制作者首先接触到的是鉴定材料，之后通过搜集、整理大量事实材料并加以分析认识，经过从感性认识到理性认识的阶段，认清事物的本质，从而产生和形成制作司法鉴定文书的主题目标。从这个意义上讲，司法鉴定文书的主题目标是第二位的。但主题目标一旦形成，在制作司法鉴定文书过程中，主题目标就上升为第一位并处于支配的地位，成为选择材料、使用材料的"统帅"，反过来要求用典型的鉴定材料去说明和表达主题目标。由此看出制作司法鉴定文书时选用的必须是与主题目标相适应、并能说明主题目标的鉴定材料，不能选择与主题目标无关的材料。所以在选择鉴定材料时应遵守其与主题目标的辩证统一关系。

二、围绕主题目标选择鉴定材料

主题目标是司法鉴定文书的主旨，决定制作文书时应围绕鉴定主题目标筛选鉴定材料。委托人提供的用于鉴定的材料数量可能有很多，但实际应用于司法鉴定中的材料应由专业技术人员根据鉴定类型及鉴定主题目标进行选择。在实际制作司法鉴定文书过程中，选择鉴定材料时应避免两个极端：一是过于简单，如有司法鉴定文书叙述案件事实材料时，仅仅将事实的结果一一列举，缺乏过程、情节和手段等必要内容。二是过于繁琐，如

有的司法鉴定文书照搬委托人提供的鉴定材料，没有根据司法鉴定文书性质及主题目标进行筛选，以致过于详细甚至啰嗦。

三、司法鉴定文书中对鉴定材料表述时应将具体叙述和概括叙述结合起来

司法鉴定文书根据鉴定类型确定鉴定材料的叙述内容。如在涉及精神状态司法鉴定文书中，必须对典型的事实进行具体叙述，而对较为次要的事实加以概括，使两种叙述方法自然结合起来，以具体事实材料说明精神状态的深度，以概括事实材料说明精神状态的广度。例如，一份涉及刑事责任能力的法医精神病鉴定意见书中的文字表述，被鉴定人既往的概括叙述可以记录为：鉴定中未联系到被鉴定人家属，但据"无名氏"本人反映，其3岁左右父母均去世，之后在姑姑家长大，未上过学，到13岁左右开始独立生活，独居在父母生前留下的老屋。成年早期即与一个朋友一起做瓷器贩卖生意，曾为此到过北京、上海等地，"赚了数万元"，之后在瓷器生产工厂打工。简要案情具体叙述为：据委托机关呈送的委托书反映，被鉴定人"无名氏"于2007年12月22日晚上在××市××路拦停××轿车，欲实施抢劫，后将出警的民警刺伤。因审理过程中执法人员怀疑其精神有问题，故提出对其进行司法精神鉴定。这份鉴定意见书对被鉴定人的既往采取的是概括叙述，对简要案情采取的是具体叙述的方法。因此，司法鉴定文书对鉴定材料叙述内容是根据鉴定性质确定的，但不论何种司法鉴定文书在叙述时都应将具体和概括叙述的方法结合起来，这样才能达到对鉴定材料详细准确说明的目的。

项目三　司法鉴定文书的结构组成

学习目标

知识目标：了解和熟记司法鉴定文书结构组成。
能力目标：掌握各种司法鉴定文书的格式，并培养制作和运用能力。

内容结构

任务一：司法鉴定文书结构组成概念。
任务二：司法鉴定文书结构组成。

知识要点

司法鉴定文书的结构组成内容呈现固定的程式化特点，但根据鉴定类别不同，不同性质和不同种类的司法鉴定文书格式可以略有调整。根据《司法部关于印发司法鉴定文书格式的通知》（司发通［2016］112号）司法鉴定文书格式一般由封面（含封二）、正文和附件组成。具体包括标题、编号、基本情况、基本案情、资料摘要、鉴定过程、分析说明、鉴定意见、落款、附件等部分。

任务一　司法鉴定文书结构组成概念

所谓结构组成，是指司法鉴定文书各个部分内容的组织安排，是司法鉴定文书脉络层次和内容安排的具体方式，是司法鉴定文书内在联系和外在模式的表现形式。因此，如何组织鉴定材料，即一份司法鉴定文书分几个写作层次、层次的先后顺序、详略分配等都是根据主题目标确定的，着眼全局，根据司法鉴定文书性质统筹安排，合理组织材料。结构组成部分安排得当与否决定了司法鉴定文书的制作水平和质量高低。

任务二　司法鉴定文书结构组成

纵观我国古代司法检验制度，宋代是我国古代司法检验制度发展的集大成者。检验程式化，检验人员专门化，检验文书专业化，检验类的私家著作更是丰富。宋代的规范检验笔录大致有三种，分别是验状、检验格目、检验正背人形图。其中验状属于检验发现内容记录，检验格目为格式文书，是检验过程的记载，尸体正背人形图是对检验发现的直观记录。检验笔录由官方制作，可以直接作为刑事诉讼定罪量刑的证据材料。根据记载，现存最早的检验笔录形式是验状，不仅在程序上严格要求，在内容上更是严格规定。而对于检验的整个过程的记录则属于检验格目的记载内容。检验正背人形图是南宋宁宗嘉定四年颁布的我国最早的尸图，在尚未发明照相技术的宋代，检验正背人形图是能够最大程度真实还原尸体状况的证据。由此可见，我国古代司法检验制度长期领先于世界其他国家，充分体现了我国人民的伟大创新精神、伟大奋斗精神。

随着科学技术发展，现代司法鉴定在总结古代司法检验文书结构内容的基础上，赋予司法检验文书新的内容。根据规定，现行司法鉴定文书的结构组成内容呈现固定的程式化特点。不同性质和不同种类的司法鉴定文书的格式内容可以根据实际情况适当进行调整。根据《司法部关于印发司法鉴定文书格式的通知》（司发通［2016］112号），司法鉴定文书格式一般由封面（含封二）、正文和附件组成。具体包括标题、编号、基本情况、基本案情、资料摘要、鉴定过程、分析说明、鉴定意见、落款、附件等部分。

一、司法鉴定意见书的结构由封面（含封二）、正文和附件组成

1. 封面、封二结构内容。封面结构包括两项内容：①司法鉴定机构的名称+司法鉴定文书的类别；②司法鉴定许可证号。封二结构包括三项内容：①声明（内容固定）；②司法鉴定机构的地址、邮政编码；③联系电话。

2. 正文结构内容。正文结构包括九项内容：①标题：司法鉴定机构的名称+委托鉴定事项；②编号：包括司法鉴定机构缩略名、年份、专业缩略语、文书性质缩略语及序号等四项内容；③基本情况：包括委托人、委托鉴定事项、受理日期、鉴定材料、鉴定日期、鉴定地点、在场人员、被鉴定人等八项内容；④基本案情；⑤资料摘要；⑥鉴定过程；

⑦分析说明；⑧鉴定意见；⑨落款。

3. 附件结构内容。附件应当包括与鉴定意见有关的关键图标、照片等，以及有关音像资料、参考文献等的目录。

二、司法鉴定委托书

结构包括：①委托人基本情况：委托人、联系人、联系地址、联系电话、委托日期、送检人；②司法鉴定机构的基本情况；③委托事项及用途；④委托鉴定要求；⑤是否属于重新鉴定；⑥检案摘要；⑦鉴定材料目录和数量；⑧鉴定费用及收取方式、鉴定文书发送方式；⑨协议事项；⑩风险告知。

三、延长鉴定时限告知书

结构包括：①编号；②委托人；③延长鉴定时限的原因；④联系人及联系电话。

四、终止鉴定告知书

结构包括：①编号；②委托人；③终止事由；④联系人及联系电话。

五、司法鉴定复核意见书

结构包括：①标题：司法鉴定机构名称+司法鉴定复核意见；②编号；③基本情况：司法鉴定案件编号、司法鉴定人、司法鉴定意见；④复核意见：关于鉴定程序、关于鉴定意见；⑤复核人签名及日期。

六、司法鉴定意见补正书

结构包括：①标题：司法鉴定机构+司法鉴定意见补正书；②编号；③委托人；④需要补正的具体位置、补正理由及补正结果；⑤附件：如补正后的图像、谱图、表格等；⑥司法鉴定人签名及执业证号、鉴定中心专用章及日期。

七、司法鉴定告知书

结构包括：①司法鉴定告知事项；②被告知人签名。

启发与思考

1. 司法鉴定文书主题目标确定的依据有哪些？
2. 司法鉴定文书材料构成内容以及选用要求有哪些？
3. 司法鉴定文书结构组成的内容有哪些？

学习单元三

司法鉴定文书规范

方针政策：党的二十大报告指出，"江山就是人民，人民就是江山，中国共产党领导人民打江山、守江山，守的是人民的心"。作为司法工作者，我们必须坚持人民至上，践行以人民为中心的发展思想，把体现人民利益、反映人民愿望、维护人民权益、增进人民福祉落实到司法工作全过程各方面，推进司法为民、公正司法，维护社会公平正义，不断提升保障民生福祉的司法服务能力水平。为贯彻执行《全国人民代表大会常务委员会关于司法鉴定管理问题的决定》和修订后的《司法鉴定程序通则》（中华人民共和国司法部令第132号），中华人民共和国司法部2016年发布《关于印发司法鉴定文书格式的通知》（司发通［2016］112号），制定了司法鉴定委托书、司法鉴定意见书、延长鉴定时限告知书、终止鉴定告知书、司法鉴定复核意见、司法鉴定意见补正书、司法鉴定告知书共7种常用司法鉴定文书格式，并自2017年3月1日起执行。作为记录和反映司法鉴定过程或司法鉴定意见的书面载体，司法鉴定文书质量高低会影响证据的证明力和说服力。为保证司法鉴定的权威性，在鉴定实践中应严格按照司法部颁发的规范格式制作司法鉴定文书。

项目一　常用司法鉴定文书格式

学习目标

知识目标：了解和熟记常用司法鉴定文书的种类、格式及写作要求。
能力目标：掌握常见司法鉴定文书的写作方法。

内容结构

任务一：常用司法鉴定文书的规范格式及范例。
任务二：技能训练。

知识要点

根据司法部《关于印发司法鉴定文书格式的通知》（司发通［2016］112号），常用司法鉴定文书包括：司法鉴定委托书、司法鉴定意见书、延长鉴定时限告知书、终止鉴定告知书、司法鉴定复核意见、司法鉴定意见补正书、司法鉴定告知书。为保证司法鉴定的权威性，在鉴定实践中应严格按照司法部颁发的规范格式制作司法鉴定文书。

任务一　常用司法鉴定文书的规范格式及范例

一、司法鉴定委托书

司法鉴定机构决定受理鉴定委托的，应当与委托人签订司法鉴定委托书。司法鉴定委托书应当载明委托人名称、司法鉴定机构名称、委托鉴定事项、是否属于重新鉴定、鉴定用途、与鉴定有关的基本案情、鉴定材料的提供和退还、鉴定风险，以及双方商定的鉴定时限、鉴定费用及收取方式、双方权利义务等其他需要载明的事项。

1. 编号：由司法鉴定机构的缩略名、年份、专业缩略语、文书性质缩略语及序号构成。年份采用阿拉伯数字全称，用中括号［］括入；序号采用阿拉伯数字，鉴定机构可根据案件类别、鉴定事项及鉴定工作实际进行编号，如法医病理解剖号、检材号等。专业缩略语，如法医病理学（病）、法医毒物分析（毒）、笔迹鉴定（笔）、微量物证鉴定（微）等。

2. 委托人：诉讼活动中，应当由办案机关委托鉴定。在民事诉讼活动中，虽然当事人可以申请鉴定并协商选择鉴定机构，但是决定和委托鉴定仍然是人民法院的工作，人民法院决定委托鉴定的，应当由人民法院与司法鉴定机构签订委托书。

3. 委托鉴定事项："委托鉴定事项"用于描述需要解决的专门性问题，应该简单、明确，且与委托人的委托要求及鉴定项目相对应，如对×××进行损伤程度鉴定。

4. 是否属于重新鉴定：重新鉴定是指在诉讼活动中或诉讼活动外已委托司法鉴定机构对同一鉴定事项进行鉴定，并出具司法鉴定意见书的情况。重新鉴定意味着案件可能属于复杂、疑难案件，或者有争议的案件，因此在受理委托时应特别关注。

5. 鉴定用途：鉴定用途不合法或者违背社会公德，司法鉴定机构不得受理。鉴定用途一般可表述为"办案需要""诉讼需要""理赔需要"等。

6. 与鉴定有关的基本案情：应写明与委托鉴定事项涉及案件的简要情况，包括时间、地点、事件简要经过及造成后果等。

7. 鉴定材料：在"鉴定材料"一项应记录鉴定材料的名称、种类、数量、性状、保存状况、收到时间等，如鉴定材料较多，可另附《鉴定材料清单》。

8. 预计费用及收取方式：应当列出：①费用计算方式；②概算的鉴定费用和其他费用，其中其他费用应尽量列明所有可能的费用，如现场提取鉴定材料时发生的差旅费等；③费用收取方式、结算方式，如预收、后付或按照约定方式和时间支付费用；④退还鉴定费的情形等。

9. 鉴定时限：鉴定时限是指自案件受理之日起至完成鉴定所需的最长时间限制。一般情况下，司法鉴定机构应当自司法鉴定委托书生效之日起30个工作日内完成鉴定。鉴定事项涉及复杂、疑难、特殊技术问题或者鉴定过程需要较长时间的，经本机构负责人批准，完成鉴定的时限可以延长，延长时限一般不得超过 30 个工作日。鉴定时限延长的，应当及时告知委托人。

司法鉴定机构与委托人对鉴定时限另有约定的，从其约定。

在鉴定过程中补充或者重新提取鉴定材料所需的时间，不计入鉴定时限。

10. 鉴定人回避：司法鉴定人本人或者其近亲属与诉讼当事人、鉴定事项涉及的案件有利害关系，可能影响其独立、客观、公正地进行鉴定的，应当回避。

司法鉴定人曾经参加过同一鉴定事项鉴定的，或者曾经作为专家提供过咨询意见的，或者曾被聘请为有专门知识的人参与过同一鉴定事项法庭质证的，应当回避。

司法鉴定人自行提出回避的，由其所属的司法鉴定机构决定；委托人要求司法鉴定人回避的，应当向该司法鉴定人所属的司法鉴定机构提出，由司法鉴定机构决定。

委托人对司法鉴定机构作出的司法鉴定人是否回避的决定有异议的，可以撤销鉴定委托。

如有因上述规定情形需回避的鉴定人，应在委托书中写明回避鉴定人及回避事由。回避事由可参考上述规定书写。

11. 在"鉴定风险提示"一项，鉴定机构可增加其他的风险告知内容，有必要的，可另行签订风险告知书。

12. 司法鉴定委托书规范格式样板。

司法鉴定委托书

编号：×××司鉴中心［2021］临鉴字第×××号

委 托 人	×××公安局	联系人（电话）	×××
联系地址	×××	承 办 人	×××
司法鉴定机构	名　称：××× 地　址：××× 联系人：×××	邮　编：××× 联系电话：×××	
委　托 鉴定事项	对李××进行损伤程度鉴定		
是否属于 重新鉴定	否		
鉴定用途	办案需要		
与鉴定有关的基本案情	被鉴定人李××于 2021 年 10 月 7 日凌晨 1 点 30 分左右在×××酒吧门口与他人发生争斗致头、面部及双上肢多处受伤。		

续表

鉴定材料	李××身份证复印件 1 页； ×××公安局询问笔录复印件 15 页； ×××人民医院门诊病历（门诊号×××）复印件 2 页，影像学片（影像号×××）2 张。
预计费用 及收取方式	预计收费总金额：¥：___840元___，大写：___捌佰肆拾圆___。 现金收费
司法鉴定意见 书发送方式	☐自取 ☐邮寄　地址： ☐其他方式（说明）

约定事项：

1.（1）关于鉴定材料：

所有鉴定材料无需退还。

鉴定材料须完整、无损坏地退还委托人。

因鉴定需要，鉴定材料可能会损坏、耗尽，导致无法完整退还。

对保管和使用鉴定材料的特殊要求：_____无_____。

（2）关于剩余鉴定材料：

委托人于___1___周内自行取回。委托人未按时取回的，鉴定机构有权自行处理。

鉴定机构自行处理。如需要发生处理费的，按有关收费标准或协商收取___××___元处理费。

其他方式：

2. 鉴定时限：

___2021___年___10___月___20___日之前完成鉴定，提交司法鉴定意见书。

从该委托书生效之日起___30___个工作日内完成鉴定，提交司法鉴定意见书。

注：鉴定过程中补充或者重新提取鉴定材料所需的时间，不计入鉴定时限。

3. 需要回避的鉴定人：_____无_____，回避事由：_____无_____。

4. 经双方协商一致，鉴定过程中可变更委托书内容。

5. 其他约定事项：司法鉴定意见书请发一式六份。

续表

鉴定风险提示	1. 鉴定意见属于专家的专业意见，是否被采信取决于办案机关的审查和判断，鉴定人和鉴定机构无权干涉； 2. 由于受鉴定材料或者其他因素限制，并非所有的鉴定都能得出明确的鉴定意见； 3. 鉴定活动遵循依法独立、客观、公正的原则，只对鉴定材料和案件事实负责，不会考虑是否有利于任何一方当事人。
其他需要说明的事项	无

委托人 （承办人签名或者盖章） ×年×月×日	司法鉴定机构 （签名、盖章） ×年×月×日

二、司法鉴定意见书

司法鉴定意见书是司法鉴定机构和司法鉴定人对委托人提供的鉴定材料进行检验、鉴别后出具的记录司法鉴定人专业判断意见的文书，一般包括标题、编号、基本情况、检案摘要、资料摘要、鉴定标准、检验过程、分析说明、鉴定意见、落款、附件等内容。

1. 编号：编号是司法鉴定意见书的唯一性标识，由司法鉴定机构的缩略名、年份、专业缩略语、文书性质缩略语及序号构成，详细内容制作方法与司法鉴定委托书类同。

2. 基本情况：基本情况主要包括委托人、委托鉴定事项、受理日期、鉴定材料、鉴定日期、鉴定地点、在场人员和被鉴定人等内容。其中委托人、委托鉴定事项、受理日期、鉴定材料等内容与司法鉴定委托书一致。

（1）鉴定日期：鉴定日期是指被鉴定人实施检查或对送检材料检验的日期。

（2）鉴定地点：鉴定地点是指被鉴定人实施检查或对送检材料检验的地点。

（3）在场人员：在场人员是指对被鉴定人进行检查或采集生物学样本时，按法律规定需要在场的人员。如鉴定过程中，需要对无民事行为能力人或者限制民事行为能力人进行身体检查的，应当通知其监护人或者近亲属到场见证；必要时，可以通知委托人到场见证。

（4）被鉴定人：应记录被鉴定人的基本信息，包括姓名、性别、出生年月、职业、住所、联系方式等。根据鉴定事项不同可增加必要的内容，如亲子鉴定应记载被鉴定人之间的关系等。

3. 基本案情：一般与司法鉴定委托书基本案情一致，如有特殊鉴定事项或要求，应在此处说明。

4. 资料摘要：应客观记述委托人提供的与委托鉴定事项有关的检材和鉴定资料的简要情况，并注明鉴定材料出处。

5. 鉴定过程：要写明司法鉴定的实施过程和科学依据，包括检材处理、鉴定程序、所用的技术方法、技术标准和技术规范及检验结果等内容。

（1）检验方法：如为常用周知的方法，可只记载方法的名称，不必详述操作步骤，新方法须具体说明实验步骤、方法、手段等。

（2）检验规范或检验规程：司法鉴定人进行鉴定，应当依下列顺序遵守和采用该专业领域的技术标准、技术规范和技术方法：①国家标准；②行业标准和技术规范；③该专业领域多数专家认可的技术方法。

对于有明确检验规范或检验规程的检验项目，要说明检验所依据的规范或规程的名称及编号。对于尚无统一规范和要求的检验项目，以及新开展的检验项目，要说明检验的方法和过程。采用鉴定机构自行制定的标准和规范，须经过专家论证并应用检验后，由鉴定机构以内部文件的形式颁布执行，并在司法鉴定文书中加以说明。

（3）检验结果：检验结果应写明对委托人提供的鉴定材料进行各种测试方法观察、检查或检验后所得客观结果。检验结果记录要明确、规范地进行客观描述，必要时配以照片、图表辅助说明。

（4）检查和检验记录：是司法鉴定意见书的重要内容，是撰写分析、讨论部分及得出鉴定意见的客观基础。司法鉴定人应当对鉴定过程进行实时记录并签名。记录可以采取笔记、录音、录像、拍照等方式。记录应当载明主要的鉴定方法和过程，检查、检验、检测结果，以及仪器设备的使用情况等。记录的内容应当真实、客观、准确、完整、清晰，记录的文本资料、音像资料等应当存入鉴定档案。

6. 分析说明：是根据鉴定检材和检验结果形成鉴定意见的分析、鉴别和判断过程。分析说明中要对委托的鉴定事项和要求进行科学、客观、辩证的分析，不同类别的司法鉴定意见书分析说明的逻辑、方式差别较大，但均应做到围绕鉴定事项，紧扣主题，运用鉴定材料及检验结果，理论联系实际，观点正确，层次清楚，表达简练。分析说明中引用资料应注明出处。

7. 鉴定意见：是鉴定人对委托鉴定事项所做的直接回答。鉴定意见表述应遵循"明确、具体、规范"的原则，常见形式有以下几种：

（1）肯定性的鉴定意见：当鉴定人确定在被鉴定客体中肯定某种事件、关联或关系存在，则其鉴定意见采取肯定形式，如"被鉴定人×××系因支气管肺炎致呼吸、循环功能衰竭而死亡"。

（2）否定性鉴定意见：当鉴定人确定某种事件在被鉴定的客体中未发生，则采取否定形式，如"某人腰椎间盘突出与本次外伤无关"。

（3）倾向性鉴定意见：当被鉴定人的某些情形存在多种可能，依据现有条件无法做出肯定或否定性意见，可作出倾向性意见或结论。例如，"某人面部损伤以拳击方式可以形成"，或"某人面部损伤由拳击方式难以形成"。

(4) 不能得出结论的鉴定意见：有部分案件因鉴定的客观条件已经丧失，如尸体高度腐败等，只能出具阴性鉴定意见。例如，"依据现有条件，被鉴定人×××的死亡原因无法明确"。

8. 落款、附注与附件。在司法鉴定意见书的最后部分，由至少两名司法鉴定人签名或者盖章，并注明司法鉴定人的职业证号，标明鉴定文书制作日期，并加盖司法鉴定机构的司法鉴定专用章。

对于司法鉴定意见书中需要解释的内容，可以在附注中作出说明。

附件是司法鉴定意见书的组成部分，应当附在司法鉴定意见书正文之后，包括司法鉴定机构许可证照片及司法鉴定人执业证照片、与鉴定意见、检验报告有关的图表、照片以及相关的音像资料、参考文献等的目录。

三、延长鉴定时限告知书

司法鉴定机构应当自司法鉴定委托书生效之日起30个工作日内完成鉴定。鉴定事项涉及复杂、疑难、特殊技术问题或者鉴定过程需要较长时间的，经本机构负责人批准，完成鉴定的时限可以延长。需延长鉴定时限的应当及时告知委托人，书面告知委托人延长鉴定时限即可用延长鉴定时限告知书。

1. 编号：由司法鉴定机构的缩略名、年份、专业缩略语、文书性质缩略语及序号构成。

2. 案件名称及编号：延长鉴定时限告知书中应写明案件名称及案件编号，注意与需延长鉴定时限的案件信息一致，避免出现"张冠李戴"的情况。

3. 原因与延长期限：原因应写明案件鉴定过程中涉及的复杂、疑难、特殊技术问题，表述要简练、清晰、明确，并引用《司法鉴定程序通则》的具体条款作为延长鉴定时限的依据，注明需延长的鉴定时间。

4. 鉴定时限告知书加盖司法鉴定机构公章。

×××司法鉴定中心（所）
延长鉴定时限告知书

（编号）　×××司鉴中心［2021］临延字第×××号

×××公安局：

贵单位委托我中心（所）的__对李××进行损伤程度__鉴定一案，我中心（所）已受理（编号：__×××司鉴中心［2021］临鉴字第×××号__）并开展了相关鉴定工作，现由于被鉴定人李××可能存在隐匿性肋骨骨折，我中心需组织临床专家会诊，无法在规定的时限内完成该鉴定，根据《司法鉴定程序通则》第 28 条的规定，经我中心（所）负责人批准，需延长鉴定时限 ___10___ 日，至 2021 年××月××日。

联系人：×××；联系电话：×××。

特此告知。

×××司法鉴定中心（所）（公章）
×年×月×日

四、终止鉴定告知书

司法鉴定机构在鉴定过程中，有下列情形之一的，可以终止鉴定：①发现有《司法鉴定程序通则》第 15 条第 2 项至第 7 项规定情形的；②鉴定材料发生耗损，委托人不能补充提供的；③委托人拒不履行司法鉴定委托书规定的义务、被鉴定人拒不配合或者鉴定活动受到严重干扰，致使鉴定无法继续进行的；④委托人主动撤销鉴定委托，或者委托人、诉讼当事人拒绝支付鉴定费用的；⑤因不可抗力致使鉴定无法继续进行的；⑥其他需要终止鉴定的情形。

终止鉴定的，司法鉴定机构应当书面通知委托人，说明理由并退还鉴定材料。

1. 编号：由司法鉴定机构的缩略名、年份、专业缩略语、文书性质缩略语及序号构成。

2. 案件名称及编号：延长鉴定时限告知书中应写明案件名称及案件编号，注意与需延长鉴定时限的案件信息一致。

3. 原因及条款引用：延长鉴定时限告知书中应写明终止鉴定原因并注明引用《司法鉴定程序通则》的具体条款作为终止鉴定的依据，如"因被鉴定人王××主动撤销委托，根据《司法鉴定程序通则》第二十九条第（四）款'委托人主动撤销鉴定委托，或者委托人、诉讼当事人拒绝支付鉴定费用的'之规定，我鉴定中心决定终止此次鉴定工作"。

4. 终止鉴定告知书须加盖司法鉴定机构公章。

×××司法鉴定中心（所）
终止鉴定告知书

（编号） ×××司鉴中心［2021］临终字第×××号

×××人民法院：

贵单位委托我中心（所）的 __对×××进行伤残等级__ 鉴定一案，（编号： __×××司鉴中心［2021］临鉴字第×××号__ ），现因被鉴定人拒绝支付鉴定费用，致使鉴定工作无法继续进行。

根据《司法鉴定程序通则》第二十九条第（四）款"委托人主动撤销鉴定委托，或者委托人、诉讼当事人拒绝支付鉴定费用的"之规定，我鉴定中心决定终止此次鉴定工作。

请于×年×月×日前到我鉴定中心（所）办理退费、退还鉴定材料等手续。

联系人：×××；联系电话：×××。

特此告知。

×××司法鉴定中心（所）（公章）
×年×月×日

五、司法鉴定复核意见

司法鉴定人完成鉴定后，司法鉴定机构应指定具有相应资质的人员对鉴定程序和鉴定意见进行复核。所谓具有相应资质，是指具备复核的能力和水平，具有相应的鉴定工作经历、熟悉相应的鉴定方法和鉴定程序。复核人一般由本鉴定机构同一执业类别的鉴定人担当。

1. 编号：由司法鉴定机构的缩略名、年份、专业缩略语、文书性质缩略语及序号构成。

2. 基本情况：包括被复核的司法鉴定意见书的案件名称、编号，完成鉴定的司法鉴定人及最终出具的鉴定意见。注意要与被复核案件信息保持一致。

3. 复核意见：复核是对鉴定程序和鉴定意见的复核，而不仅仅是形式上、格式上的复核。鉴定程序复核一般包括鉴定材料的取得、保管、使用是否符合相关规定，鉴定技术方法和标准是否适宜，鉴定记录所反映的鉴定过程的合理性，仪器设备是否符合要求，所取得数据的合理性。鉴定意见复核包括鉴定记录、数据、结果、解释和说明、鉴定推理的逻辑性、准确性和完整性，同时也包括鉴定文书复核等。

4. 一般情况下，每个鉴定都应当有1名复核人进行复核，但是涉及复杂、疑难、特殊技术问题或者重新鉴定的鉴定事项，鉴定机构可以组织3名以上专家进行复核。

5. 复核人完成复核后要提出复核意见并签名。对鉴定程序复核意见一般可表述为"鉴定程序符合规定"；对鉴定意见的复核意见可表述为"鉴定意见依据的数据及检验结果准确可靠，分析说明科学合理，逻辑清晰，对鉴定意见无异议"。

6. 司法鉴定复核意见书范例。

×××司法鉴定中心（所）
司法鉴定复核意见

（编号）　×××司鉴中心［2021］临鉴字第×××号

一、基本情况：

1. 司法鉴定案件编号：×××司鉴中心［2021］临鉴字第×××号
2. 司法鉴定人：×××、×××

3. 司法鉴定意见：被鉴定人李××损伤程度符合"轻伤一级"

二、复核意见：

1. 关于鉴定程序：程序符合规定。

2. 关于鉴定意见：鉴定意见依据的数据及检验结果准确可靠，分析说明科学合理，逻辑清晰，对鉴定意见"李××损伤程度符合'轻伤一级'"无异议。

复核人签名：
日期：×年×月×日

六、司法鉴定意见补正书

在司法实践中鉴定机构出具鉴定意见书后，若发现鉴定意见书存在一些不影响鉴定意见的瑕疵问题，鉴定机构可以制作司法鉴定意见补正书，在不改变原鉴定意见的情况下，对有瑕疵的意见书进行补正，以避免或减少无必要的多次鉴定和重复鉴定。

1. 编号：由司法鉴定机构的缩略名、年份、专业缩略语、文书性质缩略语及序号构成。与司法鉴定委托书编号方法类同。

2. 案件名称及编号：与需补正的司法鉴定意见书一致。

3. 补正内容：司法鉴定意见书出具后，发现有下列情形之一的，司法鉴定机构可以进行补正：①图像、谱图、表格不清晰的；②签名、盖章或者编号不符合制作要求的；③文字表达有瑕疵或者错别字，但不影响司法鉴定意见的。

司法鉴定意见补正书中要写明司法鉴定意见书中瑕疵问题存在的具体位置（页数、行数）、补正理由及补正结果。

4. 司法鉴定意见补正书范例。

×××司法鉴定中心（所）

司法鉴定意见补正书

×××司鉴中心［2021］临补字第×××号

×××人民法院：

根据贵单位委托，我中心（所）已完成 <u>对李××进行伤残程度</u> 鉴定并出具了司法鉴定意见书（编号： <u>×××司鉴中心［2021］临鉴字第×××号</u> ）。我中心（所）现发现该司法鉴定意见书存在以下不影响鉴定意见原意的瑕疵性问题，现予以补正：

1. 正文第一页被鉴定人身份证号码"×××2230"应补正为"×××2320"。由此造成不便，深感抱歉！

司法鉴定人签名（打印文本和亲笔签名）
及《司鉴定人执业证》证号

×××司法鉴定中心（所）（司法鉴定专用章）
×年×月×日

七、司法鉴定告知书

1. 司法鉴定告知书共10条内容，用以司法鉴定机构受理案件时告知委托人司法鉴定受理、鉴定实施及鉴定意见出具过程中司法鉴定机构与委托人双方的基本权利和义务及注意事项和可能存在风险，如鉴定材料不可逆损耗等。司法鉴定案件受理时，司法鉴定机构应尽到告知义务，提示委托人仔细阅读司法鉴定告知书，以避免不必要的纠纷，对于有疑问的要作出解答，委托人无异议的要在告知书末尾签字。

2. 司法鉴定告知书模板。

司法鉴定告知书

一、委托人委托司法鉴定，应提供真实、完整、充分、符合鉴定要求的鉴定材料，并提供案件有关情况。因委托人或当事人提供虚假信息、隐瞒真实情况或提供不实材料产生的不良后果，司法鉴定机构和司法鉴定人概不负责。

二、司法鉴定机构和司法鉴定人按照客观、独立、公正、科学的原则进行鉴定，委托人、当事人不得要求或暗示司法鉴定机构或司法鉴定人按其意图或者特定目的提供鉴定意见。

三、由于受到鉴定材料的限制以及其他客观条件的制约，司法鉴定机构和司法鉴定人有时无法得出明确的鉴定意见。

四、因鉴定工作的需要，可能会耗尽鉴定材料或者造成不可逆的损坏。

五、如果存在涉及鉴定活动的民族习俗等有关禁忌，请在鉴定工作开始前告知司法鉴定人。

六、因鉴定工作的需要，有下列情形的，需要委托人或者当事人近亲属、监护人到场见证并签名。现场见证时，不得影响鉴定工作的独立性，不得干扰鉴定工作正常开展。未经司法鉴定机构和司法鉴定人同意，不得拍照、摄像或者录音。

1. 需要对无民事行为能力人或者限制民事行为能力人进行身体检查
2. 需要对被鉴定人进行法医精神病鉴定
3. 需要到现场提取鉴定材料
4. 需要进行尸体解剖

七、因鉴定工作的需要，委托人或者当事人获悉国家秘密、商业秘密或者个人隐私的，应当保密。

八、鉴定意见属于专业意见，是否成为定案根据，由办案机关经审查判断后作出决定，司法鉴定机构和司法鉴定人无权干涉。

九、当事人对鉴定意见有异议，应当通过庭审质证或者申请重新鉴定、补充鉴定等方式解决。

十、有下列情形的，司法鉴定机构可以终止鉴定工作：

1. 发现鉴定材料不真实、不完整、不充分或者取得方式不合法的；

2. 鉴定用途不合法或者违背社会公德的；

3. 鉴定要求不符合司法鉴定执业规则或者相关鉴定技术规范的；

4. 鉴定要求超出本机构技术条件或者鉴定能力的；

5. 委托人就同一鉴定事项同时委托其他司法鉴定机构进行鉴定的；

6. 鉴定材料发生耗损，委托人不能补充提供的；

7. 委托人拒不履行司法鉴定委托书规定的义务、被鉴定人拒不配合或者鉴定活动受到严重干扰，致使鉴定无法继续进行的；

8. 委托人主动撤销鉴定委托，或者委托人、诉讼当事人拒绝支付鉴定费用的；

9. 因不可抗力致使鉴定无法继续进行的；

10. 其他不符合法律、法规、规章规定，需要终止鉴定的情形。

被告知人签名：

日期：×年×月×日

任务二　技能训练

一、训练目的

熟悉司法鉴定委托书的格式，掌握司法鉴定委托书的制作方法和技巧。

二、训练内容

根据案例资料制作法医临床司法鉴定委托书。

案件基本情况：2018 年 5 月 31 日丁×在李×开的花店内打工时被倒塌的雨篷砸伤，后双方就丁×治疗费用及赔偿费用协商多次未果，丁×将李×起诉至×××市××区人民法院，法院为明确原告丁×的损伤致残程度，委托×××司法鉴定中心完成该案鉴定。

委托要求：对原告丁×的伤残等级进行鉴定，并在 30 个工作日内完成鉴定工作，若超期需向本院司法鉴定委托小组书面说明，并申请延期。委托日期 2018 年 9 月 23 日，经办人（联系人）：陈××，联系电话 870×××××。请将鉴定报告 5 份及收费发票复印件送交案件经办人，并将司法鉴定意见书终稿电子版发送至我院邮箱：×××××@163.com。

附案件材料：×××市××区人民法院司法鉴定委托函一份；

×××市××区人民法院开庭笔录复印件一份；

原告丁×身份证复印件一份；

原告丁×伤后门诊病历（门诊号 H0067）复印件 4 页、住院病历（号 H03285）及检查报告单复印件 30 页、影像学片 10 张。

三、训练要求

根据上述给定材料，按照司法鉴定委托书的写作要求和方法，制作一份法医临床司法鉴定委托书。

四、训练评价

通过训练，根据学生法医临床司法鉴定委托书文书写作情况，分析其能否按照规范进行写作，表达是否准确，内容是否完整等并进行综合评价。

项目二　干预司法鉴定活动记录表和鉴定人承诺书

学习目标

知识目标：了解和熟记干预司法鉴定活动记录表和鉴定人承诺书的格式及填写要求。

能力目标：掌握干预司法鉴定活动记录表和鉴定人承诺书在鉴定活动中的重要作用。

内容结构

任务一：干预司法鉴定活动记录表的规范格式及范例。

任务二：鉴定人承诺书的规范格式及范例。

知识要点

干预司法鉴定活动记录表格式一般由司法行政机关统一规范模板，鉴定人承诺书一般由法院提供统一格式，鉴定机构根据相关要求制作书面文书，鉴定人在签发鉴定意见书的一并填写，并随鉴定意见书一起存入鉴定档案。

任务一　干预司法鉴定活动记录表

1. 干预司法鉴定活动：鉴定人独立进行鉴定活动，不受任何组织和个人干预。有下列情形之一的，属于干预司法鉴定活动：

（1）为当事人说情的；

（2）邀请鉴定人或者鉴定机构其他人员私下会见司法鉴定委托人、当事人及其代理人、辩护律师、近亲属以及其他与案件有利害关系的人的；

（3）明示、暗示或强迫鉴定人或者鉴定机构其他人员违规受理案件、出具特定鉴定意见、终止鉴定的；

（4）其他影响鉴定人独立进行鉴定的情形。

2. 干预司法鉴定活动报告制度：干预司法鉴定活动实行零报告制度。对于有上述规定情形的，鉴定人或者鉴定机构其他人员应当及时固定相关证据，填写《干预司法鉴定活动记录表》并签名、存入司法鉴定业务档案，做到全程留痕，有据可查。没有出现上述干预司法鉴定活动情形的，应当在《干预司法鉴定活动记录表》中勾选"无此类情况"并签名、存入司法鉴定业务档案。

3. 干预司法鉴定活动记录表范例。

干预司法鉴定活动记录表

案件编号	
鉴定事项	
情况记录	□无此类情况 干预人：□委托人　□案件当事人或代理人 □鉴定机构内部人员　□司法行政机关工作人员 □其他 干预内容：□请托说情　　　□干预鉴定程序 □干预鉴定意见　　　　　□其他 鉴定人签名：　　　　　　年　月　日 □无此类情况 干预人：□委托人　□案件当事人或代理人 □鉴定机构内部人员　□司法行政机关工作人员 □其他 干预内容：□请托说情　　　□干预鉴定程序 □干预鉴定意见　　　　　□其他 鉴定人签名：　　　　　　年　月　日
备注	

注：对于2名鉴定人或其他人员的案件，请自行增加附表。

任务二　鉴定人承诺书的规范格式及范例

1. 人民法院对鉴定人承诺的要求：人民法院应当要求鉴定机构在接受委托后5个工作日内，提交鉴定方案、收费标准、鉴定人情况和鉴定人承诺书。重大、疑难、复杂鉴定事项可适当延长提交期限。鉴定人拒绝签署承诺书的，人民法院应当要求更换鉴定人或另行委托鉴定机构。

2. 鉴定人承诺书（试行）范例。

鉴定人承诺书（试行）

本人接受人民法院委托，作为诉讼参与人参加诉讼活动，依照国家法律法规和人民法院相关规定完成本次司法鉴定活动，承诺如下：

一、遵循科学、公正和诚实原则，客观、独立地进行鉴定，保证鉴定意见不受当事人、代理人或其他第三方的干扰。

二、廉洁自律，不接受当事人、诉讼代理人及其请托人提供的财物、宴请或其他利益。

三、自觉遵守有关回避的规定，及时向人民法院报告可能影响鉴定意见的各种情形。

四、保守在鉴定活动中知悉的国家秘密、商业秘密和个人隐私，不利用鉴定活动中知悉的国家秘密、商业秘密和个人隐私获取利益，不向无关人员泄露案情及鉴定信息。

五、勤勉尽责，遵照相关鉴定管理规定及技术规范，认真分析判断专业问题，独立进行检验、测算、分析、评定并形成鉴定意见，保证不出具虚假或误导性鉴定意见；妥善保管、保存、移交相关鉴定材料，不因自身原因造成鉴定材料污损、遗失。

六、按照规定期限和人民法院要求完成鉴定事项，如遇特殊情形不能如期完成的，应当提前向人民法院申请延期。

七、保证依法履行鉴定人出庭作证义务，做好鉴定意见的解释及质证工作。

本人已知悉违反上述承诺将承担的法律责任及行业主管部门、人民法院给予的相应处理后果。

承诺人：（签名）
鉴定机构：（盖章）
年　月　日

学习单元四

法医类司法鉴定意见书

方针政策：2019年1月15日，习近平总书记在中央政法工作会议中指出，要聚焦人民群众反映强烈的突出问题，抓紧完善权力运行监督和制约机制，坚决防止执法不严、司法不公甚至执法犯法、司法腐败。在诉讼活动中，司法鉴定作为"辨证据真伪"的一种重要手段，其所产生的鉴定意见，即鉴定的最终成果，是认定案件事实的重要证据之一。司法鉴定从业人员在工作中要遵纪守法，规范操作，维护司法鉴定意见这个"证据之王"的权威，防止司法不公。

项目一 法医临床司法鉴定意见书

学习目标

知识目标：了解和熟记法医临床司法鉴定意见书的写作要求。
能力目标：掌握法医临床司法鉴定意见书的写作方法。

内容结构

任务一：法医临床司法鉴定意见书的制作要求。
任务二：法医临床司法鉴定意见书的范例。
任务三：技能训练。

知识要点

法医临床司法鉴定的鉴定项目包括：损伤程度鉴定，交通事故受伤人员伤残评定，职工工伤与职业病致残等级鉴定，疾病与损伤的因果关系鉴定，护理依赖程度鉴定，视觉功能鉴定，听觉功能鉴定，医疗费用的合理性审查，后期医疗费用评估，误工期、营养期、护理期评定，医疗终结鉴定，医疗纠纷鉴定，致伤物或致伤方式推断，诈病（伤）及造作病（伤）鉴定，劳动能力鉴定，性功能鉴定，活体年龄鉴定，等等。

任务一 法医临床司法鉴定意见书的制作要求

一、基本情况

1. 委托人。《司法鉴定程序通则》第11条规定："司法鉴定机构应当统一受理办案机关的司法鉴定委托。"第 48 条规定："本通则所称办案机关，是指办理诉讼案件的侦查机关、审查起诉机关和审判机关。"本条规定的司法鉴定只能接受办案机关的司法鉴定委托，限于正处于诉讼活动中的案件。根据第 49 条的规定，在诉讼活动之外，司法鉴定机构也可以接受行政机关、法人、组织、公民的委托鉴定，提供鉴定服务，只不过这种鉴定在性质上不属于严格意义上的"司法鉴定"。

2. 委托鉴定事项。委托鉴定事项应该简单、明确，且与委托人的委托要求相对应，鉴定事项的用途要合法。委托鉴定事项的表述与法医临床鉴定的项目相对应。损伤程度鉴定和伤残程度鉴定可简单表述为"对某某的损伤程度（或伤残程度）进行鉴定"。在有特殊的委托鉴定要求时，需要在委托鉴定事项中说明，如委托人要求比照《劳动能力鉴定职工工伤与职业病致残等级》标准评定伤残程度，则可表述为"对某某的伤残程度比照《劳动能力鉴定职工工伤与职业病致残等级》进行鉴定"；如委托人只要求对某种性质或某个部位的损伤进行损伤程度鉴定，可表述为"对某某是否存在血气胸及其损伤程度进行鉴定"。

法医临床司法鉴定委托鉴定事项一般分为以下几个方面：

（1）损伤程度鉴定。适用于《中华人民共和国刑法》及其他法律、法规所涉及的人体损伤程度鉴定，如故意伤害、交通事故等意外事故引发的损伤。即通常所指的重伤、轻伤和轻微伤。

（2）伤残等级法医学鉴定。适用于确定原发损伤或损伤所致并发症，以及损伤所致后遗症的伤残状况。如交通事故所致伤残、工伤事故所致伤残、意外事故所致伤残、故意伤害所致伤残、医疗损害所致伤残等。

（3）疾病与损伤的因果关系鉴定。在进行损伤程度鉴定与伤残程度鉴定时，通常要求鉴定人对损伤与疾病之间的因果关系进行分析，实际上是对外界致伤因素在损害后果中的原因力大小的分析。根据司法部 2021 年颁布实施的《人身损害与疾病因果关系判定指南》（SF/T0095-2021）规定，法医临床鉴定中习惯将外界致伤因素在损害后果中的原因大小划分为没有作用、轻微作用、次要作用、同等作用、主要作用和完全作用六种情况，并以参与度加以量化。具体划分方法包括：①人身损害与疾病存在直接因果关系，单独由损害引起的疾病或者后果，损害参与程度为 96%~100%，建议为 100%；②人身损害与疾病存在直接因果关系，人身损害是主要原因，疾病是潜在的次要或者轻微因素，损害参与程度为 56%~95%，建议为 75%；③既有人身损害，又有疾病，若损害与疾病两者独立存在均不能造成目前的后果，为两者兼而有之，作用基本相等，损害与疾病之间存在同等作用因果关系，损害参与程度为 45%~55%，建议为 50%；④既有人身损害，又有疾病，若损害与疾病之间存在间接因果关系，损害为次要原因，损害参与程度为 16%~44%，建议为 30%；⑤既有人身损害，又有疾病，若损害与疾病之间存在间接因果关系，损害为轻微原因，损害参与程度为 5%~15%，建议为 10%；⑥既有人身损害，又有疾病，若现存后果完全由疾病造成，即损伤与疾病之间不存在因果关系，外伤参与程度为 0%~4%，建议为 0%。

（4）护理依赖程度鉴定。适用于因人为伤害、交通事故、意外伤害等因素造成的人身伤残、精神障碍护理依赖程度的评定。躯体残疾者是指因各种伤害因素造成人体组织器官不可恢复的结构破坏或功能障碍，不能进行一般人所能从事的工作、学习或其他活动的人。精神障碍者是指因各种伤害因素造成人的大脑功能失调或结构改变，导致感知、情感、思维、意志和行为等精神活动出现不同程度受损的人。

护理依赖程度是通过对日常生活活动能力和日常生活自理能力的评分进行鉴定的。日常生活活动能力是指人体日常生活必须反复进行的、基本的、具有共同性身体动作的能力，包括进食，床上活动，穿衣，修饰，洗澡，大、小便及行走等。日常生活自理能力是指人体在正常思维支配下，为满足基本生理、生活需要，必须反复进行的一系列身体动作或活动的能力，包括进食、更衣修饰、整理个人卫生、使用日常生活工具、自主外出行走等。

（5）医疗费用的合理性审查。医学治疗所需的费用包括挂号费、急救费、检查费、诊疗费、药品费、住院费、康复费、整容费、门诊定期复查费、残疾辅助器具费及必然产生的其他相关医疗费用等。其中，挂号费包括急诊挂号费、门诊挂号费、专家挂号费等；急救费包括现场救护人工、物品、药品费用、救护车费及出诊急救费等；检查费包括为确定伤情及治疗所需的各种医学辅助检查费用，如血液检查、X 线检查、CT、MRI、B 超、彩超检查费等；诊疗费包括诊断、会诊、输液、换药、手术、药物与心理治疗等费用；药品费包括中药费、西药费；住院费包括床位费、医疗护理费、手术费等；康复费包括临床治愈后肢体和器官功能锻炼机能恢复所需的费用；整容费包括矫正、去疤及其他修复容貌的费用；残疾辅助器具费包括安装义眼、义齿、假肢等费用；必然产生的其他相关医疗费用包括以上范围之外的与人身损害医学诊疗有关的费用。

前期医疗费的审核是对医疗费用的合理性和医疗费用凭证的合格性进行审核。审核内容包括就诊医院、治疗措施和治疗时间等与医疗费用的关系。根据最高人民法院对于前期医疗费实行"差额化"赔偿，即需要多少赔多少的原则，只要是实际需要并合理的费用，鉴定时应予以支持。

损伤的治疗措施，以治疗原发性损伤及并发症或后遗症、伤害所诱发或加重的自身疾病为原则。治疗使用药物、诊疗措施及辅助检查项目等符合对症、适时、必要的原则。

治疗伤害诱发或加重的自身疾病，以控制、减轻原疾病症状为原则，并按照伤害本身在诱发或加重自身疾病中的权重比例折算这部分的医疗费。

损伤治疗时间，以损伤本身临床治愈、诱发疾病临床稳定为治疗时间控制原则，包含功能锻炼、机能恢复时间，不包含残疾器官置换时间。费用凭证合格依据，以就诊医院诊断证明、病历记载、收费凭证三者一致为原则。

（6）后期医疗费评估。后期医疗费是指伤残评定后必然发生的、必要的康复费和适当的整容及其他后续治疗费。最高人民法院规定的原则是"定型化"赔偿原则，即从损害赔偿的社会妥协性和公正性出发，为损害确定固定标准的赔偿原则。后期医疗费的评定是对后续治疗所需费用数额的评估认定，评定内容包括医疗项目、措施的确定并估算由此产生的费用数额等。

确定后期医疗费应把握以下原则：①应是必然发生的后期医疗费。②已确定伤残等级者，原则上不给予可能减轻伤残等级的后期医疗费；未确定伤残者，可结合实际需要评定后续治疗费。③后期医疗费的评估，还应该考虑伤者的具体情况，如伤残等级评定的松紧度、治疗时间的长短、损伤的恢复情况等，从而进行综合评定。

（7）误工期、营养期、护理期评定。其适用于人身伤害、道路交通事故、工伤事故、医疗损害、保险理赔等人身损害赔偿案件中受伤人员的误工期、营养期和护理期评定。

误工期（亦称休息期），是指人体损伤后经过诊断、治疗达到临床医学一般原则所承认的治愈（即临床症状和体征消失）或体征固定所需要的时间。营养期（亦称营养补偿期），是指人体损伤后，需要补充必需的营养物质，以提高治疗质量或者加速损伤康复的时间。护理期（亦称护理陪护期），是指人体损伤后，在医疗或者功能康复期间生活不能自理，需要他人帮助的时间。

人身损害受伤人员误工期、营养期和护理期的确定应以原发性损伤及后果为依据，包括损伤当时的伤情、损伤后的并发症和后遗症等，并结合治疗方法及效果，全面分析个案的年龄、体质等因素，进行综合评定。

（8）医疗终结鉴定。其也称治疗终结鉴定，是指损伤或损伤引发的并发症经过治疗，达到临床治愈或临床稳定。

临床治愈是指损伤或损伤引发的并发症经过治疗，症状和体征消失。临床稳定是指损伤或损伤引发的并发症经过治疗，症状和体征基本稳定。治疗终结时间是指损伤或损伤引发的并发症治疗终结所需要的时间。

（9）医疗纠纷鉴定。医疗纠纷鉴定也是法医临床司法鉴定的重要内容。医疗纠纷鉴定的主要任务是帮助法官审查医疗机构在对病员提供诊疗护理服务的过程中是否存在医疗过失行为，是否造成病员不良的医疗损害后果，即医疗过失行为与不良的医疗损害后果之间是否存在因果关系及原因力大小等，为法庭审理医疗侵权损害赔偿案件提供证据。

（10）致伤物或致伤方式推断。不同的致伤物作用于人体表面可以形成不同类型的损伤，如擦伤、划伤、创伤（挫裂创、切创、砍创、刺创、枪弹创）、电流伤、烧烫伤。区分人体表面不同的损伤类型有助于推断引起损伤的致伤物，如皮肤软组织挫伤、裂创等多由钝器打击所致，而皮肤软组织切口多由锐器切割所致。

骨折可因外力作用方式的不同而有不同的表现形态，法医临床中常根据骨折形态推断外界暴力的作用方式。例如，四肢长骨的横形骨折多为直接暴力所致；斜形骨折多由间接暴力所致；螺旋形骨折多由扭转暴力所致；粉碎性骨折多由直接暴力所致，椎体压缩性骨折多由垂直性间接暴力所致；颅骨凹陷性骨折多由直接暴力所致；等等。

（11）诈病（伤）及造作病（伤）鉴定。常见的诈伤包括诈聋、诈盲、诈瘫、伪装抽搐、伪装失语、伪装血尿等。常见的造作伤包括外伤性鼓膜穿孔、创口延长等。

诈病（伤）特征：过分夸大症状；缺乏相应体征；缺乏病理基础；主诉症状不符合疾病发生、发展和转归的一般规律。

造作病（伤）特征：发生在自己可以打击的部位；无生命危险；一般不致毁容；数量多而大小一致；创伤集中而密度较大；排列一致且程度均匀；创口随体表生理弧度弯曲而弯曲且深度均匀；常有试刀痕。

（12）性功能鉴定。性功能鉴定多见于男子阴茎勃起功能障碍。

（13）活体年龄鉴定。活体年龄鉴定是司法鉴定的难点之一。目前，在司法实践中探索并应用的活体年龄鉴定方法很多，但比较可靠，尤其是在法医学活体年龄鉴定领域使用较为普遍方法仍然是骨龄鉴定方法，即利用骨骼发育程度与生活年龄之间的关系推断活体年龄。

（14）视觉功能鉴定、听觉功能鉴定。在一般的鉴定实践中，视觉功能鉴定、听觉功能鉴定并不作为单独的鉴定项目，其鉴定结果通常用于最后确认伤残等级或损伤程度。

3. 受理日期。《司法鉴定程序通则》第13条规定："司法鉴定机构应当自收到委托之日起七个工作日内作出是否受理的决定。对于复杂、疑难或者特殊鉴定事项的委托，司法鉴定机构可以与委托人协商决定受理的时间。"

4. 鉴定材料。法医临床司法鉴定的鉴定材料包括病历资料（门诊病历、诊断证明、入院记录、出院记录或出院小结、手术记录辅助检查单等）、影像学资料（X线、CT、MRI等）、身份证明、交通事故证明、起诉状、笔录、鉴定申请书、医疗费清单等。重新鉴定的应提交以往鉴定意见书。医疗纠纷鉴定应提交所有的就医资料。

（1）《司法鉴定程序通则》第12条第1款规定："委托人委托鉴定的，应当向司法鉴定机构提供真实、完整、充分的鉴定材料，并对鉴定材料的真实性、合法性负责。……"第14条第2款规定："对于鉴定材料不完整、不充分，不能满足鉴定需要的，司法鉴定机构可以要求委托人补充；经补充后能够满足鉴定需要的，应当受理。"

（2）鉴定材料要以清单的形式详细列出，要注明鉴定材料的性质、来源、形式、数量、唯一性标识、原件或复制品，且要具有合法性。如××医院住院病历（住院号××××，原件或复印件）××页，某某医院CT片2张（片号×××，×××）。

（3）生理上、精神上有缺陷，或年幼不能辨别是非、不能正确表达的人，或不能正确表达自己意志的人所提供的证明材料，不能作为鉴定的依据。

（4）鉴定人员对鉴定材料的真实性、合法性有审查的义务，所有的鉴定材料应该存档。

5. 鉴定日期。

（1）对于需要人身检查的鉴定项目，鉴定日期是指对被鉴定人实施人身检查的日期。

（2）对于不需要人身检查的鉴定项目，鉴定日期是指开始文证审核的时间。

（3）因医疗纠纷鉴定较复杂和需补充鉴定资料，除需延长鉴定时限外，鉴定日期往往以召开听证会的时间为确定标准。

6. 鉴定地点。这一般是指对被鉴定人实施人身检查的地点,多在鉴定机构内,也可以是医院、被鉴定人家中等地点。

7. 在场人员。这是指对被鉴定人实施人身检查时按法律规定需要在场的人员,如对女性、未成年人或精神病人进行检查时应注明在场人员。例如,男性鉴定人员对女性身体进行检查,要有其他女性工作人员或成年家属在场;对未成年人或精神病人进行检查,要有监护人在场。

8. 被鉴定人。应记录被鉴定人的基本情况,如性别、出生年月、住址等,视委托鉴定事项的不同可增加必要的内容,如鉴定性功能或生育能力时应描述是否结婚、有无子女等。被鉴定人特指以人为对象的鉴定事项。不涉及对人进行身体检查的鉴定项目,该项可以省略。

二、基本案情

基本案情是对委托鉴定事项的补充和说明,主要包括案件形成的基本过程和鉴定的主要目的。基本案情应尽量反映被鉴定人何时、何地、因何原因受到损害,目前遗留的损害后果以及鉴定的主要目的、鉴定的特殊要求。基本案情规范的表述,如"被鉴定人××于×年×月×日在×地被车撞伤头部等处,为审理案件需要,××人民法院委托本中心对××的伤残程度(比照《人体损伤致残程度分级》标准)进行法医学鉴定"。有时,委托人提供的材料缺乏明确的致伤物和损伤情况,但不影响鉴定的受理,这里基本案情可简单化。但鉴定目的(为审理案件需要)和特殊要求(比照《人体损伤致残程度分级》标准)不能省略。

三、资料摘要

法医临床司法鉴定的资料摘要应当摘录与鉴定事项有关的鉴定资料,如病史摘要和其他文证材料摘要。

1. 病史摘要。病史摘要应介绍损伤或疾病的发生、发展、演变和转归的具体情况,它不能过于简单,但又不必全部照抄病史,应以简明扼要、全面完整为原则,按照时间顺序将伤或病的发生、发展、转归情况记录清楚。进行医疗纠纷鉴定时,应将医疗处置、医疗措施等情况全面摘录。

摘录病史时应注意以下两点:①摘录的病史材料应该是"客观病史",即被鉴定人入院后与损伤有直接因果关系的临床症状和体征、实验室检测结果和特殊检查结果等。例如,胸部损伤并发血气胸,病史中有"呼吸急促、口唇紫绀""呼吸困难"等记录,其中"呼吸急促、口唇紫绀"是临床表现,属"客观病史",而"呼吸困难"是临床诊断,不能作为认定呼吸困难的直接依据,但可作为分析的参考。又如,病史中常见的"失血性休克",只是一种临床诊断意见,是否真的出现失血性休克,鉴定人要根据被鉴定人受伤后的血压、脉搏等"客观病史",以及结合临床治疗措施和病情变化情况全面分析、综合判断,而不能以"失血性休克"这"主观病史"作为评定损伤程度的依据。②摘录的病史要注明来源、性质和唯一性标识。如表述为"××医院出院小结(住院号×××)摘录""××

医院视觉诱发电位报告（检查号×）摘录"。

2. 其他文证材料摘要。其他文证材料摘要主要是指卷宗材料、证人证言等鉴定分析说明中需引用的材料。

四、鉴定过程

鉴定过程是记录鉴定人对被鉴定人实施人身检查的方法和结果。其一般包括检验方法、体格检查、阅片所见、辅助检查等内容。

1. 鉴定方法。鉴定方法是鉴定标准、规范、方法的总称。鉴定标准包括国际标准、国家标准、行业标准等，检验规范包括技术规范和行政规范等。国家标准如《劳动能力鉴定职工工伤与职业病致残等级》（GB/T 16180-2014）；行业标准如《人身损害误工期、护理期、营养期评定规范》（GA/T 1193-2014）；技术规范如《法医临床学视觉电生理检查规范》（SF/Z JD0103010-2018）、《听力障碍法医学鉴定规范》（SF/ZJD103001-2010）；行政规范如最高人民法院、最高人民检察院、公安部、国家安全部、司法部联合发布的《人体损伤程度鉴定标准》《人体损伤致残程度分级》。

2. 体格检查。法医临床学检查是确定伤者损伤情况和生理状态的重要手段，是法医临床司法鉴定最基本、最重要的检查，包括对伤者的身体检查和实验室辅助检查。

身体检查包括一般检查和特殊检查。一般检查是指对被鉴定人进行全面、系统的检查，包括发育、营养、精神状态、体位、步态、神志是否清楚、检查是否合作、回答是否切题等。特殊检查也称专科检查，是针对各损伤部位进行的全面、细致的检查，包括损伤部位、形状、数目、大小、方向、颜色、有无遗留物等。检查应遵照《法医临床检验规范》（SF/T0111-2021）的要求，按照人身检查的常规顺序进行。

在大多数法医临床司法鉴定中，常规的身体检查常常不能满足鉴定工作的需要，还需要进行实验室检查，如X线、CT、磁共振、超声、电生理检查。而辅助检查能够提供客观的证据，如听力障碍、骨折愈合情况、足弓改变程度、腰椎压缩程度等都需要通过辅助检查来确认。

法医临床学检查结果的记录要求准确、规范、详细、全面和清晰，阳性发现必须记录，对鉴定结果有甄别作用的阴性结果也应记录。例如，对于瘢痕应详细描述瘢痕长度、宽度、颜色、质地、突起或凹陷；对于关节活动度的测量应注明是主动还是被动。当被鉴定者损伤特征、肢体功能可能出现动态变化（如消失、好转等），且该改变或损伤特征又是判断依据时，除文字记录外，还应通过照相或录像方式保存鉴定时的发现，并配以必要的比例尺或其他标识便于核查。

3. 阅片记录。阅读影像学片是检验过程的一个重要环节，通过阅片来确认原发损伤与临床诊断的符合性，以及病情的发展、转归等情况。阅片记录应包括影像学片的来源、日期、片号、数量、损伤所见及所反映的损伤治疗过程、治疗手段及损伤的愈合情况等。司法部司法鉴定管理局发布的《法医临床影像学检验实施规范》（SF/T 0112—2021），对影像学资料检验进行了规范。

（1）影像学外部信息。其包括司法鉴定机构委托本机构以外的其他机构（包括临床医疗机构）进行影像学检验所获取的影像学资料，以及由委托人提供的可作为鉴定依据的影像学资料（包括各种载体所承载的 X 线、CT、MRI 等影像学图像）。

鉴定人对委托人作为外部信息所提供的影像学资料，应进行客观的分析性审核。审核的要点包括（但不限于）：①影像学资料与案情材料（包括所反映的或者可能的损伤经过与致伤方式）的吻合性；②影像学资料与其他临床病历资料（包括损伤后诊治经过）的吻合性；③影像学资料与法医学检验结果的吻合性；④影像学资料与鉴定委托事项的相关性；⑤影像学资料对鉴定委托事项的充分性；⑥影像学资料的质量（包括摄片质量与保存质量）能否满足鉴定要求；⑦被鉴定人个人信息（姓名、性别、年龄，必要时包括既往史、个人生活史、家族史、职业史等）。

（2）影像学检验结果评价的基本原则。①在观察外部信息提供的影像学资料和实施影像学检验时，应结合被鉴定人个人信息（性别、年龄，必要时包括既往史、个人生活史、家族史、职业史），案情材料反映的（包括可能的）损伤经过与致伤方式，损伤后诊治经过等；②应尽可能全面观察损伤后影像学随访的检验资料；③应排除自身疾病及陈旧（外伤）性改变或其他病理基础的影响；④在审核影像学检验结果时，鉴定人可参考临床影像学诊断意见。鉴定人认为临床影像学诊断意见不明确或存有争议时，可邀请有专门知识的专家辅助人提供专业意见，最终综合形成认定意见。

（3）必要时的影像学检验。鉴定人认为存在如下情形的（不仅限于），可以要求重新或者补充进行影像学检验：①有必要进行影像学同一认定的；②需观察近期影像学改变，进行随访检验，或者判断是否符合医疗终结标准的；③送鉴影像学检验资料不能完全满足鉴定要求，需采用其他影像学检验技术或方法的。

拟补充或重新进行影像学检验的，应征得委托人的同意（必要时书面函告），被鉴定人不配合检查导致鉴定无法继续开展的情形，由委托人依据法律规定及具体情况处理。被鉴定人在鉴定机构以外的影像学实验室重新获取或补充影像学检验检查结果时，应经委托人确认后提交鉴定机构。

4. 辅助检查。辅助检查包括实验室检查和功能性检查等。实验室检查包括：血常规、尿常规、便常规、血气分析、血电解质（钾、钠、氯、钙等）、肝功能、肾功能、血脂、心肌酶、甲状腺功能、血糖等。如肝损伤导致肝功能障碍的，要通过实验室检查确认肝功能损害的程度。损伤后果涉及呼吸困难的，需进行血气分析检查。

功能性检查包括：超声、视觉诱发电位、听觉诱发电位、脑电图、肌电图、智能测试。如对于有实质脏器损伤的，有条件的可进行超声检查确认脏器结构是否存在异常；头部损伤遗留智力损伤的，应进行智能测试。

五、分析说明

分析说明是鉴定意见的论证过程，是鉴定人根据委托人提供的鉴定材料，以及法医临床检验结果，结合专业知识进行分析判断，最终形成鉴定意见的过程。

分析说明要论点明确，论据充分，层次分明，逻辑性强。语言表述应通俗易懂，准确规范，避免引起歧义。

在鉴定实践中，由于损伤的多样性，难以形成统一模式的分析说明，但分析说明中的关键点必须统一。

1. 所采用的资料应是客观资料。尽量避免使用主观资料，如诊断意见、印象诊断等。

2. 对于损伤的并发症和后遗症的认定，不能简单依据临床诊断，而是要通过对病史材料、法医检验结果等进行全面分析后方可确认。

3. 在引用理论或方法时，要充分考虑理论或方法的科学性、适用性和有效性。引用的理论最好出自教科书，并在附件后注明参考的文献。引用的方法包括国家标准和技术规范，司法鉴定主管部门、司法鉴定行业组织或者相关行业主管部门制定的行业标准和技术规范，该专业领域多数专家认可的技术标准和技术规范，以及司法鉴定机构自行制定的有关技术规范。

4. 引用专家的重要观点或意见时，要充分考虑该观点或意见所依据的理论和技术或研究的方法是否科学。

5. 推理、判断要符合逻辑性。现列举两份鉴定文书中分析说明的表述：

例1：被鉴定人××被人用刀砍伤全身多处，临床诊断为失血性休克，参照《人体损伤程度鉴定标准》第5.12.4.f条的规定，鉴定为轻伤二级。

例2：被鉴定人××被人用刀砍伤全身多处，临床诊断为失血性休克，根据病历资料，其失血性休克的诊断成立。参照《人体损伤程度鉴定标准》第5.12.4.f条的规定，鉴定为轻伤二级。

上面两个例子都存在表述不规范的问题，例1表述存在的问题在于失血性休克只是临床诊断，但这个诊断的依据是否充分、鉴定人是否对诊断予以确认仍不确定；如果根据临床诊断直接作出鉴定意见，结论错误，责任应由谁来承担？例2表述存在的问题在于鉴定人虽确认了临床诊断，但临床诊断的依据和诊断的准确性仍然无法确定。鉴定意见不能直接以"主观病史"作为鉴定依据。

规范的表述方法应该是："被鉴定人××被人用刀砍伤全身多处，伤后呼吸急促，伤后血压与恢复正常时相比改变不明显，脉压差也没有缩小，通过补充血容量，血压很快恢复正常；血红蛋白下降提示其失血量较多；术后护理记录其神志烦躁，属于休克早期的体征。因此，被鉴定人失血性休克诊断成立，属于失血性休克代偿期（轻度），参照《人体损伤程度鉴定标准》第5.12.4.f条的规定，鉴定为轻伤二级。"

鉴定中，涉及损伤与疾病关系、伤残与疾病关系分析的，应该对外界致伤因素在损害后果中的原因力大小进行分析，并给出参与度。

涉及医疗损害后果的，也应对医疗行为在损害后果中的原因力大小进行分析，并给出参与度。医疗损害责任的划分主要依据医疗机构是否履行诊疗义务、注意义务、告知义务等。

六、鉴定意见

鉴定意见属于鉴定人的专业意见。鉴定意见是鉴定人对委托鉴定事项所作出的直接回答，对于没有委托鉴定的事项，在鉴定意见部分不予回答。

司法鉴定意见可分为肯定性鉴定意见、否定性鉴定意见、倾向性鉴定意见。

肯定性鉴定意见：如"被鉴定人某某因交通事故致腰1椎体压缩性骨折达1/3以上，评定为十级伤残"。该表述包括了三个基本的要素，即损伤方式（交通事故）、损伤后果（腰1椎体压缩性骨折）、伤残程度（十级伤残）。

否定性鉴定意见：如"被鉴定人某某被他人用刀刺伤胸部，致失血性休克（轻度），参照《人体损伤程度鉴定标准》第5.12.2.d、5.12.4.f条的规定，未达重伤一级，鉴定为轻伤二级"。

倾向性鉴定意见：如"被鉴定人某某的头皮创的形态符合锐器伤形态学特征，案情中提供的菜刀砍击可以形成"。这种鉴定意见的表达看似肯定性鉴定意见，实际上只是一个倾向性意见，还要与其他证据相互印证。这种表述方式适用于致伤物或致伤方式推断。

七、落款

由司法鉴定人签名或者盖章（目前各地实际操作中均要求鉴定人签名），并写明司法鉴定人的执业证号，同时加盖司法鉴定机构的司法鉴定专用章，并注明文书制作日期等。

八、附件

司法鉴定文书附件应当包括与鉴定意见、检验报告有关的关键图表、照片等以及有关声像资料、参考文献等的目录。附件是司法鉴定文书的组成部分，应当附在司法鉴定文书的正文之后。

法医临床司法鉴定附件的主要内容包括：

1. 关键图表。在法医临床司法鉴定中涉及的图表主要包括瘢痕的描绘图，瘢痕面积计算方法演示或利用软件计算面积所得到的图谱，影像学资料的扫描图片等。

2. 照片。照片一般是指被鉴定人的正面照片、瘢痕部位照片（原发损伤遗留瘢痕和手术瘢痕等）、关节或颈腰部活动度测量照片、器官或肢体缺失照片、眼底照片、鼓膜成像照片。照片的目的是反映原发损伤以及原发损伤治疗后遗留的体表特征或后遗症。

3. 参考文献的目录。参考文献是在学术研究过程中，对某一著作或论文的整体的参考或借鉴，简单来说是指在文章或著作等写作过程中参考过的文献。参考文献一般应用于分析说明中，其目录格式参照《文后参考文献著录规则》（GB/T7714-2005）。

九、附注

对司法鉴定文书中需要解释的内容，可以在附注中作出说明。

例如，在鉴定文书中引用专业名词，该专业名词不为人所熟悉或理解的，可以在附注中予以说明，以达到鉴定所涉及当事人对鉴定意见充分理解的目的。

任务二 法医临床司法鉴定意见书的范例

×××司法鉴定中心司法鉴定意见书

×××司鉴中心〔202×〕临鉴意字第×号

（司法鉴定专用章）

一、基本情况

委托人：×××人民法院

委托事项：伤残程度鉴定

受理日期：202×年×月×日

鉴定材料：1. 司法鉴定委托书2份

2. ×××大学附属第五医院（住院号P181×××）入院记录、手术记录、出院记录、诊断证明、门诊病历、检查报告单复印件共63页，CT片（号485×××）4张，X线片（号485720）1张

3. 第×××号道路交通事故认定书（简易程序）复印件1页

4. 秦×身份证复印件1页

鉴定日期：202×年×月×日

鉴定地点：本中心法医临床鉴定室

被鉴定人：秦×，男性，身份证号×××××××××××

二、基本案情

据送检材料介绍：被鉴定人秦×于201×年×月×日因道路交通事故受伤。因赔偿需要，现×××人民法院委托本中心依据两院三部《人体损伤致残程度分级》对秦×进行伤残等级鉴定。

三、资料摘要

1. ×××大学附属第五医院（住院号P181×××人民法院）住院病历摘要：

住院日期：201×年×月×日至202×年×月×日。

入院情况：因车祸致胸背部疼痛不适5小时入院。专科检查：全身见多处挫擦伤伤口，右侧鼻沟见2cm挫擦伤伤口，已结痂，腰椎活动明显受限，脊柱胸腰段及腰骶段棘突明显压痛，叩击痛（+）。右侧胸背部见一片状瘀斑，局部压痛明显，可触及骨折征，右侧肺部呼吸音减弱，叩诊浊音，左侧肺部未及异常，腹部未及异常，四肢肌力正常，无感觉异常。

辅助检查：2019年10月20日CT示：右侧气胸；双肺创伤性湿肺；双侧胸腔积血积液（右侧中等量，左侧少量）；双肺下叶膨胀不全；右侧肋骨多发（2-12肋）骨折；胸壁皮下气肿。

住院经过：入院后完善相关检查，于2019年10月21日行右肋骨骨折切开复位内固定术，术中用微型钛板复位固定右侧第7~12肋。于2019年11月21日行右侧胸腔探查闭式引流术+右侧第10肋骨骨折切开复位内固定术。因患者右侧胸背部伤口愈合欠佳，查伤口分泌物细菌培养提示多重耐药金黄色葡萄球菌感染，遂多次进行右侧胸背部伤口清创+负压引流术，期间予伤口持续冲洗、负压引流等治疗。

出院诊断：右侧第2~12肋骨骨折；右侧血气胸；右肺挫伤；胸膜粘连；右下肺不张；右侧胸腔包裹积液；右胸背部伤口感染；全身多处皮肤挫擦伤。

2. ×××大学附属第五医院检查报告摘要：

(1) 2020年9月23日肺功能检查示：轻度限制性肺通气功能障碍。

(2) 2020年9月23日一口气弥散检查示：弥散功能轻度下降。

(3) 2020年9月23日呼出一氧化氮（FeNO）测定示：FeNO值：76ppb。

四、鉴定过程

1. 检验方法/标准：《法医临床检验规范》（SF/ZJD0103003-2011）、《法医临床影像学检验实施规范》（SF/Z JD0103006-2014）、两院三部《人体损伤致残程度分级》。

2. 使用设备/仪器：照相机、刻度标尺、X线胶片观察灯、卷尺、听诊器。

3. 体格检查：被鉴定人秦×步入鉴定室，神志清楚，对答切题，查体合作。检查见其右侧腋前线有2.0cm引流口瘢痕，右肩胛骨下缘有13.5cm斜行瘢痕，右下腹有三处0.5cm引流口瘢痕，右背部有9.0cm斜行瘢痕，其末端连接10.0cm×5.0cm片状凹陷性瘢痕，凹陷深度为0.5cm；右腰背部有12.0cm斜行瘢痕，其下方有3.5cm×3.0cm块状瘢痕，左胸背部有0.5cm、0.5cm、0.7cm三处引流口瘢痕。双侧胸廓不对称，右胸背部向右侧外弯曲变形，胸式呼吸减弱，右侧胸廓呼吸动度减弱，胸廓挤压征阴性，右侧腹部膨隆。平静时呼吸频率23次/分，缓步行走100米后呼吸频率25次/分。余检查未见明显异常。

4. 阅片所见：2019年10月20日×××大学附属第五医院CT片（号485×××）1张示：右侧第2~11肋骨多发骨折，部分肋骨呈粉碎性，断端错位。右侧少量气胸，双侧胸腔积液，右侧较为显著。右肺下叶部分受压、不张，双肺挫伤。

2019年10月21日×××大学附属第五医院X线片（号485×××）1张示：右侧第2~12肋骨骨折，右侧第6~12肋骨内固定术后，内固定位置在位。双肺挫伤，双侧少量胸腔积液，右侧胸壁软组织肿胀积气。

2020年2月12日广州医科大学附属第五医院CT片（号485×××）1张示：右侧第2~12肋骨骨折，断端对位对线尚可，右侧第6~12肋骨内固定术后，可见内固定影在位。右侧胸腔积液，右肺下叶膨胀不全。右侧腰背部皮下软组织水肿。

2020年9月13日×××大学附属第五医院CT片（号000380×××）1张示：右侧第2~12肋骨多发骨折，对位对线尚可，右侧第6~12肋骨骨折内固定术后，右侧第10肋骨部分骨质缺损，双侧胸廓不对称。

五、分析说明

根据现有送检材料、影像学资料，经文证审查并结合本中心法医临床检验所见，综合分析说明如下：

被鉴定人秦×于2019年10月19日因交通事故受伤，入院查体见其全身见多处挫擦伤伤口，腰椎活动明显受限，脊柱胸腰段及腰骶段棘突明显压痛，叩击痛（+），右侧胸背部见一片状瘀斑，局部压痛明显，可触及骨折征，右侧肺部呼吸音减弱，叩诊浊音，左侧肺部未及异常。临床诊断为右侧第2~12肋骨骨折、右侧血气胸、右肺挫伤、胸膜粘连、右下肺不张、右侧胸腔包裹积液、右胸背部伤口感染和全身多处皮肤挫擦伤。已于2019年10月21日行右肋骨骨折切开复位内固定术，于2019年11月21日行右侧胸腔探查闭式引流术+右侧第10肋骨骨折切开复位内固定术，因右侧胸背部伤口愈合欠佳，遂多次进行右侧胸背部伤口清创+负压引流术。现法医临床查体见其胸部、腹部及背部遗留多处皮肤瘢痕，双侧胸廓不对称，右胸背部向右侧外弯曲变形，胸式呼吸减弱，右侧胸廓呼吸动度减弱，右侧腹部膨隆。审阅其伤后影像片显示与临床诊断相符。根据书证摘要、影像学资料及法医临床检验结果，综合分析认为，上述诊断成立，现其伤情稳定，符合鉴定时机要求。

被鉴定人秦×因交通事故致右侧第2~12肋骨骨折、右侧血气胸、右肺挫伤、胸膜粘连、右下肺不张，经手术治疗后现检验见其双侧胸廓不对称，右胸背部向右侧外弯曲变形，胸式呼吸减弱，右侧胸廓呼吸动度减弱，结合2020年9月23日肺功能检查示轻度限制性肺通气功能障碍，根据两院三部《人体损伤致残程度分级》第5.7.3.7款项之规定，评定为七级伤残。

六、鉴定意见

被鉴定人秦×双侧胸廓不对称，胸式呼吸受限，评定为七级伤残。

七、附件

1. 被鉴定人秦×照片及CT、X线片。
2. 司法鉴定许可证、司法鉴定人执业证。

司法鉴定人：×××

《司法鉴定人执业证》：440118252×××

司法鉴定人：×××

《司法鉴定人执业证》：440116252×××

202×年×月×日

（司法鉴定专用章）

附件1：

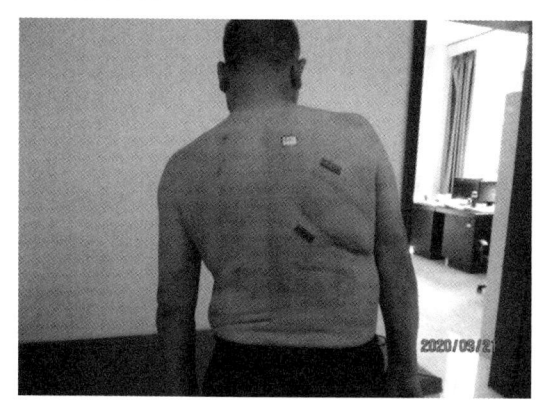

胸背部照片

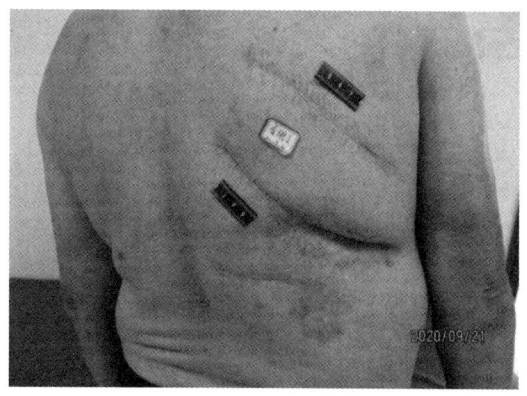

右侧胸背部瘢痕

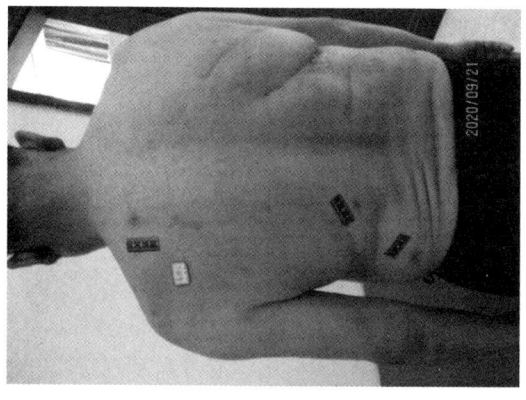

左侧胸背部瘢痕

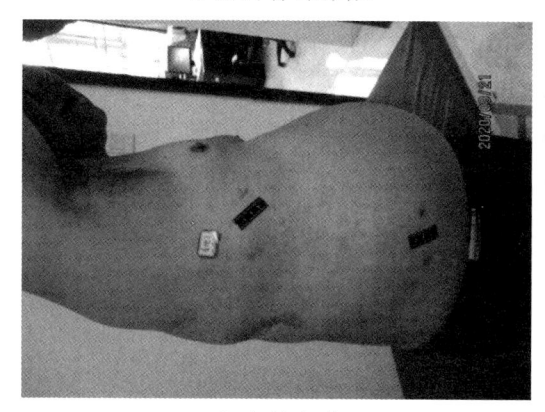

右腋侧瘢痕

被鉴定人秦×照片

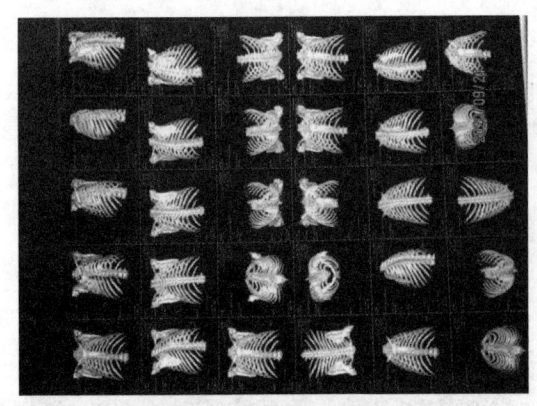

CT 片（2019-10-20） 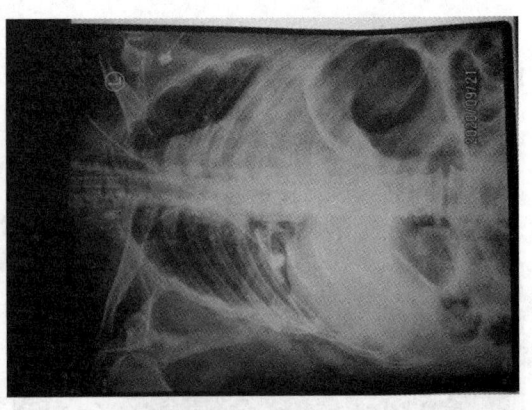　　　　　　X 线片（2019-10-21）

CT 片（2020-2-12） 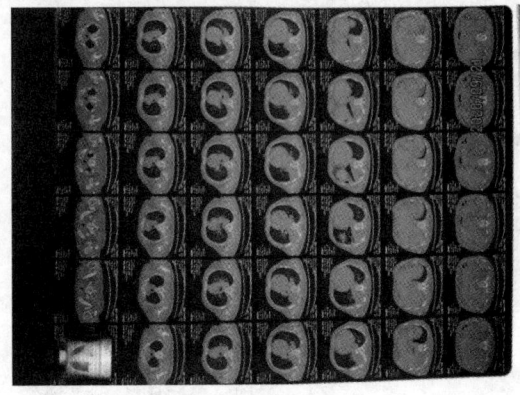　　　　　　CT 片（2020-2-12）

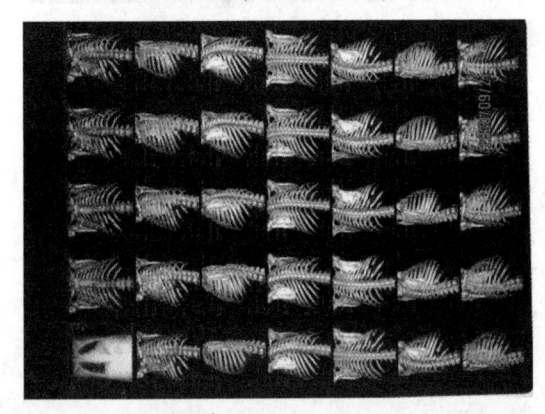

CT 片（2020-9-13）

被鉴定人秦×CT、X 线片

附件 2：司法鉴定许可证、司法鉴定人执业证（略）。

任务三　技能训练

一、训练目的

熟悉司法鉴定意见书的格式，掌握法医临床司法鉴定意见书的制作方法和技巧。

二、训练内容

根据案例资料制作法医临床司法鉴定意见书。

1. 案例资料：2017年7月30日，被鉴定人常×因交通事故受伤，在广州开发区医院治疗。因理赔需要，现委托某司法鉴定中心对其伤残程度进行法医学鉴定。

2. 病历摘要：2017年7月30日至2017年8月14日病历：

入院情况：患者于2小时前因车祸致左胸部及腰背部外伤，当即感伤处疼痛，以左侧胸部为甚，呼吸稍受限。辅助检查：胸部CT平扫示：左肺创伤性湿肺、左侧心影左下缘旁积气，多考虑气胸所致、左侧胸腔少量积液、左侧多发肋骨骨折，伴左侧胸壁软组织肿胀。以"左侧多发肋骨骨折"收入院。检查：左侧胸壁软组织肿胀，局部压痛明显，胸骨压痛，胸廓挤压征阳性，呼吸运动左侧稍减弱，左肺呼吸音粗糙。腰背部软组织稍肿胀，压痛。

治疗经过：完善相关检查，于2017年8月3日行左侧第4、5、6肋骨骨折开放复位钢板内固定术，术中所见左侧第2~8肋骨骨折，第4~6肋骨骨折错位明显、内陷，术后予抗炎止血及对症治疗。

出院诊断：左侧第2~8肋骨骨折、左侧创伤性湿肺、左侧血气胸、全身多处软组织损伤。

3. 法医学检验。

（1）检验方法。按照《法医临床检验规范》（SF/ZJD0103003-2011）、《法医临床影像学检验实施规范》（SF/Z JD0103006-2014）对被鉴定人进行检验。

（2）体格检查。步入鉴定室，神志清楚，查体合作，对答切题。左胸外侧见一横形13.0cm×0.4cm手术瘢痕，呼吸运动平稳，胸廓挤压试验阳性，双肺呼吸音清，未闻及啰音；左侧锁骨肩峰端较右侧隆起突出，双肩关节活动大致对称。

（3）阅片情况。2017年7月30日广州开发区医院CT片（片号0002250XX）3张：左侧第2~8肋骨骨折，其中第4~7肋骨骨折错位明显，左肺创伤性湿肺，左侧胸腔少量积液、积气，左侧胸壁软组织肿胀。

2017年11月6日广州开发区医院DR片（片号0002250XX）2张：左侧第2~8肋骨骨折内固定术后复查，其中第4~6肋骨骨折内固定在位、骨折断端对线对位可、骨折线模糊；右肩峰稍隆起。

（4）经分析，被鉴定人常×于2017年7月30日因交通事故受伤，临床诊断为左侧第2~8肋骨骨折、左侧创伤性湿肺、左侧血气胸、全身多处软组织损伤。入院检查左侧胸壁软组织肿胀，胸廓挤压征阳性，左侧呼吸运动稍减弱，左肺呼吸音粗糙，并行左侧第4、5、6肋骨骨折开放复位钢板内固定术等治疗，据此，确定其上述诊断成立。本次鉴定时司法鉴定中心经检查发现左胸外侧手术瘢痕，胸廓挤压试验阳性。审阅伤后CT、DR片示与临床诊断相符。综上，被鉴定人常某因交通事故致左侧第2~8肋骨骨折（共计7根），根据两院三部《人体损伤致残程度分级》标准第5.10.3.7款项之规定，评定为十级伤残；

其余损伤结果未达伤残等级。

三、训练要求

根据上述给定材料，按照法医临床司法鉴定意见书的写作要求和方法，制作一份法医临床司法鉴定意见书。

四、训练评价

通过训练，根据学生法医临床司法鉴定意见书文书写作情况，分析其能否按照规范进行写作，表达是否准确，内容是否完整等并进行综合评价。

项目二　法医病理司法鉴定意见书

学习目标

知识目标：了解和熟记法医病理司法鉴定意见书的写作要求。

能力目标：掌握法医病理司法鉴定意见书的写作方法。

内容结构

任务一：法医病理司法鉴定意见书的制作要求。

任务二：法医病理司法鉴定意见书的范例。

任务三：技能训练。

知识要点

法医病理鉴定是指鉴定人运用法医病理学的科学技术或者专门知识，对与法律问题有关的人身伤、残、病、死及死后变化等专门性问题进行鉴别和判断并提供鉴定意见的活动。法医病理鉴定一般包括死亡原因鉴定、死亡方式判断、死亡时间推断、损伤时间推断、致伤物推断、成伤机制分析、医疗损害鉴定以及与死亡原因相关的其他法医病理鉴定等。

任务一　法医病理司法鉴定意见书的制作要求

一、基本情况

应写明委托人、委托鉴定事项、受理日期、鉴定材料、鉴定日期、鉴定地点、在场人员、被鉴定人（姓名、性别、年龄、出生年月日、户籍地点）。需要注意的是，法医病理学鉴定事项一般包括死亡原因鉴定、死亡方式判断、死亡时间推断、损伤时间推断、器官组织法医病理学检验与诊断、致伤物推断、成伤机制分析、医疗损害鉴定以及与死亡原因相关的其他法医病理鉴定等。

其中死亡原因鉴定通常有以下类型：①尸体解剖，死亡原因鉴定；②尸表检验，死亡原因分析；③器官/切片检验，死亡原因分析。与死亡原因相关的其他法医病理鉴定包括但不限于组织切片特殊染色、尸体影像学检查、组织器官硅藻检验、尸体骨骼的性别和年龄推断等。

二、基本案情

写明委托鉴定事项涉及案件的简要情况，一般与司法鉴定委托书案情一致。

三、资料摘要

应写明与鉴定事项相关的鉴定材料简要摘要，包括交通事故认定书、病历资料、现场勘查记录、询问笔录、尸体法医毒物或法医物证检验结果、与案情有关的视频、音频资料。器官/切片检验，死亡原因分析案件鉴定时还应对尸体检验记录关键信息进行摘录。

四、检验过程

检验过程应写明鉴定的实施过程和科学依据，包括检材处理、鉴定程序、所用技术方法、技术标准和技术规范等。法医病理学从业人员要具备良好的敬业精神，其中一个重要的方面就是要时刻具备证据意识。对于能够作为重要证据的检材、标本和文字影像资料都要妥善保存，以保证在案件处理的全过程都能提供足够的原始资料。

1. 操作规范：法医病理学鉴定的技术标准主要包括：《法医学尸体解剖规范》（SF/Z JD0101002-2015）、《法医学尸体检验技术总则》（GA/T 147-2019）、《法医学机械性窒息尸体检验规范》（GA/T 150-2019）、《法医学中毒尸体检验规范》（GA/T 167-2019）、《法医学机械性损伤尸体检验规范》（GA/T 168-2019）、《法医学猝死尸体检验规范》（GA/T 170-2019）等。

2. 尸表检验：尸表检验首先要详细记录死者衣着情况，注意其表面有无附着物，纽扣、腰带、鞋带等是否完好和系着状态。尸体外表检验首先记录尸体一般情况，如性别、尸长、发长、发色、发育情况、营养情况等，以及尸体死后变化如尸斑等。然后按照头面部、颈项部、躯干、四肢及会阴部的顺序进行检查记录，重点记录尸体的特殊体位及形态变化、体表个人特征、附着物、血痕、有无损伤及损伤具体情况。详细记录体表损伤的位置及形状，如有多个损伤时，应逐个编号并按编号依次说明其大小、方向以及损伤种类及程度。

3. 尸体解剖记录：尸体解剖记录一般按照头面部、颈项部、躯干、四肢及会阴部、脊柱及脊髓顺序进行检查记录。对于损伤或病变要详细描述其部位、形态、大小、质地及特征性改变等。例如，胃底部见"火山口"样溃疡，深达黏膜下层，大小约3.0cm×2.0cm，呈暗红色，触之较硬。解剖过程中发现的有意义的阴性情况也应写明，如颈部皮肤、皮下及颈部肌肉未见出血等外伤性改变，咽喉及气管腔通畅等。同时应注意记录人体主要脏器的检查情况，包括重量、体积、外观、切面情况。解剖过程中提取的内脏器官标本、胃内容物、血、尿等检材也要详细编号、记录。

法医病理学从业人员要具备良好的法律素养，其中一个重要的方面就是要时刻具备证据意识。党的二十大报告指出，公正司法是维护社会公平正义的最后一道防线。深化司法体制综合配套改革，全面准确落实司法责任制，加快建设公正高效权威的社会主义司法制度，努力让人民群众在每一个司法案件中感受到公平正义。法医病理学鉴定的特殊性之一便是在检验、鉴定的同时也会造成检材、样本的破坏，而且是不可逆转的破坏。因此法医病理鉴定过程中对于能够作为重要证据的检材、标本和文字影像资料都要妥善保存，以保证在案件处理的全过程都能提供足够的原始资料；同时，要注意避免将不同案件标本混淆，若因此导致鉴定结论错误，行为人将受到相应的惩罚，以此保障为司法审判或社会纠纷的处理提供合法、科学、客观可靠的法庭科学证据，进而维护和提高司法鉴定公信力。

4. 组织病理学检查：通过对人体器官/组织切片进行大体检验和（或）显微组织病理学检验，需详细记录所见脏器的一般情况及特殊情况，依据法医病理学专业知识分析、判断，作出法医病理学诊断意见。组织病理学检验要系统检查全身主要脏器或全部送检脏器。对于镜下检查所见描述要具体详实，最终要根据检验结果作出明确的组织病理学诊断。

5. 法医病理学特殊检查：一般包括尸体影像学检查、脏器硅藻检验等。要详细记录检验方法、程序及检验结果。

五、分析说明

写明根据鉴定检材和检验结果形成鉴定意见的分析、鉴别和判断过程。引用资料应注明出处，分析说明中要对委托的鉴定事项和要求进行科学、客观、辩证的分析。法医病理司法鉴定意见书分析说明还应注意结合案件本身特性进行有针对性的分析论述，如对于死亡原因分析，在存在多种疾病和（或）损伤时要全面分析其根本死因、直接死因、辅助死因、死亡诱因及死亡机制；对于死亡时间推断应列出计算的依据和阐明可能的波动范围；对于致伤物推断应着重说明致伤物与身体接触部分可能的形态及特征，同时尽可能说明致伤物的种类和性质。

法医病理学从业人员需具备科学思维。在撰写法医病理学检验分析说明过程中，不能仅停留于尸体表面变化及局部解剖检查的结果，而应该从全面系统的法医学尸体检验入手，否则就会忽略全身情况，对死者体内的疾病或损伤认识不够透彻。法医病理司法鉴定应从全局入手，首先对案情进行详细充分的了解，将有关的人、事和物联系起来，进行分析；并结合现场勘查、病史资料、尸体解剖和相关检查材料，综合分析判断，得出正确的科学结论，为委托方提供客观真实的科学证据。

六、鉴定意见

鉴定意见应当明确、具体、规范，具有针对性和可适用性，回答委托人的鉴定要求，切忌答非所问。鉴定意见应简明扼要地分条列出。鉴定意见要根据鉴定人掌握的材料尽可能作出明确的判断（肯定或否定），至少要作出倾向性的结论。鉴定意见与检查结果及分析结果要一致。对于经过系统解剖和组织病理学检查仍无法明确死因的案件，可以作出排除性鉴定意见，如排除被鉴定人李××因机械性窒息导致死亡。

七、落款

由司法鉴定人签名或者盖章，并写明司法鉴定人的执业证号，同时加盖司法鉴定机构的司法鉴定专用章，并注明文书制作日期等。

八、附注与附件

对司法鉴定文书中需要解释的内容，可以放在附注中作出说明。

法医病理司法鉴定附件的主要内容包括：现场照片、尸体照片、脏器照片、脏器组织病理学检查图片及法医病理学特殊检查结果，如硅藻检验结果图片等。

任务二　法医病理司法鉴定意见书的范例

×××司法鉴定中心司法鉴定意见书

×××司鉴中心［202×］病鉴意字第×号

（司法鉴定专用章）

一、基本情况

委托单位：×××公安局刑事侦查大队三中队

委托事项：李××死亡原因鉴定

受理日期：×××年××月××日

鉴定材料：1. 法医病理司法鉴定委托书

2. 李××的尸体一具

3. ×××司法鉴定中心［××××］毒鉴字第×××号法医毒物司法鉴定意见书一份

被鉴定人：李××，男，身份证号：×××

检验日期：×××年××月××日

检验地点：×××殡仪馆、×××司法鉴定中心

检验人员：×××

二、基本案情

据司法鉴定委托书记载：×××年××月××日，公安机关接报称：在××市××小区，报案人称其老公昨晚喝了很多酒，现在发现人已经死亡了。经了解，死者李××，男，×××年××月××日出生，身份证号码：×××，户籍地址：×××。经刑事技术部门法医尸表检验，李××体表有外伤。家属对李××的死因存有异议，要求对尸体进行解剖。

三、资料摘要

×××司法鉴定中心［××××］毒鉴字第×××号法医毒物司法鉴定意见书摘要：

鉴定意见：李××血液样本中未检出曲马多、吗啡、可待因、美沙酮、氯胺酮、去甲氯胺酮、MDMA（3,4-亚甲基二氧基甲基苯丙胺）、MDA（3,4-亚甲基二氧基苯丙胺）、苯丙胺、甲基苯丙胺、甲卡西酮、06-单乙酰吗啡、乙基吗啡、可卡因、海洛因、芬太尼、哌替啶、大麻二酚、大麻酚、四氢大麻酚成分。

未检出尼可刹米、氯苯那敏、安替比林、氨基比林、咪达唑仑、麻黄碱、卡马西平、阿米替林、多塞平、劳拉西泮、地西泮、硝西泮、氯硝西泮、氟硝西泮、艾司唑仑、阿普唑仑、三唑仑、氯氮平、氯丙嗪、丙咪嗪成分。

李××血液样本中检出乙醇含量 131.7mg/100mL。

四、鉴定过程

本鉴定中心经审查并确定受理后,指定司法鉴定人及鉴定助理使用常规医用器械及数码照相机,按照《法医学尸体解剖规范》(SF/Z JD0101002-2015)、《法医学尸体检验技术总则》(GA/T 147-2019)、《法医学病理检材的提取、固定、取材及保存规范》(GA/T 148-2019)、《法医学机械性窒息尸体检验规范》(GA/T 150-2019)、《法医学中毒尸体检验规范》(GA/T 167-2019)、《法医学机械性损伤尸体检验规范》(GA/T 168-2019)、《法医学猝死尸体检验规范》(GA/T 170-2019)对被鉴定人进行尸体解剖和病理检验并提取器官检材备检;使用病理切片系列设备制作病理切片、使用图文采集系统进行组织病理学检查和拍摄显微图片。

(一)尸表检验

1. 一般情况:解冻成年男性尸体,尸长173.5cm,黑发、发长11.0cm;发育正常,营养一般。尸斑呈暗紫红色,位于尸体背、腰、臀部未受压处,指压不褪色。

2. 头面部:左额部至左上眼睑可触及一个8.0cm×4.5cm的皮下肿胀区,左眉弓外侧见一处1.0cm×0.5cm的表皮剥脱,左上睑青紫;左枕部见5.5cm×4.5cm的擦挫伤并伴肿胀,其间见一个0.2cm×0.2cm的小裂创,创腔内可见一颗灰白色小沙粒。双侧球睑结膜苍白,角膜高度混浊,双侧瞳孔不可透视。双侧鼻腔未见明显异常,鼻骨未触及骨擦感。双侧耳廓和外耳道未见明显异常。唇黏膜未见损伤,口腔内见较多黑褐色物质,牙齿未见脱落、松动和断折,舌位于齿列后。左下颌角处见一1.0cm×0.5cm的擦挫伤。搬动尸体时,见黑褐色液体自口鼻处流出。

3. 颈项部:颈项部皮肤未见损伤、未触及明显异常。舌骨和甲状软骨未触及异常活动。

4. 躯干部:胸围89.0cm。胸廓对称,胸骨、双侧肋骨未触及骨折,胸部皮肤未见损伤。腹围80.0cm。腹部和背部皮肤未见损伤。右腰部平第三腰椎处见一2.0cm×1.0cm的擦挫伤。脊柱生理弯曲存在。

5. 四肢和会阴部:左上臂内侧至左腋窝处见一处大小为13.0cm×0.3cm的条形表皮剥脱;左肘关节内侧见一个1.5cm×1.0cm的皮肤擦挫伤;左前臂见一串英文字母图案的文身;左手背近虎口处见一个蝎子图案文身。右肩部见一个4.5cm×3.5cm的擦挫伤;右腋窝处在4.0cm×2.0cm范围内见散在的点片状淤斑;右肘关节内侧见一2.0cm×2.0cm的挫伤;右腕关节见一个长3.0cm×0.3cm的陈旧性瘢痕;右手大鱼际见一个1.5cm×1.0cm的擦挫伤。双手十指甲床紫绀。左外踝见两个擦伤大小分别为1.0cm×0.5cm、3.5cm×0.8cm;左足背见一个8.0cm×7.5cm的淤斑区,其间见一4.0cm×1.0cm的表皮剥脱;左足踇趾见一个0.5cm×0.5cm的小裂创。右膝关节在11.0cm×8.0cm范围内见散在片状擦挫伤。右足背见两处擦伤大小分别为0.5cm×0.5cm、2.0cm×0.5cm,右足踇趾见一个1.0cm×0.5cm的表皮剥脱。双足十趾甲床苍白。会阴部未见明显异常。

(二) 尸体解剖及病理检验

1. 头部：自两侧耳后向头顶部冠状切开头皮；左额部头皮下见一个9.0cm×5.0cm的出血区，左枕部头皮下见7.0cm×5.0cm的出血、积血区；颅盖骨未见骨折；左颞肌前侧见片状出血，右侧颞肌未见出血。锯开颅骨，大脑硬脑膜完整，右额颞部硬脑膜下见较多的凝血块、重80.0g。取出脑组织，剥离颅底硬脑膜，左颅后窝见一条长6.5cm的骨折线。全脑重1360.0g、大小为17.5cm×12.5cm×10.0cm；表面观双侧大脑半球对称，右额部和右颞部蛛网膜下腔见出血、局部可见小片状的脑挫伤；小脑扁桃体疝形成；脑底血管未见动脉瘤和血管畸形。大脑切面在右额颞部可见小片状出血；脑室未见扩张、积液；小脑切面未见出血。脑干表面和切面未见出血。脑垂体外观未见异常。

2. 颈胸部：自下颌下缘正中，沿颈、胸、腹部正中线绕脐左侧至耻骨联合上缘切开皮肤及皮下组织。分离双侧颈部皮下软组织和肌群，各浅、深肌群未见出血，气管居中，未见明显异常。

胸骨、肋骨未见骨折，肋间肌未见出血。双侧胸腔未见积血、积液。以"人"字形打开心包，心包腔内见少量淡黄色液体。采取颈胸部器官组织联合取出法，将颈胸部的气管、食道、动静脉、心、双肺和纵隔其它组织一起取出，再分别分离和检查。舌骨、甲状软骨、环状软骨未见骨折；扁桃体、双侧甲状腺未见异常；食道管腔通畅；气管、支气管管腔内见少量黑褐色液体和食物残渣，但未完全堵塞气管管腔，黏膜未见异常。左肺两叶、重740.0g、大小为25.0cm×15.0cm×4.5cm，右肺三叶、重825.0g、大小为25.0cm×18.0cm×6.5cm；双肺表面见少量炭末沉积，右肺中叶背面见一出血灶；双肺切面呈暗红色，未见出血和实变病灶。

心重320.0g，纵径、横径和前后径分别为12.0cm、10.5cm、4.0cm。左室后壁外膜见出血点。顺血流方向打开心脏，各心房、心室腔、心瓣膜、腱索和乳头肌未见明显异常；各房室壁厚度：左室壁1.3cm，右室壁0.4cm，左右心房厚均为0.2cm，室间隔1.4cm；各心瓣膜周径：二尖瓣8.5cm，主动脉瓣5.5cm，三尖瓣11.0cm，肺动脉瓣6.5cm。冠状动脉检查：开口和走形未见异常，其中左、右冠状动脉开口直径分别为0.5cm、0.4cm，左主干长0.6cm，冠状动脉各主要分支脉管腔未见明显狭窄病变。

3. 腹腔：大网膜位置正常，腹腔内未见明显积液。膈肌高度左侧平第5肋，右侧平第4肋，膈肌完整，未见疝形成。肝重1400.0g、大小为26.0cm×13.0cm×7.0cm，质中，表面、切面未见异常。脾重75.0g、大小为11.0cm×7.0cm×1.5cm，包膜完整，表面未见异常，切面淤血。胰腺重45.0g、大小为18.5cm×3.0cm×1.0cm，表面及切面未见异常。左肾重125.0g、大小为11.0cm×6.0cm×2.5cm，右肾重125.0g、大小为12.0cm×6.0cm×2.0cm；双肾质中，表面未见囊肿，切面皮髓质分界清晰，皮质厚0.6cm。双侧肾上腺表面和切面未见出血。胃表面观未见异常，胃大弯长42.0cm，胃小弯长21.0cm，沿胃大弯剪开胃壁，胃内见黑褐色食物残渣，重230.0g。大、小肠肉眼观未见异常。膀胱内充满尿液，量500ml，膀胱壁及黏膜面未见异常。输尿管未见异常。前列腺未触及肿大。

4. 脊柱、骨盆及四肢：脊柱、骨盆及四肢未触及骨折，未行解剖检查。

（三）提取检材情况

取脑、心、喉、甲状腺、双肺、脾、双肾及肾上腺、阑尾和部分扁桃体、气管、肝、胰腺、胃、肠等器官组织备作组织病理学检查。

（四）组织病理学检查

1. 脑：大脑蛛网膜未见增厚，蛛网膜下腔血管重度淤血，右额叶、右颞叶和右顶叶蛛网膜下腔片状出血；右额叶和右颞叶脑实质见多发灶片状出血，局部可见少量肿胀的胶质细胞；大脑实质血管淤血，部分神经元核淡染，有的血管和神经元周围间隙稍增宽。小脑局部蛛网膜下腔血管淤血，局部可见少量散在的红细胞，小脑实质未见出血。中脑和桥脑边缘见多处灶性出血，个别血管见漏出性出血；延脑见血管漏出性出血。未见脑血管畸形。垂体淤血，未见出血。

2. 心：心外膜未见增厚，左心室心尖部心外膜下脂肪组织见一灶性出血；心肌间质血管淤血，大部分心肌纤维断裂，部分心肌细胞核淡染。冠状动脉各主要分支管壁内膜均呈轻度环形增厚，其中左前降支和右主支管腔狭窄程度分别约25%、20%。窦房结和房室结未见异常。

3. 肺：肺膜未见增厚，左肺上叶肺膜下见片状出血；间质血管重度淤血，局部间质见少量淋巴细胞浸润和炭末沉积；大部分肺泡腔内充满均质红染液体，部分肺泡腔内见不等量的红细胞，有的肺泡腔内见少量脱落的上皮细胞，部分肺泡壁断裂融合成肺大泡；大部分支气管黏膜上皮脱落，右肺中叶有的细支气管腔内可见非人体组织的条块状均质红染物质和蓝染物质。

4. 肝：被膜未见增厚，肝小叶结构清晰，部分肝细胞核淡染，少部分肝细胞内见大小不一的空泡，肝窦淤血，汇管区淋巴细胞增多。未见出血。

5. 脾：被膜未见增厚，红白髓分界清晰，脾窦扩张、重度淤血，未见出血，有的中央动脉管壁稍增厚。

6. 肾：局部被膜稍增厚，皮髓质分界清晰，间质血管扩张、重度淤血；近曲小管自溶，远曲小管和肾小球轻度自溶。未见出血。

7. 肾上腺：间质血管重度淤血，皮质上皮细胞内类脂质脱失。肾上腺周围软组织见片状出血。

8. 胰腺：自溶，但可见间质血管淤血。胰周围软组织见一处灶性出血。

9. 扁桃体：轻度自溶，间质血管重度淤血，隐窝内见脱落的角化上皮和淋巴细胞。

10. 气管：轻度自溶，部分黏膜上皮脱落，间质血管重度淤血。未见嗜酸性粒细胞和其他炎细胞浸润。

11. 甲状腺：间质血管重度淤血；滤泡内胶质丰富，个别滤泡见上皮轻度增生。

12. 胃：轻度自溶，间质血管淤血，黏膜层底部局部见少量淋巴细胞浸润。未见出血。

13. 肠：轻度自溶，间质血管淤血；小肠黏膜层见较多淋巴细胞浸润；阑尾黏膜下层淋巴组织丰富；大肠黏膜层底部见较多淋巴小结。未见出血。

（五）法医病理诊断

1. 重度颅脑外伤：①左额部、左上睑肿胀（8.0cm×4.5cm），左枕部头皮擦挫伤（5.5cm×4.5cm）伴肿胀，左额部（9.0cm×5.0cm）头皮下出血，左枕部（7.0cm×5.0cm）头皮下出血；②左颅后窝骨折（骨折线6cm）；③右额颞部硬膜下出血（凝血块80g）；④右额颞顶蛛网膜下腔出血；⑤右额颞脑实质多发灶片状出血；中脑和桥脑小灶性出血；⑥小脑扁桃体疝；

2. 脑淤血，轻度脑水肿，轻度自溶；

3. 左心室尖部灶性出血，心肌间质淤血；心肌轻度自溶；

4. 左肺上叶肺膜下片状出血；右肺中叶异物吸入；肺重度淤血，肺水肿，灶性出血，灶性肺气肿；肺轻度自溶；

5. 肝淤血，轻度自溶；

6. 脾重度淤血，中央动脉管壁增厚，轻度自溶；

7. 肾重度淤血，轻度自溶；

8. 肾上腺淤血，皮质上皮内类脂质脱失；肾上腺周围软组织灶性出血；

9. 胰腺淤血，自溶；胰腺周围软组织灶性出血；

10. 扁桃体、气管和甲状腺重度淤血，轻度自溶；

11. 慢性肠炎；胃、肠淤血，轻度自溶；

12. 腰部和四肢多发皮肤擦挫伤。

五、分析说明

1. 根据×××司法鉴定中心［××××］毒鉴字第×××号法医毒物司法鉴定意见书，被鉴定人李××血液样本中未检出曲马多、吗啡、可待因、美沙酮、氯胺酮、去甲氯胺酮、MDMA（3，4-亚甲基二氧基甲基苯丙胺）、MDA（3，4-亚甲基二氧基苯丙胺）、苯丙胺、甲基苯丙胺、甲卡西酮、O6-单乙酰吗啡、乙基吗啡、可卡因、海洛因、芬太尼、哌替啶、大麻二酚、大麻酚、四氢大麻酚成分，未检出尼可刹米、氯苯那敏、安替比林、氨基比林、咪达唑仑、麻黄碱、卡马西平、阿米替林、多塞平、劳拉西泮、地西泮、硝西泮、氯硝西泮、氟硝西泮、艾司唑仑、阿普唑仑、三唑仑、氯氮平、氯丙嗪、丙咪嗪成分；因此，可排除被鉴定人因上述毒、药物中毒导致的死亡。

2. 被鉴定人口鼻部未见捂压痕迹，颈部皮下软组织及各浅、深肌群未见出血，舌骨、甲状软骨未见骨折；虽然气管、支气管管腔内见少量黑褐色液体和食物残渣，但未完全堵塞气管管腔，黏膜未见异常，镜下也仅在右肺中叶部分细支气管管腔内见条块状均质红染异物和蓝染物质；故其因机械性窒息致死的依据不足。

3. 尸检见其左枕部头皮擦挫伤伴头皮下出血、积血，左颅后窝见6cm骨折线，右额部和右颞部硬脑膜下有凝血块80.0g，右额部和右颞部蛛网膜下腔出血、局部可见小片状的脑挫伤，大脑切面在右额部和右颞部见小片状出血，小脑扁桃体疝形成；镜下右额叶、右颞叶和右顶叶蛛网膜下腔片状出血，右额叶和右颞叶脑实质见多发灶片状出血，局部可见少量肿胀的胶质细胞，中脑和桥脑边缘见多处灶性出血；说明其颅脑损伤严重且颅内出血分布广泛，并继发颅内压升高引起小脑扁桃体疝形成。其左额部和左上睑肿胀伴头皮下出血，腰部、四肢多发皮肤擦挫伤及胰腺和肾上腺周围软组织灶片状出血，损伤均较轻。此外，除检见慢性肠炎，多器官有不同程度的淤血等非特异性病变和不同程度的自溶等死后变化外，未见其他严重的病理形态学变化。

4. 根据×××司法鉴定中心［××××］毒鉴字第×××号法医毒物司法鉴定意见书，被鉴定人血液中检出乙醇含量131.7mg/100mL；说明其存在有急性酒精中毒，但未达中毒致死量（400～500mg/100mL）；血液中乙醇含量明显增高可较严重地影响其言语、动作协调，同时也可以导致血管扩张和颅内压增高，从而加重颅内出血。

因此，根据尸解、病理检验和组织病理学检查结果，结合案情、毒物化验等综合分析认为，被鉴定人李××符合在急性酒精中毒的基础上，因头部外伤致严重颅脑损伤而死亡。

六、鉴定意见

被鉴定人李××符合在急性酒精中毒的基础上，因左枕部外伤致严重颅脑损伤而死亡。

七、附件

1. 被鉴定人图文资料：照片24张，共3页。
2. 司法鉴定机构及鉴定人资质1页。

司法鉴定人：×××

《司法鉴定人执业证》证号：×××

司法鉴定人：×××

《司法鉴定人执业证》证号：×××

×××年××月××日

（司法鉴定专用章）

注：未经本鉴定所书面同意，鉴定意见书不得复制。本鉴定所同意复制的鉴定意见书须加盖本鉴定所鉴定专用章方有效。（本鉴定书正文共12页，附件共4页）

任务三　技能训练

一、训练目的

熟悉司法鉴定意见书的格式，掌握法医病理司法鉴定意见书的制作方法和技巧。

二、训练内容

根据案例资料制作法医病理司法鉴定意见书。

1. 案例资料：根据×××公安局××分局提供的简要案情记载，2015年12月24日上午8时45分许，杨××在位于张××所开的私人诊所进行输液，输液进行约一分钟左右时杨××感到身体不适，后经抢救无效死亡。

根据×××公安局××分局2016年2月1日对张××的询问笔录记载：2015年12月24日上午9时许，杨××因感冒、咳嗽、胸闷、头晕到张××所开诊所内输液，输的是某厂生产的头孢曲松钠0.5g 4支，利巴韦林注射液100mg 3支，配的是氯化钠250ml。使用前在死者左手腕内侧做了皮试没任何反应，皮试后15分钟开始输液。输液二三分钟后杨××反映胸闷、心慌得厉害，呼吸也困难，张××给其打一支抗过敏药（地塞米松5mg、扑尔敏1支），一针肾上腺素，杨××用手捂着胸口、张着口，看样子呼吸困难，睁着眼睛，脸色发黄，一会120急救车把病人拉走了。

为查明杨××的死亡原因，×××公安局××分局我中心对杨××进行实体解剖，我中心鉴定人员于2016年1月5日在××市殡仪馆对其进行了尸体解剖。

2. 法医学检验。

（1）检验方法。依据中华人民共和国公共安全行业标准《法医学尸表检验》（GA/T 149-1996）、《法医学尸体解剖》（GA/T 147-1996）、《法医病理学检材的提取、固定、包装及送检方法》（GA/T 148-1996）对黄振邦进行检验。

（2）尸表检验。男性尸体，发育正常。尸斑暗红色，位于项部、肩部、背腰部及四肢后侧未受压部位。头发花白，长1cm。颜面部、耳廓皮肤呈青紫色。双眼球睑结合膜轻度淤血，双眼角膜高度混浊，无法透视瞳孔。口鼻腔、牙齿、牙龈粘膜及口唇粘膜均未见异常。胸壁两侧、四肢有腐败静脉网形成。左上臂外侧近肩峰处有一暗红色10.0cm×6.5cm范围不均匀变色区。左手背有1个注射针眼，周围1.5cm×1.3cm青紫区；双手臂内侧皮肤均未见皮试针眼。双手掌大鱼际部位皮肤青紫，双手指甲、双足趾甲重度紫绀。双足掌心各有一青紫区，左侧1.5cm×1.5cm，右侧2.0cm×1.0cm范围。

（3）尸体解剖。冠状切开头皮，头皮及头皮下无损伤及出血，颅骨未见骨折，硬膜外、硬膜下及蛛网膜下腔未见出血。大脑、小脑及脑干自溶变软，表面及切面未见出血。

颈部分层解剖，颈部皮下组织及肌肉无出血，舌骨、甲状软骨及环状软骨无骨折。

常规打开胸腹腔，胸壁肌肉无损伤、无出血，胸骨、肋骨无骨折。双侧胸腔内可见少量腐败液体。心包内有少量淡红色心包液；心脏重400g；左心室壁厚1.2cm，右心室壁厚0.2cm；二尖瓣周径11.0cm，三尖瓣周径13.5cm，主动脉瓣周径7.0cm，肺动脉瓣周径7.5cm，各瓣膜未见异常；左冠状动脉开口0.5cm，右冠状动脉开口0.3cm，左冠状动脉前降支粥样硬化，狭窄程度Ⅰ级，左旋支及右冠状动脉未见异常，房室间隔及大血管未见异常。咽喉壁粘膜水肿，气管及双侧支气管腔通畅，双肺表面散在少量出血点，切面淤血。

腹腔无积血、无积液，腹腔内各器官位置正常，胰腺表面及切面未见异常。食道粘膜未见异常，食道下段有少量胃内容。胃内可见约300ml灰褐色糊状食糜，内有胡萝卜、馒头等，胃粘膜瘀血。肠管表面及肠系膜未见异常。肝脏大小为28.0cm×15.0cm×6.0cm，表面及切面未见异常；胆囊大小为7.0cm×3.5cm×1.0cm。脾脏表面稍皱缩，大小为11.0cm×8.0cm×1.5cm。左肾大小为10.5cm×6.0cm×2.5cm，右肾大小为10.0cm×6.5cm×2.0cm，双肾表面及切面未见异常。左右肾上腺表面及切面未见异常。膀胱内有约2ml混浊尿液。

（4）组织病理学检验。心肌间质淤血、水肿，心肌细胞自溶。肝窦轻度扩张、淤血，肝细胞自溶。脾组织未见异常。肺组织淤血、水肿，肺泡上皮细胞自溶，部分肺泡腔内可见少量中性粒细胞、红细胞、巨噬细胞等；气管粘膜部分脱落，粘膜下层淤血、水肿、腺体增生肥大，支气管壁充血、淋巴细胞浸润。肾间质淤血、水肿，肾小管上皮细胞自溶，个别肾小球纤维化。胰腺组织高度自溶，仅剩组织轮廓。咽喉部分粘膜脱落，粘膜下层组织间可见淋巴细胞。胃、肠粘膜高度自溶，其余各层未见异常。肾上腺组织未见异常。脑组织淤血、水肿，神经细胞自溶。

（5）特殊染色检查。心肌间质内、肺脏支气管壁及血管周围、胃肠组织粘膜下可见橙红色肥大细胞类胰蛋白酶颗粒。

（6）法医病理学诊断。咽炎、支气管炎。

3. 经分析，根据×××公安局××分局提供的简要案情及询问笔录记载，杨××因感冒、咳嗽、胸闷、头晕到张××所开诊所内输液，输的是头孢曲松钠0.5g4支、利巴韦林注射液100mg3支及氯化钠250ml。输液二三分钟后杨××反映胸闷、心慌、呼吸困难，张××给其注射地塞米松5mg、扑尔敏1支及肾上腺素1支，杨××用手捂着胸口、张着口，看样子呼吸困难。尸体检验见杨××仅有轻度咽炎和支气管炎表现，未见其他致死性疾病的病理改变，特殊染色可见杨××心肌间质内、肺脏支气管壁及血管周围、胃肠组织粘膜下可见橙红色肥大细胞类胰蛋白酶颗粒。因此综合分析认为杨××的死亡符合药物过敏性休克死亡。

三、训练要求

根据上述给定材料，按照法医病理司法鉴定意见书的写作要求和方法，制作一份法医病理司法鉴定意见书。

四、训练评价

通过训练，根据学生法医病理司法鉴定意见书文书写作情况，分析其能否按照规范进行写作，表达是否准确，内容是否完整等并进行综合评价。

项目三　法医物证司法鉴定意见书

学习目标

知识目标：了解和熟记法医物证司法鉴定意见书的写作要求。
能力目标：掌握法医物证司法鉴定意见书的写作方法。

内容结构

任务一：法医物证司法鉴定意见书的制作要求。

任务二：法医物证司法鉴定意见书的范例。

任务三：技能训练。

> **知识要点**

法医物证司法鉴定是以法医物证为研究对象，以提供科学证据为目的，研究应用生命科学技术解决案件中与人体有关的各类生物检材鉴定的一门学科。法医物证司法鉴定适用范围广泛，不仅出现在各种刑事、民事、行政诉讼案件中，也出现在非诉讼事件中，如亲子鉴定以及失踪人员或重大灾难事故遇难者遗骸的鉴定。法医物证鉴定包括个体识别、三联体亲子关系鉴定、二联体亲子关系鉴定、亲缘关系鉴定、生物检材种属和组织来源鉴定、生物检材来源生物地理溯源、生物检材来源个体表型推断、生物检材来源个体年龄推断以及与非人源生物检材相关的其他法医物证鉴定等。其主要任务为个体识别、亲权鉴定，具体项目包括：血痕的个体识别、精液斑的个体识别、唾液及唾液斑的个体识别、混合斑的检验、人体组织（软组织、骨组织、牙齿、毛发、指甲与趾甲、脱落细胞）的检验；否定父权、确定父权；有亲缘关系个体亲权鉴定、兄弟姐妹关系鉴定、隔代亲缘关系鉴定；等等。

任务一　法医物证司法鉴定意见书的制作要求

一、基本情况

1. 委托人。针对法医物证司法鉴定，尤其是亲子鉴定，面向社会的司法鉴定机构可以受理个人委托。但是，有必要对个人委托法医物证司法鉴定的合法性进行审查：

（1）根据《中华人民共和国刑事诉讼法》《公安机关办理刑事案件程序规定》《人民检察院刑事诉讼规则》等法律规定，公民个人没有刑事案件司法鉴定的委托权。如果司法鉴定机构针对刑事案件的法医物证司法鉴定受理个人委托，在程序上不具备合法性，其鉴定意见也没有可采性。

（2）根据《中华人民共和国民事诉讼法》《最高人民法院关于民事诉讼证据的若干规定》等法律规定，民事诉讼中当事人及其代理人有权申请司法鉴定或申请补充鉴定和重新鉴定，但不具有直接向鉴定机构委托的权利。

（3）公民个人委托常见以下情况：①非婚生子的亲子鉴定；②女方指认某男为孩子生父的鉴定；③年满18周岁、有民事行为能力的公民，持身份证自愿与他人进行亲子、亲缘关系鉴定。其中，前两种情况下如双方当事人对鉴定程序和鉴定意见无异议时，法院予以采纳。第三种情况我国尚没有法律的禁止性规定。

2. 委托鉴定事项。委托鉴定事项的表述应与法医物证司法鉴定的项目相对应。亲子鉴定可简单表述为"被检父×××是否为孩子×××的生物学父亲"；亲缘关系鉴定可简单表述为"被检人与委托人是否具有亲缘关系"；个体识别可简单表述为"载体上遗留斑迹是否为人血，是否为×××所留"；种属鉴定可表述为"××斑迹是否为人血（精斑）"。如有特殊的委托鉴定要求时，需要在委托鉴定事项中注明。

法医物证司法鉴定委托鉴定事项一般分为以下几个方面：

（1）亲子鉴定（亲权鉴定）。其适用于涉及父母与子女关系的亲权纠纷，可见于：①私生子，女方指控某男子是孩子的生父；②丈夫怀疑孩子不是自己亲生；③怀疑医院调错婴儿；④失散儿童的确认；⑤财产继承纠纷；⑥涉外婚生子女移民案件的血缘鉴定；⑦拐骗儿童案；⑧强奸致孕案，嫌疑人否认涉案时。亲子鉴定中，需要确定与孩子有无亲子关系的男子称为有争议的父亲，或假设父亲，或被控父亲。同理，需要确定与孩子有无亲子关系的女子称为有争议的母亲，或假设母亲，或被控母亲。

（2）其他亲缘关系鉴定。其适用于认祖归宗、确定族系、失散后寻亲等，可见于：①有血缘关系个体亲子鉴定，即不是真正的生父参加检验，而是与生父有亲缘关系的个体参加检验，如祖孙关系；②兄弟姐妹关系鉴定，即同胞关系鉴定，包括同父同母的全同胞关系鉴定、同父异母或同母异父的半同胞关系鉴定。

（3）个人识别（个体识别）。其适用于通过遗传标记分析，为案件侦查提供线索，为审判提供科学证据。在涉及如强奸、伤害、谋杀案件以及客体上所遗留的生物学组织时，对特定遗留物进行是否某个个体所遗留的司法鉴定，以确定施害人、作案工具等。同时，也适用于对失踪人员或重大灾难事故中遇难者遗骸的身份鉴定。

（4）种属鉴定。其适用于因伤害、交通事故、意外等现场所形成的粘附性遗留物是否有特定的人身损害证据存在等方面的鉴定。

3. 鉴定材料。法医物证司法鉴定的鉴定材料主要是生物学检材。对被鉴定人和检材的描述，需符合对法医生物物证证据链完整性和检材包装、保存状况的审查要求。要详细描述检材的名称、数量、状态及包装情况；被鉴定人的姓名、性别、出生日期、籍贯、住址、身份证号码；采集被鉴定人生物检材的种类、数量和取材方式等。

对于亲子鉴定的案件，应当要求当事人本人到司法鉴定机构，在司法鉴定机构提取检材。当事人确有困难无法到司法鉴定机构的，司法鉴定机构可以指派至少2名工作人员到现场提取检材，其中至少1名应为该鉴定事项的鉴定人。严禁通过邮寄、快递、当事人自行送检等方式获取亲子鉴定的鉴定材料，严禁委托其他机构或其他单位、个人代为提取鉴定材料。

照片具有固定证据的作用，如在鉴定文书中附"被鉴定人"照片，可便于法庭核实被采样人的身份，解决"是否本人到场亲自接受采样"的问题；文书中所附的检材取样后、包装拆封前、后的照片，在证据链的审查过程中，可以证明送检过程的安全性，回答"检材是否有可能被调换"的质询。拍照时需注意：①对实物证据的拍摄，先拍完整的实物，再拍其上的斑迹，以明确斑迹在物品上的相对位置。②拍摄斑迹时，先给斑迹编号，后拍摄照片，照片中的每一处斑迹均带有唯一性编号。③拍摄斑迹，要加比例尺，比例尺的长度一般不小于斑迹的直径。④鉴定文书附照片要加以说明，如"照片1　2021-WZ066-1李某某照片及血痕"。司法鉴定机构工作人员对鉴定材料的真实性、合法性有审查的义务。

司法鉴定人及工作人员受理法医物证检材后，根据送检委托书内容或送检人员介绍的情况，仔细核对每个检材的包装、种类、数量等情况是否相符。工作人员根据检材情况，结合自身经验和实验室条件，判断能否满足委托人的检验鉴定目的。检材量少，在鉴定中必须用完检材的，需明确告知送检人，得到同意后，才能进行检验；对检测条件达不到鉴定基本要求的，可以不予受理，或告知委托人，鉴定不一定能获得理想结果。送检检材应在获得检验鉴定结果后及时退还委托人。

二、基本案情

基本案情主要写明委托鉴定事项涉及案件的简要情况。

1. 亲子鉴定（亲权鉴定）中，基本案情是对委托鉴定事项的详细阐述。例如，"某男（被检父）怀疑自家的孩子为妻子（孩子生母）与另一男子所生，提出亲权鉴定要求，以明确自己是否为孩子的生父"。

2. 许多民事或刑事案件中，基本案情能够对案件形成的基本过程，法医物证检材的发现、提取、鉴定的主要目的进行详细说明与补充。例如，打斗、伤害、谋杀、碎尸案件，需鉴定犯罪现场或可疑凶器上遗留血迹是否为人血，是被害人还是作案人所留；强奸或强奸杀人案件，需鉴定可疑精液斑或混合斑中的精液是否为犯罪嫌疑人所遗留；道路交通事故，需鉴定嫌疑车辆上的血痕、毛发与组织是否来自死伤者；灾害事故、空难事件，需鉴定离断的尸体是否属于同一个体；纵火杀人、焚尸灭迹、火灾遇难、集体屠杀等，需鉴定尸源。

三、鉴定过程

鉴定过程主要写明鉴定的实施过程和科学依据，包括检材处理、鉴定程序、所用技术方法、技术规范等内容。

1. 鉴定过程应该体现的内容：检验起始时间；检材处理和检测过程；检材处理方法、检验方法、结果解释的理论和方法；检验使用的关键试剂的种类、名称；对检验结果有影响的关键设备和软件的名称、版本；统计学计算所使用的群体遗传数据来源；等等。

2. 实验室检验鉴定所应用的技术与方法，要符合科学证据对鉴定技术、方法可靠性的要求。在有多种方法可以使用的情况下，一般要选择可靠性程度更高、灵敏度更高、鉴定人熟练程度更高的标准化的方法。现阶段法医物证司法鉴定进行DNA分析较多采用中华人民共和国推荐标准《亲权鉴定技术规范》（GB/T 37223-2018）和公共安全行业标准《法庭科学DNA实验室检验规范》（GA/T383-2014）、《法庭科学DNA亲子鉴定规范》（GA/T965-2011）和司法部行业标准《个体识别技术规范》（SF/Z JD0105012-2018）等。

3. 技术和方法所能够解决的问题应该与鉴定事项要求解决的问题相对应。例如，使用"人血红蛋白检测——金标试剂条法"针对血斑进行种属检验，方法与目的相适应，方法选择正确；如果用该方法检测斑迹是否为人的精液，则方法与目的不相符合，方法选择错误。

4. 所选用的方法的有效性程度（包括效能、灵敏度、误差等）要符合被检测对象的特点及对检验精度的要求。例如，用于三联体亲权鉴定和二联体亲权鉴定的检测系统的累积排除概率（CPE）应不小于0.9999。采用15个常染色体基因座的试剂盒进行三联体亲子关系鉴定，CPE在0.9999以上，符合鉴定规范的要求，可得出"支持亲生关系"的可靠鉴定意见；如果同样的试剂盒用于二联体亲子关系鉴定，由于基因座数量少，CPE一般不能达到0.9999，此时出具有亲子关系的报告，误判的风险会增加，不符合鉴定规范要求，故应增加检测基因座的数量，提升检测系统效能，出具的鉴定意见才可靠。

5. 选择技术和方法后，一定要按照标准化的技术和方法描述的程序、步骤和要求进行正确的操作，才能得到正确的检验结果，出具可靠的鉴定意见。

6. 检验结果，是检验鉴定人对委托人提供的鉴定材料进行检验后得出的客观结果。对检验结果的描述，要强调以下几点：

（1）可疑斑迹的检验可以分两个部分报告结果，即一般检验和遗传标记分型。

（2）DNA分型等，可以采用列表的方式报告结果。

（3）尽量描述实验观察到的客观结果，而不是直接报告"阴性"或"阳性"。例如，采用联苯胺实验方法进行血的预实验，对结果的描述为"观察10秒钟，1号检材呈现翠蓝色（或由绿至蓝色）"；采用抗人血红蛋白胶体金试剂条进行血斑的种属实验，对阳性结果的描述为"5分钟观察结果，2号检材试剂条反映区内出现2条棕红色条带"。

（4）要报告阴性对照、阳性对照、空白对照的检测结果。

（5）报告STR分型结果时，对于部分分型的检材、混合检材、出现微变异或超出等位基因标准参照物范围的检材，经鉴定人分析、判断，在结果中报告确认后的分型。

（6）亲子鉴定的检验，如果检测到可疑突变，应该在鉴定结果中如实报告。

四、分析说明

分析说明是鉴定意见的论证过程。分析说明要重点表述如下几个方面：

1. 遗传标记的系统效能及其用于个体识别和亲子鉴定的基本原理。个体识别的检验，要报告个体识别能力（DP）；亲子鉴定的检验，要报告排除概率（PE）。

2. 对检材的结果进行分析、说明。分析检材的类型（血斑、精斑、混合斑）及其种属。采用遗传标记分型进行个体识别，要比对检材与样本的分型是否一致；对混合斑分型，需分离混合遗传标记分型进行身源鉴定，以确定嫌疑人或受害者；亲子鉴定要描述被鉴定人之间的分型表现是否符合孟德尔遗传定律，观察到1~2个基因座不符合遗传定律的现象，需加以解释、说明。

3. 对个体识别和亲子鉴定的分型结果要进行统计学处理。个体识别报告"随机匹配概率（PM）"或"似然比率（LR）"，亲子鉴定报告"亲权指数（PI）"。

五、鉴定意见

法医物证司法鉴定意见的规范表述如下：

1. 针对检材"是否人血""有无精斑""是否人的毛发"等检验目的，鉴定意见多表述为："送检玻璃碎片上的红色斑迹为人的血斑""送检的石板边缘可疑斑迹处未检出人血""送检白色内裤裆部的可疑斑迹处检出精子""送检内裤腰部右侧边缘处的粉红色斑迹检出精液与人血的混合斑""送检毛发的形态学特征符合人类阴毛的特征"。

2. 个体识别、亲子鉴定的司法鉴定意见基本分为"肯定"的鉴定意见、"否定"的鉴定意见、"既不能肯定，也不能否定"的鉴定意见三类。

"肯定"的鉴定意见多表述为"支持送检玻璃碎片上的血斑为李某所留""支持王某是王某某的生物学父亲"等。

"否定"的鉴定意见多表述为"123号蜡块包埋的组织不是张某某的组织""被鉴定人王某不是王某某的生物学父亲"等。

"既不能肯定，也不能否定"鉴定意见多表述为"不排除123号蜡块包埋的组织是张某某的组织""不能排除王某是王某某的生物学父亲""不能排除1号血斑来源于李某某，也不能排除该血斑来源于与李某某有父系关系的亲属及其他无关男性"等。

六、附件

法医物证司法鉴定附件的主要内容如下：

1. 照片：一般是指被鉴定人的正面照片、提取生物检材照片、送检检材照片（原始包装和检材附着物）等。

2. 检测图谱。

3. 亲子鉴定等应附被鉴定人的身份证明。

任务二　法医物证司法鉴定意见书的范例——三联体亲子关系鉴定

广东×××司法鉴定中心
司法鉴定意见书

广×××司鉴中心 [20××] 物鉴意字第0×号
（司法鉴定专用章）

一、基本情况

委托人：李×

委托鉴定事项：鉴定李×与郭×之间是否存在亲权关系

受理日期：20××年07月15日

采样人员：×××、×××

鉴定材料：李×血痕（检材编号20××-WZ0×-1）、刘×血痕（检材编号20××-WZ0×-2）、郭×血痕（检材编号20××-WZ0×-3）

鉴定日期：20××年07月15日

鉴定地点：本中心法医物证鉴定室

被鉴定人：

姓名/称谓	性别	出生日期	证件号码	编号
李×（被检父）	男	197×-03-15	5129×××××773	20××-WZ0×-1
刘×（被检母）	女	197×-09-30	5129×××××741	20××-WZ0×-2
郭×（孩子）	男	200×-03-06	5113×××××652	20××-WZ0×-3

二、基本案情

委托人为证明李×与郭×之间是否存在亲权关系，故委托中心对被鉴定人进行DNA亲权鉴定。

三、鉴定过程

1. 检验仪器：ABI9700 PCR仪、ABI3130XL型基因分析仪等。

2. 参照《法庭科学DNA实验室检验规范》（GA/T 383-2014）中FTA卡法提取上述检材的DNA。

3. 取上述检材的DNA提取产物适量，用荧光标记STR复合扩增试剂盒Microreader™21D进行10μL体系扩增（操作步骤按试剂盒说明），并设立阴性及阳性对照。

4. 扩增产物应用ABI3130XL型基因分析仪进行电泳分离，用Gene Mapper基因座分型软件对电泳数据进行分析，得到上述检材的基因分型。

5. STR多态性检验结果：

STR基因座	李× 20××-WZ0×-1			郭× 20××-WZ0×-3			刘× 20××-WZ0×-2			亲权指数
D19S433	13	,	13.2	13.2	,	14	13	,	14	11.5473
D5S818	10	,	12	9	,	10	9	,	10	1.9524
D21S11	29	,	32	29	,	29	29	,	29	1.8275
D18S51	14	,	21	14	,	15	13	,	15	2.4510
D6S1043	13	,	18	14	,	18	14	,	20	2.8137
D3S1358	15	,	15	15	,	17	16	,	17	2.7793
D13S317	11	,	12	12	,	12	10	,	12	3.0120
D7S820	12	,	12	11	,	12	11	,	11	4.2445
D16S539	12	,	13	13	,	13	11	,	13	4.8924
CSF1PO	13	,	14	12	,	13	11	,	12	6.8966
PentaD	9	,	12	9	,	12	9	,	11	3.1037
D2S441	12	,	14	11	,	14	10	,	11	4.2626
vWA	18	,	19	16	,	18	14	,	16	2.5113

续表

STR 基因座	李× 20××-WZ0×-1		郭× 20××-WZ0×-3		刘× 20××-WZ0×-2		亲权指数
D8S1179	10	14	10	16	10	16	3.0211
TPOX	11	11	11	11	8	11	3.3557
PentaE	12	14	14	19	11	19	5.9382
TH01	9	9	7	9	7	7	1.8965
D12S391	19	19	19	19	19	19	4.7985
D2S1338	19	23	19	24	18	24	3.0562
FGA	23	24	21	24	21	23	2.7762
AMEL	X	Y	X	Y	X	X	——

累积亲权指数（CPI）：5.2607×10^{10}

四、分析说明

D19S433等基因座均是人类的DNA长度多态性遗传标记，遵循孟德尔遗传定律，联合应用可进行亲缘关系鉴定，遗传标记累积排除概率（CPE）：0.9999。孩子的全部遗传基因必然分别来源于其亲生父母双方。按照《亲权鉴定技术规范》（GB/T 37223-2018）亲权关系的标准方法，当累积亲权指数>10000时支持存在亲权关系。

上述STR基因座检测结果显示：郭×的等位基因可从李×、刘×的基因型中找到来源，符合孟德尔遗传定律；经计算，累积亲权指数（CPI）为：5.2607×10^{10}。

综合结果分析：支持李×、刘×与郭×存在亲权关系。

五、鉴定意见

依据现有资料和DNA分析结果，在不考虑多胞胎、近亲及外缘干扰的前提下，支持李×是郭×的生物学父亲。

六、附件

1. 被鉴定人照片。
2. 司法鉴定许可证、司法鉴定人执业证。
3. 被鉴定人证件复印件。

司法鉴定人：×××

《司法鉴定人执业证》：44011625×××

司法鉴定人：×××

《司法鉴定人执业证》：44011625×××

20××年××月××日

（司法鉴定专用章）

附件1：

编号20××-WZ0×，李×、刘×与郭×照片　　　编号20××-WZ0×-1，李×照片

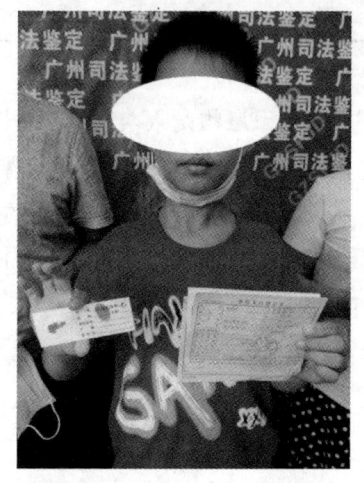

编号20××-WZ0×，刘×照片　　　编号20××-WZ0×-3，郭×照片

被鉴定人照片

附件2：司法鉴定许可证、司法鉴定人执业证（略）。

附件3：被鉴定人证件复印件（略）。

任务三　技能训练

一、训练目的

熟悉法医物证司法鉴定意见书的格式，掌握法医物证司法鉴定意见书的制作。

二、训练内容

根据案例资料制作法医物证司法鉴定意见书。

案例资料：在一起杀人案件侦查过程中，×××公安局刑警大队侦查人员在案发现场发现一处附着在衣物上的可疑血斑。为了明确该血斑是否为人血斑、是否为嫌疑人所留，委托某司法鉴定中心进行检验。20×年5月12日，某司法鉴定中心受理×××公安局刑警大队的委托后，指定司法鉴定人王×（《司法鉴定人执业证号》：440107401×）和张×（《司法鉴定人执业证号》：440107401×）等人于20×年5月12日至20×年5月15日在本司法鉴定中心法医物证鉴定室对现场发现的可疑血斑（标有"A"字样）和嫌疑人的唾液斑（标有"B"字样）进行了鉴定。

1. 检材处理和检验方法：

（1）依据《人血红蛋白检测金标试剂条法》（GA/T 765-2020）标准，采用金标抗人血红蛋白检测试剂条FOB对1号检材进行血痕种属鉴定。

（2）按照《法庭科学DNA实验室检验规范》（GA/T 383-2014），Chelex-100提取DNA，采用Goldeneye 20A系统（北京基点认知公司）进行复合PCR扩增，用3130XL遗传分析仪（美国AB公司）进行毛细管电泳和基因型分析。

2. 检验结果：

（1）血痕种属鉴定结果：1号检材为阳性（+）。

（2）基因分型结果。

STR基因座	1号检材 现场发现的可疑血斑			2号检材 嫌疑人的唾液斑		
D19S433	13.2	,	14	13.2	,	14
D5S818	11	,	12	0	,	12
D21S11	30	,	31	30	,	32.2
D18S51	12.1	,	15	15	,	21
D6S1043	17	,	19	18	,	19
D3S1358	15	,	17	15	,	16
D13S317	8	,	11	12	,	12
D7S820	8	,	9	10	,	12
D16S539	10	,	10	9	,	11
CSF1PO	10	,	12	12	,	12
PentaD	9	,	13	8	,	13
vWA	14	,	16	14	,	18
D8S1179	10	,	11	15	,	14
TPOX	8		8	9		9
Penta E	14	,	17	12	,	17

续表

STR 基因座	1号检材 现场发现的可疑血斑		2号检材 嫌疑人的唾液斑	
TH01	9	9	6	9
D12S391	20	20	20	18
D2S1338	20	24	19	19
FGA	24	26	123	23
AMEL	X	Y	X	Y

经分析：D19S433 等 20 个 STR 基因座均为人类的遗传学标记，具有人类种属特异性和组织同一性，联合应用可进行个体识别，其累积个体识别能力大于 0.9999。两份检材在 20 个 STR 基因座均得到特异性扩增产物，阴性对照未检出特异性扩增产物，阳性对照基因分型正确。DNA 检验结果表明，1 号检材与 2 号检材基因分型不相同，可以排除现场发现的可疑血斑为嫌疑人所留。

三、训练要求

根据上述给定材料，按照法医物证司法鉴定意见书的写作要求和方法，制作一份法医物证司法鉴定意见书。

四、训练评价

通过训练，根据学生法医物证司法鉴定意见书文书写作情况，分析其能否按照规范进行写作，表达是否准确，内容是否完整等并进行综合评价。

项目四　法医毒物司法鉴定意见书

学习目标

知识目标：了解和熟记法医毒物司法鉴定意见书的写作要求。

能力目标：掌握法医毒物司法鉴定意见书的写作方法。

内容结构

任务一：法医毒物司法鉴定意见书的制作要求。

任务二：法医毒物司法鉴定意见书的范例。

任务三：技能训练。

知识要点

法医毒物鉴定是指鉴定人运用法医毒物学的科学技术或者专门知识，对体内外药毒物、毒品及代谢物进行定性、定量分析，并提供鉴定意见的活动。根据司法部颁布的《法医类司法鉴定执业分类规定》（2020 年），法医毒物鉴定包括气体毒物鉴定，挥发性毒物鉴定，合成药毒物鉴定，天然药毒物鉴定，毒品鉴定，易制毒化学品鉴定，杀虫剂鉴定，除草剂鉴定，杀鼠剂鉴定，金属毒物类鉴定，水溶性无机毒物类鉴定以及与毒物相关的其他法医毒物鉴定共12个项目。在检案过程中，根据委托事项，一般分为法医中毒鉴定、体内滥用物质鉴定、毒品鉴定三个主要方面。法医毒物司法鉴定意见书主要解决以下问题：①检材中是否含有毒物；②如果确认含有毒物，是何种毒物，在组织或体液中的含量是多少，是否足以引起中毒死亡。法医毒物鉴定涉及的事（案）件有：死因不明而可能涉毒的；中毒死亡必须证明的；毒物辅助抢劫、强奸、施暴的；摄毒或毒品犯罪的；酒后交通肇事的；有毒物质所致的灾害性事件，如煤气泄漏、食品污染等。

任务一　法医毒物司法鉴定意见书的制作要求

一、基本情况

1. 委托鉴定事项。委托鉴定事项的表述应与法医毒物司法鉴定的项目相对应，委托鉴定事项可简单表述为"对某某进行某种鉴定"。有特殊的委托鉴定要求时，需要在委托鉴定事项中说明，如委托人要求结果定量时，可表述为"对某某进行某种鉴定，并对检出的成分定量"。

委托鉴定事项一般分为以下几个方面：

（1）法医中毒鉴定。这是通过对生物检材的定性定量分析，来确定是否存在毒物以及评价毒物中毒程度或对死亡的影响程度，如有机磷农药中毒、杀鼠剂中毒、一氧化碳中毒等。它包括以下四个方面：①判定有无毒物，通过系统的未知物筛选分析来发现毒物或排除毒物；②确定中毒物质，通过毒物定性分析，鉴别、确认毒物的种类；③估计中毒程度，通过毒物定量分析，确定毒物的含量，从而估计毒物发挥毒作用的程度；④推断中毒性质，通过对中毒案件的调查，中毒者体内毒物分布，毒物原体及代谢物状况等综合分析，推断毒物进入机体的途径及中毒性质。

（2）体内滥用物质鉴定。这是通过对涉案者体内滥用物质的定性定量分析，判明其是否滥用，滥用程度和滥用史，以及评价对其行为能力影响的程度。它包括以下四个方面：①摄毒鉴定，通过体内毒品及代谢物分析，判断其是否摄取海洛因、吗啡、苯丙胺类、大麻、氯胺酮等违禁毒品并明确其摄毒史；②乙醇鉴定，通过血液、尿液、毛发中乙醇及其代谢物含量测定，判断其是否违规驾驶或有酗酒史；③兴奋剂检测，通过尿液等生物样品中蛋白同化雄性类固醇类、皮质激素类、β2激动剂等运动兴奋剂测定为兴奋剂滥用提供证据；④精神活性物质鉴定，通过体液、毛发中精神活性物质的分析，判断其对驾车、驾机、驾船等行为能力的影响，为麻醉抢劫、性犯罪等案件的侦破和审理提供证据。

（3）毒品鉴定。这是通过对可疑物品所含成分的定性定量分析，确定可疑物品是否为国家管制的麻醉药物和精神药品等毒品，为涉毒案件的处置提供科学依据。

2. 鉴定材料。法医毒物司法鉴定的鉴定材料（检材）多种多样，包括食品、药品、毒饵、可疑容器、呕吐物等，也可能是取自活体的毛发、血液、尿液、呕吐物、排泄物，或尸体的血液、尿液、肝、肾、脑脊液、腐泥以及相对含水量较大的组织器官。

对生物检材的数量、包装、保存是否有异常情况要进行描述，如血液，2ml，试管盛装，无凝固、无渗漏。

二、基本案情

基本案情主要写明委托鉴定事项涉及案件的简要情况。在民事和刑事案件中，基本案情是案件形成的过程的概括，对法医毒物鉴定材料的发现、提取、鉴定的主要目的进行详细说明与补充。例如，法医中毒案件中需结合中毒个体的临床表现或者尸体改变等，判断其是否中毒并为毒物的筛选提供方向；体内滥用物质鉴定案件，需鉴定嫌疑人所涉及的案件情况并确定滥用物质；涉及毒品鉴定的案件，聚众吸毒、贩卖毒品等，需鉴定可疑物品所含成分中是否含有毒品及毒品含量。

三、检验过程

毒物鉴定的检验过程是记录鉴定人对检材实施检验鉴定的方法和经过。

检验过程：检验使用的关键试剂的种类、名称，对检验结果有影响的关键设备和软件的名称、版本。

检验方法是标准、规范、方法的总称。标准包括国际标准、国家标准、行业标准等，规范包括技术规范和行政规范等。行业标准如中华人民共和国国家标准《车辆驾驶人员血液、呼气酒精含量阈值与检验》（GB 19522-2010）、《疑似毒品中甲基苯丙胺的气相色谱、高效液相色谱、气相色谱-质谱检验方法》（GB/T 29636-2013）等；公共安全行业标准《生物样品血液、尿液中乙醇、甲醇、正丙醇、乙醛、丙酮、异丙醇和正丁醇的顶空-气相色谱检验方法》（GA/T1073-2013）、《血液酒精含量的检验方法》（GA/T 842-2019）、《法庭科学230种药（毒）物液相色谱-串联质谱筛查方法》（GA/T 1530-2018）、《法庭科学 生物检材中乐果等八种有机磷类农药检验 气相色谱和气相色谱-质谱法》（GA/T 1612-2019）等；技术规范如司法部司法鉴定管理局发布的《血液中氰化物的测定气相色谱法》（SF/ZJD0107002-2010）、《法医毒物分析方法验证通则》（SF/T 0063-2020）、《血液中188种毒（药）物的气相色谱-高分辨质谱检验方法》（SF/T 0064-2020）、《毛发中15种毒品及代谢物的液相色谱-串联质谱检验方法》（SF/Z JD0107025-2018）、《血液、尿液中毒鼠强测定气相色谱法》（SF/ZJD0107003-2010）、《血液中碳氧血红蛋白饱和度的测定 分光光度法》（SF/Z JD0107010-2011）等。

法医毒物分析包括从体外检材中分离毒物及代谢物，分离提取物的净化，毒物及其代谢物的测定，毒物及其代谢物的定量分析；常用的分析方法有免疫化学法、色谱法和光谱法；常见的毒物分析仪器有光谱仪、色谱仪和质谱仪等；在毒物分析过程中要记录操作的步骤、现象和结果。

四、分析说明

体内滥用物质鉴定、毒品鉴定的案例，法医毒物鉴定分析说明应根据检验结果进行准确的表述,如"血液中检出乙醇成分,其含量为150mg/100ml",又如"血液中检出甲基苯丙胺成分"。并针对检验结果进行分析说明。例如,针对法医中毒案例,除了明确引起中毒为何种毒物外,还应分析毒物的性质,毒物的量能否引起中毒或者死亡,分析毒物进入机体的形式,甚至推断中毒或中毒死亡方式等。

五、鉴定意见

法医毒物司法鉴定意见的表述,应针对委托鉴定事项,回答如"被鉴定人×××血液中检出乙醇含量为282.70mg/100ml",又如"送检的毛发中未检出甲基苯丙胺成分"。

六、附件

法医毒物司法鉴定意见书的附件主要为:

1. 照片:送检检材照片(原始包装和检材附着物)等。
2. 检测图谱。

任务二　法医毒物司法鉴定意见书的范例——血液酒精含量鉴定

广东×××司法鉴定中心
法医毒物司法鉴定意见书

广×××司鉴中心［202×］乙醇鉴意字第0×号
(司法鉴定专用章)

一、基本情况

委 托 人:×××市公安局交通警察大队

委托鉴定事项:对黄×的血液进行乙醇定性定量检验

受理日期:202×年09月12日

鉴定材料:黄×的血液(真空抗凝管密封保存,无凝血,样本体积约3mL,试管编号:NH2159××,样品编号:XY202×-00×)

鉴定日期:202×年09月12日

鉴定地点:本中心法医毒物实验室

被鉴定人:黄×

二、基本案情

202×年9月11日9时5分,当事人黄×驾驶悬挂粤L7L0××号牌两轮男装摩托车从敬梓圩镇往中坝镇方向行,至G355线738KM+100M(×××市敬梓镇陂头村敬老院)转弯路段时车辆出轨倒地,造成驾驶人黄×当场死亡的道路交通事故。

三、检验过程

1. 检验仪器及参数:

DANI HSS86.50顶空加样器 SHIMADZU GC-2010 Plus气相色谱仪

色谱柱:Elite-BAC1(30m×0.32mm×1.8μm)、Elite-BAC2(30m×0.32mm×1.2μm)

柱温：50℃，保持3min

载气：氮气，纯度≥99.999%

流速：20mL/min

2. 检验方法：GA/T 1073-2013（顶空气相色谱法、内标法）。

3. 分析说明：经检验，送检的黄×的血液（XY202×-00×）中检出乙醇的含量为47.0mg/100ml。

4. 鉴定意见：黄×的血液中检出乙醇的含量为282.70mg/100ml。

司法鉴定人：×××

（执业证号：4401162520××）

司法鉴定人：×××

（执业证号：4401182520××）

广东×××司法鉴定中心（盖章）

二〇二×年××月××日

附件1：检材及图谱。

检材图片

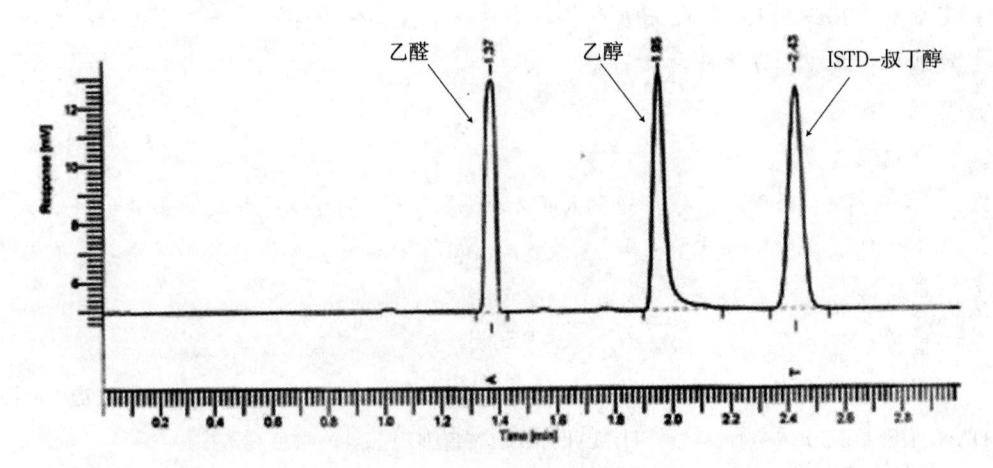

柱1的待测样气相色谱图

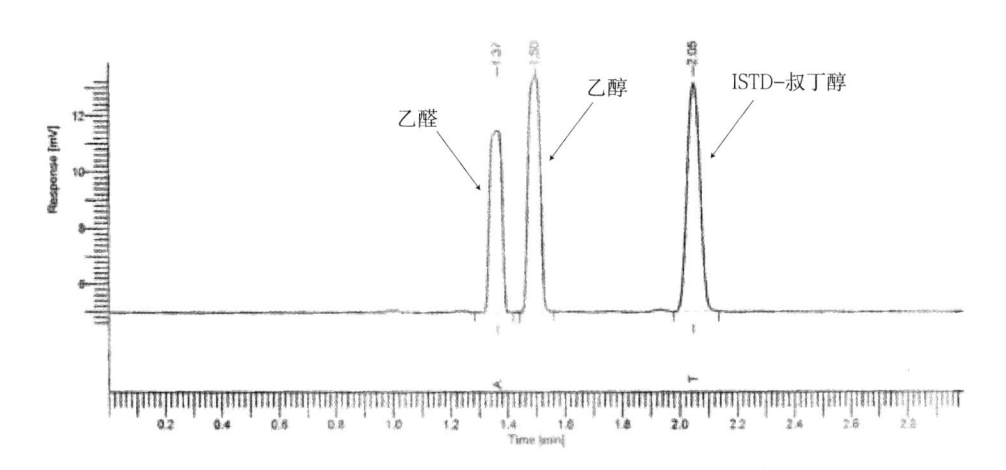

柱2的待测样气相色谱图

附件2：司法鉴定许可证、司法鉴定人执业证（略）。

任务三 技能训练

一、训练目的
熟悉法医毒物司法鉴定意见书的格式，掌握法医毒物司法鉴定意见书的制作。

二、训练内容
根据案例资料制作法医毒物司法鉴定意见书。

案例资料：2021年×月×日，×××市某派出所通知吸毒前科人员温××到派出所进行日常尿液毒品现场筛查。温××尿液现场检测结果呈吗啡、甲基苯丙胺阳性，其辩解为服用药物导致尿检阳性并向民警提供了医院的处方单，处方中有阿斯美（复方甲氧那明胶囊）和复方甘草片。为辨别吸毒行为和服用药物，特委托某法医毒物司法鉴定所进行常见阿片类和苯丙胺类成分的定性分析。

鉴定过程：

1. 接检：在收到司法鉴定委托材料及温××的尿液后，按鉴定受理流程办理了受理登记手续，赋样本唯一性编码（2021-001）。

2. 定性定量分析：参考中华人民共和国司法部颁司法鉴定技术规范《血液、尿液中238种毒（药）物的检测 液相色谱-串联质谱法》（SF/Z JD0107005-2016）对吗啡、可待因、单乙酰吗啡、EDDP、美沙酮、EMDP、羟可待酮、曲马多、苯丙胺、甲基苯丙胺、甲氧那明、MDA、摇头丸（MDMA）、MDEA、麻黄碱、氯胺酮、去甲氯胺酮、右美沙芬、硝西泮、氟西泮、劳拉西泮、氟硝西泮、去甲地西泮、奥沙西泮、甲羟安定、7-氨基氯硝西泮、三唑仑、α-羟基三唑仑、咪达唑仑、尼美西泮、N-去烃氟西泮、去甲替林、阿米替林、多虑平、可卡因、乙基吗啡、丙咪嗪、苯环利定、丁丙诺菲、哌替啶、去甲哌替啶、芬太尼、四氢大麻酚等毒（药）物进行定性分析。

3. 使用仪器：岛津 8045 液质联用仪，色谱柱：Gemini NX（5μm×150mm×3.0mm），等等。

4. 检验结果分析。对温××尿液进行液质联用法检验测定后，对 MRM 图谱和质控信息进行如下分析：

（1）温××尿液的两平行样中均检出吗啡、可待因、甲氧那明，检出各化合物与添标毒品混标相比，丰度比误差小于 20%，保留时间误差小于 2%；

（2）阴性尿液在吗啡、可待因、甲氧那明保留时间位置未出现相应特征离子对的 MRM 图谱。同时，检出了内标物 SKF-525A 和地西泮-d5，说明阴性对照样品中无干扰，且提取过程有效；

（3）经与自建 MRM 质谱库比对，待测样中吗啡、可待因、甲氧那明相似度大于 95%；

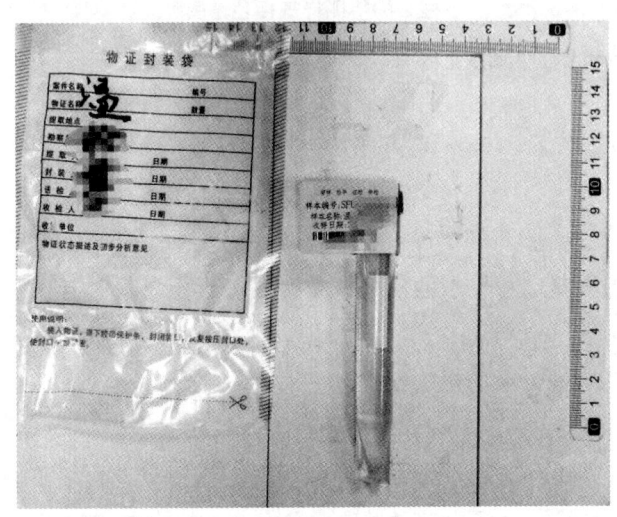

送检检材

（4）结合案情，温××服用的药物复方甘草片含有麻黄碱和右美沙芬成分，复方甘草口服溶液中含有吗啡和可待因成分。同时，未检出单乙酰吗啡和甲基苯丙胺、苯丙胺成分，排除了嫌疑人摄取海洛因和甲基苯丙胺的可能。

三、训练要求

根据上述给定材料，按照法医毒物司法鉴定意见书的写作要求和方法，制作一份法医毒物司法鉴定意见书。

四、训练评价

通过训练，根据学生法医毒物司法鉴定意见书文书写作情况，分析其能否按照规范进行写作，表达是否准确，内容是否完整等并进行综合评价。

学习单元五

物证类司法鉴定意见书

方针政策：2017年10月18日，习近平总书记在党的十九大报告中提出，成立中央全面依法治国领导小组，加强对法治中国建设的统一领导。司法鉴定学科是中国特色社会主义法治的重要组成部分，是现代法学教育体系和法治人才教育培养体系中的重要元素。物证类司法鉴定广泛应用于民事和刑事诉讼领域，为案件的侦查、起诉、审理等提供科学的证据。"德法兼修"是包括物证在内的所有司法鉴定从业人员必备的职业素养，应贯穿于整个司法鉴定职业教育过程，通过每一个公正的司法鉴定意见，维护社会的公平正义和国家的法治文明。

项目一　文件检验司法鉴定意见书

学习目标

知识目标：了解和熟记文件检验司法鉴定意见书的写作要求。

能力目标：培养掌握和运用制作文件检验司法鉴定意见书的能力。

内容结构

任务一：文件检验司法鉴定意见书的写作要求。

任务二：文件检验司法鉴定意见书的范例。

任务三：技能训练。

知识要点

文件检验司法鉴定根据鉴定的对象可分为：笔迹检验、印章印文检验、印刷文件检验、变造文件检验、污损文件检验、文件材料检验、文件制作时间检验等。

任务一　文件检验司法鉴定意见书的写作要求

我国是世界文明古国之一，我们的祖先在四千多年前就创立了文字，出现了人类独有的书写活动。随着文字的使用与推广，由文字引起的民间纠纷和利用文字作为犯罪手段的刑事案件也随之出现。根据史料记载，涉及笔迹的案件最早见于秦代，但笔迹鉴定技术的应用从汉武帝时期才初步形成，至宋元明清时期逐步广泛使用。从史籍材料中可以看出，古人在办理案件的过程中，已经运用到了笔迹鉴定的手段。从汉武帝识破笔迹，国渊"比方其书"，到《周书·艺术》"冀隽仿诏"中我国最早的伪装笔迹鉴定案例，形成了笔迹鉴定的早期雏形，这为今后我国笔迹鉴定的发展奠定了基础。由此可见，几千年的中国文化体现的中华民族的创造精神已成为中华民族区别于其他民族的精神标识。正如习近平总书记在第十三届全国人民代表大会上所指出：在几千年历史长河中，中国人民始终辛勤劳作、发明创造。今天中国人民的创造精神正在前所未有地迸发出来，推动我国日新月异向前发展，大踏步走在世界前列。

随着文件检验技术的发展，文件检验司法鉴定意见书的内容及制作也更加全面和规范。根据习总书记在2020年中央全面依法治国工作会议上的重要指示，作为为法律工作服务的司法鉴定从业人员应当在坚持正确政治方向的基础上，依法依规、认真尽责地制作文件检验司法鉴定意见书，通过每一个公正的司法鉴定意见，维护社会的公平正义和国家的法治文明。

一、基本情况

1. 委托事项情况。文件检验司法鉴定事项的表述应与委托要求及材料情况相对应。文件检验司法鉴定事项一般分为几个方面：

（1）笔迹检验。笔迹检验是根据法律法规有关规定，对与案件有关的笔迹物证资料进行勘验、分析、识别、鉴定等各项活动的总称。从科学原理的角度来讲笔迹检验是通过书写人书写的字迹、符号分析其书写技能及习惯特性，从而确定文件物证书写人的专门技术。笔迹鉴定根据不同情况有不同的表述方式：①样本字迹书写人明确的，可表述为："对检材×××字迹是否某人所写进行鉴定"；②样本字迹书写人不明确的，可表述为"对检材×××字迹与送检样本×××字迹是否同一人所书写进行鉴定"；③检材为复印件的，可表述为"对检材×××字迹与送检样本×××字迹是否出自同一人字迹进行鉴定"。

（2）印章印文检验。印章印文检验是指根据印章在制作、使用、保持过程中形成的印面材料和结构特性在印文中的具体反映，通过检材与样本印文的比较、鉴别，从而确定文件物证上印章印文真伪的专门技术。印章印文检验是以辨别文件真伪为目的而对印章或印文所进行的同一认定。印章印文检验事项通常表述为"对检材印文××××与样本印文××××是否同一枚印章盖印进行鉴定"。检材为复印件的，可表述为"对检材印文××××与样本印文××××是否出自同一枚印章进行鉴定"。

（3）印刷文件检验。印刷文件检验是指运用印刷技术知识，结合利用印刷文件进行违法犯罪的规律和特点鉴别可疑印刷文件的真伪，确定文件的印刷方法、印刷机具和印刷品来源的专门技术。根据印刷工艺和印刷设备的材料和结构特点及其变化规律在承印物上的具体反映，通过对印刷原理、方法制作的各类文件进行分析、比较和鉴别，确定文件物证上的印刷工具、印刷方法、印刷过程及其真伪、来源、关系等。根据不同鉴定要求可作出不同表述，如鉴定印刷机具同一性的，可表述为"对送检×××资料是否由同一台机具印刷形成进行鉴定"。

（4）变造文件检验。变造文件检验又称篡改文件鉴定，是指综合运用各种科学技术手段对文件物证是否存在变造事实所作出的鉴别和判断，以及恢复或辨认被篡改的原有内容的一项专门技术。根据篡改的手段不同，篡改文件鉴定通常可分为：添改文件鉴定、擦刮文件鉴定、拼凑文件鉴定、消退文件鉴定、掩盖文件鉴定、换页文件鉴定、文件印压字迹鉴定等。

（5）污损文件检验。污损文件检验是指对人为地利用各种手段改变原文件的内容及原貌，或受自然条件的影响而被污染、损坏或发生其他变化的文件进行鉴别和判断。常见的污损文件有：污染文件、破碎文件、烧毁文件、浸损文件、粘贴文件、裱糊文件、模糊文件等。

（6）文件材料检验。文件材料检验是指根据制作文件的物质材料特性，采用形态比对和理化检验方法对其理化特性、种类进行分析和鉴别的专门技术。文件材料鉴定包括：纸张鉴定、墨水鉴定、油墨鉴定、墨粉粘合剂鉴定等。

（7）文件制作时间检验。文件制作时间检验是根据文件物证系统要素的特性及其变化规律，对文件的制作过程、顺序和形成时间进行鉴别的专门技术。文件制作时间鉴定包括：印刷文件制作时间鉴定、印章印文盖印时间鉴定、朱墨时序鉴定、书写时间鉴定、电子文件制作时间鉴定等。

2. 鉴定材料。文书的鉴定材料通常包括需要鉴定的材料和供比对的材料。

根据案件情况不同，将鉴定所用的检材与样本按照清单形式详细罗列，一般情况是以时间先后顺序进行排列。同时注明与鉴定材料有关的一些内容如来源、数量、性质、状态及特殊性标识。例如，落款日期为××××年×月×日，落款处有×××签字字迹的"劳动合同"原件1份共×页。

二、检案摘要

检案摘要即写明委托鉴定事项涉及案件的简要情况。具体包括委托鉴定事项的内容、案件简要情况。这部分要求简明扼要，切忌长篇大论。

三、检验过程

检验过程包括检验程序、方法，适用仪器、检测条件，检验中发现的现象及检验结果等。

1. 检验（鉴定）方法。鉴定人应遵循《司法鉴定程序通则》中鉴定方法的选择原则，根据鉴定要求确定检验（鉴定）方案、选择检验（鉴定）方法。并严格按照相应的鉴定规范或文件化技术规范，操作规程、作业指导书等进行。文件鉴定目前尚无国家标准和行业标准，现多采用司法部颁布的技术规范，如《笔迹鉴定规范》（SF/Z JD0201002-2010）、《印章印文鉴定规范》（SF/Z JD0201003-2010）、《印刷文件鉴定规范》（SF/Z JD0201004-2010）、《篡改（污损）文件鉴定规范》（SF/Z JD0201005-2010）、《特种文件鉴定规范》（SF/Z JD0201006-2010）、《朱墨时序鉴定规范》（SF/Z JD0201007-2010）、《文件材料鉴定规范》（SF/Z JD0201008-2010）等。

2. 检验仪器。文件司法鉴定根据不同的鉴定对象选择不同的检验仪器。一般常用的检验仪器包括放大镜、比较显微镜、荧光显微镜、显微拉曼光谱仪、多波段光源、文件检验仪、静电压痕仪、红外光谱仪、薄层色谱扫描系统等。鉴定中不论使用何种仪器都应当遵循其国家或行业标准，并按照仪器作业指导书进行。

3. 检验所见。检验所见包括鉴定步骤和方法两个内容。其最主要记录鉴定人员根据不同鉴定对象利用鉴定方法进行的鉴定过程所见，对于文件鉴定意见书中检验所见因鉴定对象不同记录内容也有所不同。

（1）笔迹检验。笔迹检验属于同一认定型文书。其鉴定必须遵守分别检验、比较检验、综合评断的步骤。使用观察法、测量法、物理检测法、化学检测法、比较分析法、综合评断法等方法。首先，检材检验。观察检材上"×××"字迹书写是否正常，字迹是否清晰，为何种书写工具书写形成，书写速度如何（快、正常、慢），运笔是否自然流畅，有无停顿、是否连笔、转折是否自然、笔画搭配是否协调等现象，利用仪器检验的情况，是否具备检验条件。其次，样本检验。说明样本的类型，样本字迹位置，书写速度情况，运笔是否自然流畅，字的搭配比例情况，是否正常笔迹，是否具备比对条件。最后，比对检验。比对检材与样本相同字、相同偏旁、相同笔画在笔迹熟练程度、字形特征、字体特征、字的大小、字的倾向程度等一般特征是否相同。同时分析两者相同字、相同偏旁、相同笔画在运笔特征（起笔、收笔、行笔、连笔特征）、搭配比例特征（搭配距离、搭配位置、搭配长短、搭配大小等）、笔顺特征（规范笔顺、通用笔顺、特殊笔顺等）等细节特征的异同。

（2）印章印文检验。印章印文属于同一认定型检验。首先，检材检验。观察检材的制成方式特征、形态特征、大小特征、图文内容特征（文字的名称、姓名和用途）、图文内容的排列形式特征（文字在印面上的安排位置和排列特点）、文字形体特征、边框类型及其形态特征、图文及线条的规范程度特征等一般特征。同时，再找出印文图案、文字、线条或边框的形态和搭配比例以及在印面上的相互位置关系特点等细节特征，磨损、修补特征，暗记特征、盲字特征、制作工艺细节特征。其次，样本检验。检查样本印章印文是否清晰、是否具备比对条件。同时，几个样本印章印文在一般和细节特征上进行比对是否一致以及是否为同一印章形成的。最后，比对检验。比较检材与样本印章印文的文字特征、字形特征等一般特征符合或存在差异。两者同比例重叠比对、拼接比对或画线比对等是符合或是差异明显。同时，比对两者的暗记特征、制作工艺、文字搭配等细节特征符合或存在差异。

（3）朱墨时序鉴定。朱墨时序鉴定是指对加盖有印章的文件，分析判断其盖章、写字及打印的先后顺序，即印文与书写、打印、复印、复写等字迹形成的先后顺序。朱墨时序鉴定属于检验型文书类型。一般用显微镜检验法、减层法或检测仪器微压测定法。对于朱墨时序鉴定检验所见根据具体案件鉴定的顺序和方法记录即可。

四、分析说明

分析说明是指专业鉴定人员通过分析鉴定对象特征结合专业知识进行分析评断，最终形成鉴定意见的过程。

通过对检材和样本比较检验，利用统计、分析、评断和论证等方法，对结果进行审查与判断。首先，检材作为鉴定依据特征内容。其次，检验与样本相同特征的数量与质量比例；第三检材与样本不同特征的数量与质量比例；第四检材与样本相同特征与不同特征的性质判断即本质符合与非本质差异，或者本质差异与非本质符合。最后，检材与样本相同与不同特征总体性质产生原因的科学解释。

五、鉴定意见

根据司法鉴定文件检验类型的不同，按照科学要求与诉讼证据规范，客观表述鉴定结果，给出鉴定意见。

根据文件检验类型一般鉴定意见有七种：肯定意见、否定意见、倾向性肯定意见、倾向性否定意见、不能肯定意见、不能否定意见、不具备鉴定条件意见等。例如，笔迹鉴定意见的表述为"检材笔迹……是（不是）某人所写"；或"检材笔迹……很可能是（不是）某人所写"；或"检材笔迹……有可能是（不是）某人所写"；或"无法判断检材笔迹……是否为某人所写"。

六、附件

文件司法鉴定的附件是文件司法鉴定意见书的重要组成部分。其主要包括检验与样本复印件、特征比对表、检验图片、图谱等部分。

任务二　文件检验司法鉴定意见书的范例

××司法鉴定中心
司法鉴定意见书

××司鉴中心〔2020〕文鉴意字第 27 号
（司法鉴定专用章）

一、基本情况

委托方：叶桂腾

委托事项：对标称时间 20××年×月×日的《公司登记（备案）申请书》法定代表人签字处"叶桂腾"签名字迹是否是叶桂腾字迹进行鉴定

受理日期：20××年×月×日

鉴定材料：

检材：标称时间为 20××年×月×日的《公司登记（备案）申请书》复印件一份，法定代表人签字处"叶桂腾"签名字迹为待检字迹（以下称 WS202027JC）

样本：

1. 标称时间为 20××年×月×日的某手册原件一册，手册扉页处"叶桂腾"签名字迹为比对样本（以下称 WS202027YB1）

2. 标称时间为 20××年×月×日的某书籍一册，书籍扉页处"叶桂腾"签名字迹为比对样本（以下称 WS202027YB2）

3. 标称时间为 20××年×月×日的《某行开户确认回单》复制件一页，客户签名处"叶桂腾"字迹为比对样本（以下称 WS202027YB3）

4. 20××年×月×日叶桂腾在本鉴定中心书写的笔迹实验样本原件一页（以下称WS202027YB4）

鉴定日期：20××年×月×日-20××年×月×日

鉴定地点：某司法鉴定中心

二、基本案情

叶桂腾被他人冒名注册公司，委托本中心对WS202027JC"叶桂腾"签名字迹是否是叶桂腾所写进行鉴定，提供了WS202027JC，WS202027YB1至WS202027YB4等鉴定资料。

三、鉴定过程

（一）检验方法

鉴定依据《文件鉴定通用鉴定规范》（GB/T 37234-2018）、《笔迹鉴定技术规范》（GB/T 37239-2018）进行。

（二）使用仪器、设备

本鉴定借助放大镜、扫描仪、比例尺、VSC8000文检仪。

（三）检验所见

1. 对检材进行检验。WS202027JC上有"某区市场监督管理局档案资料查询专用章"印文，WS202027JC"叶桂腾"签名字迹为黑色复印字迹，仅就复印签名字迹进行检验，WS202027JC"叶桂腾"签名字迹为行书字体，书写水平较高，书写速度较快，字迹清晰，结构搭配合理，具备检验条件。

2. 对样本进行检验。WS202027YB1至WS202027YB3"叶桂腾"签名字迹是叶桂腾提供的自然样本，WS202027YB4是叶桂腾书写的实验样本。WS202027YB2为行楷字体，其他样本字迹为行书字体，书写水平较高，书写速度较快，笔迹特征稳定，具备比对条件。将WS202027YB1至WS202027YB4字迹进行比较检验，其一般特征和细节特征表现一致，是同一人书写。

3. 比较检验。将WS202027JC与WS202027YB1至WS202027YB4"叶桂腾"签名字迹放大后逐一进行比较检验，发现两者的书写风貌、整体布局、字形、单字结构搭配等一般特征不同，笔画的收笔动作、运笔特征和笔画搭配比例关系等细节特征方面差异明显。例如，"叶"字"十"部笔画搭配比例，"桂"字"木"部笔画搭配比例、撇画运笔方向，"腾"字单字搭配位置关系、笔画收笔动作等（详见特征比对表）。

四、分析说明

根据送检材料，结合检验所见综合分析评断：在WS202027JC与WS202027YB1至WS202027YB4"叶桂腾"签名字迹的一般特征和细节特征上，存在的差异点数量多质量高，属本质的差异，充分反映出不同人的笔迹特征。

五、鉴定意见

标称时间20××年×月×日的《公司登记（备案）申请书》法定代表人签字处"叶桂腾"签名字迹不是出自叶桂腾的笔迹。

六、附件

1. 检验鉴定照片共 8 页。
2. 司法鉴定许可证、司法鉴定人执业证共 1 页。

司法鉴定人：×××

《司法鉴定人执业证》：××××××

司法鉴定人：×××

《司法鉴定人执业证》：××××××

20××年×月×日

(司法鉴定专用章)

附件1：检验鉴定照片。

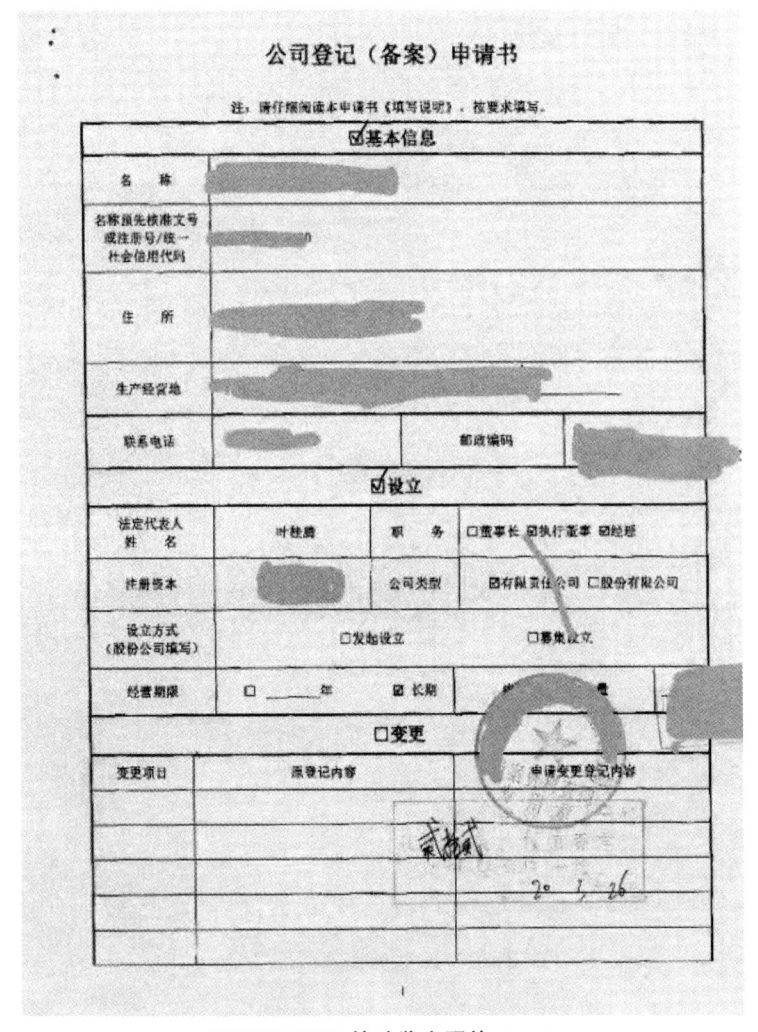

WS202027JC 检验鉴定照片（一）

WS202027JC 检验鉴定照片（二）

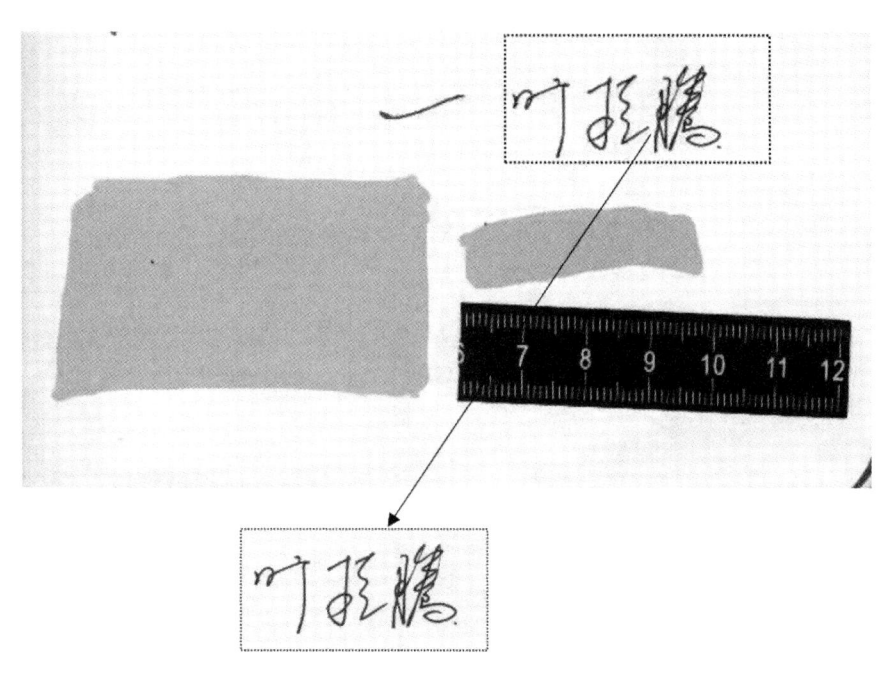

WS202027YB1 检验鉴定照片（三）

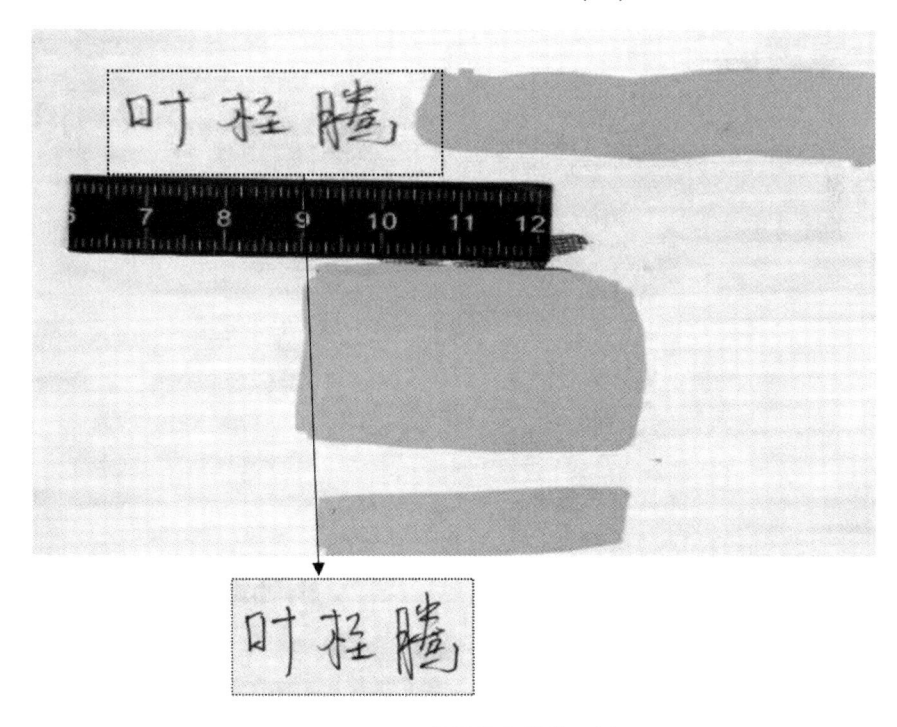

WS202027YB2 检验鉴定照片（四）

WS202027YB3 检验鉴定照片（五）

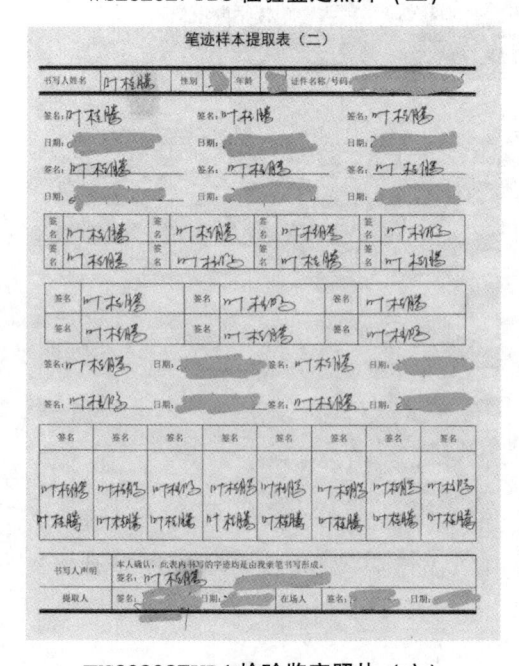

WS202027YB4 检验鉴定照片（六）

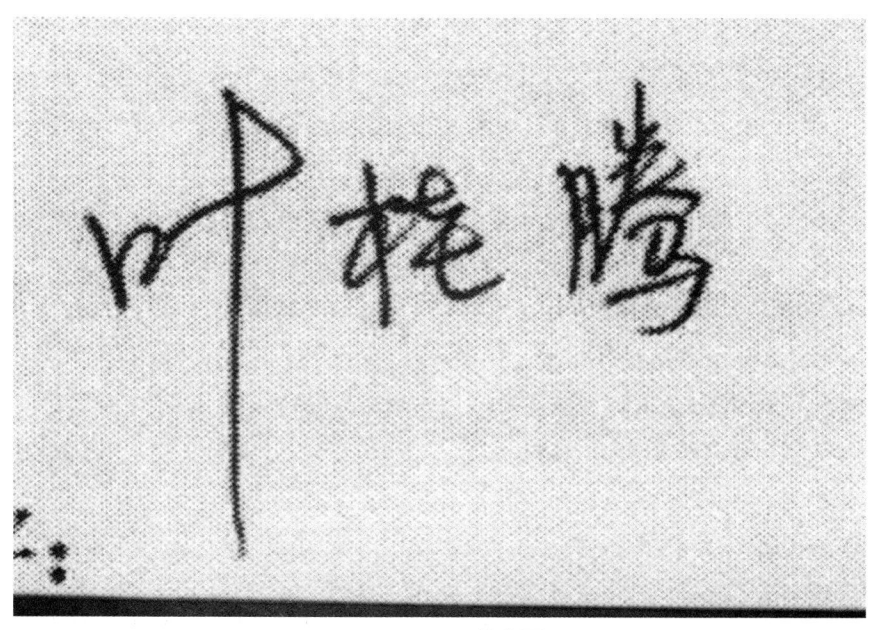

WS202027JC 放大图

附件2：司法鉴定许可证、司法鉴定人执业证（略）。

任务三　技能训练

一、训练目的

熟悉文件检验司法鉴定意见书的格式，掌握文件检验司法鉴定意见书的制作方法和技巧。

二、训练内容

根据案例资料制作文件司法鉴定意见书。

案例资料：李振华称20××年×月×日他人冒用其身份证注册甲贸易有限公司，20××年×月×日他人冒用其身份证注册乙贸易有限公司，现委托本中心对填表时间为20××月×日的甲贸易有限公司《公司登记（备案）申请书》法定代表人签字处"李振华"签名字迹、20××年×月×日的甲贸易有限公司《章程》公司法定代表人签名处"李振华"签名字迹、20××年×月×日的乙贸易有限公司《公司登记（备案）申请书》法定代表人签字处"李振华"签名字迹、20××年×月×日的乙贸易有限公司《章程》公司法定代表人签名处"李振华"签名字迹是否皆为李振华本人所书写进行鉴定。同时提交了11份鉴定材料（见附件）：

1. 标称时间20××年×月×日的甲贸易有限公司《公司登记（备案）申请书》复印件一份，法定代表人签字处"李振华"签名字迹为待检字迹（以下称WS202033JC1）。

2. 标称时间20××年×月×日的甲贸易有限公司《章程》复印件一份，公司法定代表人签名处"李振华"签名字迹为待检字迹（以下称WS202033JC2）。

3. 标称时间20××年×月×日的乙贸易有限公司《公司登记（备案）申请书》复印件一份，法定代表人签字处"李振华"签名字迹为待检字迹（以下称WS202033JC3）。

4. 标称时间20××年×月×日的乙贸易有限公司《章程》复印件一份，法定代表人签字处"李振华"签名字迹为待检字迹（以下称WS202033JC4）。

5. 标称时间为20××年×月×日的《某银行个人客户业务申请书》客户联原件一页，客户签名处"李振华"字迹为比对样本（以下称WS202033YB1）。

6. 标称时间为20××年×月×日的《某银行个人业务申请表（银行打印页）》客户联原件一页，客户签章处"李振华"字迹为比对样本（以下称WS202033YB2）。

7. 标称时间为20××年×月×日的《某市劳动合同》原件一份，乙方签名处"李振华"字迹为比对样本（以下称WS202033YB3）。

8. 标称时间为20××年×月×日的《保密合同书》原件一份，乙方签名处"李振华"字迹为比对样本（以下称WS202033YB4）。

9. 标称时间为20××年×月×日的《某市商品房买卖合同（预售）》原件一份，乙方签章处"李振华"字迹为比对样本（以下称WS202033YB5）。

10. 标称时间为20××年×月×日的《借款合同》原件一份，乙方2法定代表人落款处"李振华"字迹为比对样本（以下称WS202033YB6）。

11. 20××年×月×日李振华在本鉴定中心书写的笔迹实验样本原件一页（以下称WS202033YB7）。

某司法鉴定中心受理委托后，指定司法鉴定人张×（《司法鉴定执业证号》：××××××）和李×（《司法鉴定执业证号》：××××××）等人，在本司法鉴定中心文书鉴定室进行了鉴定。

1. 检验方法及仪器。

（1）方法：鉴定依据《文件鉴定通用鉴定规范》（GB/T 37234-2018）、《笔迹鉴定技术规范》（GB/T 37239-2018）进行。

（2）仪器：放大镜、扫描仪、比例尺、VSC8000文检仪。

2. 检验过程记录。

（1）对JC进行检验。WS202033JC1至WS202033JC4"李振华"签名字迹为黑色复印字迹，仅就复印签名字迹进行检验，WS202033JC1至WS202033JC4"李振华"签名字迹为行楷体，书写水平中等，书写速度中等偏慢，字迹清晰完整，未见明显异常现象，具备检验条件。

将WS202033JC1至WS202033JC4进行比较检验，发现WS202033JC1和WS202033JC2在一般特征和细节特征表现一致，是同一人笔迹；WS202033JC3和WS202033JC4在一般特征和细节特征表现一致，是同一人笔迹。WS202033JC1、WS202033JC2和WS202033JC3、WS202033JC4，在一般特征和细节特征上差异明显，是不同人笔迹。

（2）对YB进行检验。WS202033YB1至WS202033YB6"李振华"签名字迹是李振华提供的自然样本，WS202033YB7 是李振华书写的实验样本。其中：WS202033YB1 签名为行楷体，WS202033YB2 签名为行书体，WS202033YB3 至 WS202033YB6 签名为行草体连写签名，WS202033YB7 签名为行楷体或行草体；WS202033YB1 至 WS202033YB7 书写水平中等，书写速度分别为慢速、中速、快速三种，笔迹特征稳定，具备比对条件。将 WS202033YB1 至 WS202033YB7 字迹进行比较检验，其一般特征和细节特征表现一致，是同一人书写。

（3）JC 与 YB 比对检验。将 WS202033JC1 至 WS202033JC4 与 WS202033YB1 至 WS202033YB7"李振华"签名字迹放大后逐一进行比较检验，发现两者的书写风貌、单字写法、字形等一般特征不同，在单字结构搭配、笔画搭配、起收笔动作、折笔动作、连笔动作和运笔方向等细节特征上存在明显差异。WS202033JC1、WS202033JC2 与 WS202033YB1 至 WS202033YB7 在"李"字的上下部首搭配位置关系，"木"部撇画长短及运笔方向，"子"部的折笔动作；"振"字"扌"部竖钩画、"辰"部竖提画的折笔形态；"华"字"七"部的连笔形态、"十"部的横画收笔方向等均存在差异（详见特征比对表）。WS202033JC3、WS202033JC4 与 WS202033YB1 至 WS202033YB7 在"李"字上下部首搭配位置关系，"木"部撇画长短及运笔方向、竖画的长度；"振"字"辰"部第一横画的收笔方向、第一横画和撇画的搭配位置关系，"辰"部竖提画的折笔形态、撇画的运笔方向；"华"字"七"部的连笔形态，"十"部的横画收笔方向等均存在差异（详见特征比对表）。

3. 鉴定人综合分析。根据送检材料，结合检验所见综合分析评断：在 WS202033JC1 至 WS202033JC4 与 WS202033YB1 至 WS202033YB7"李振华"签名字迹的一般特征和细节特征上，存在的差异点数量多、质量高，属本质的差异，充分反映出不同人的笔迹特征。

4. 鉴定意见。

（1）标称时间 20××年×月×日的甲贸易有限公司《公司登记（备案）申请书》法定代表人签字处"李振华"签名字迹不是出自李振华的笔迹。

（2）标称时间 20××年×月×日的甲贸易有限公司《章程》公司法定代表人签名处"李振华"签名字迹不是出自李振华的笔迹。

（3）标称时间 20××年×月×日的乙贸易有限公司《公司登记（备案）申请书》法定代表人签字处"李振华"签名字迹不是出自李振华的笔迹。

（4）标称时间 20××年×月×日的乙贸易有限公司《章程》公司法定代表人签名处"李振华"签名字迹不是出自李振华的笔迹。

5. 附件：略。

三、训练要求

根据上述给定材料，按照文件司法鉴定意见书的写作要求和方法，制作一份文件检验司法鉴定意见书。

项目二 手印检验司法鉴定意见书

学习目标

知识目标：了解和熟记手印检验司法鉴定意见书的写作要求。

能力目标：掌握手印检验司法鉴定意见书的写作方法。

内容结构

任务一：手印检验司法鉴定意见书的制作要求。

任务二：手印检验司法鉴定意见书范例。

任务三：技能训练。

知识要点

人类手的外形结构及其皮肤花纹的特殊性，构成了人体所具有个体形象特征的重要标识。手纹是指手掌正面的皮肤花纹的总称，包括乳突花纹、屈肌褶纹、皱纹、伤疤、脱皮、汗孔和细点线等。手纹具有人各不同的特定性、终身基本不变的稳定性、触物留痕的反映性等特点。手与客体相互作用，在客体表面遗留的接触部位的印记称为手印。因手印能够反映手遗留部位的形态特征，且形成手纹与手印之间一一对应关系，因此通过手印可以直接认定人身。通过对遗留手印的分析与查档，对样本手印的检验和鉴定，可以为案件的侦破提供线索，为诉讼、审判提供证据。

任务一 手印检验司法鉴定意见书的制作要求

手印鉴定意见书内容包括基本情况、基本案情、资料摘要、鉴定过程、分析说明、鉴定意见、附件、鉴定人署名及日期、鉴定机构用印等。

一、基本情况

应当写明委托单位、送检人、委托事项、受理日期等情况。当委托单位分多批次送交检材和样本时，可根据实际情况分别列出鉴定委托受理的日期。

二、基本案情

依照司法鉴定委托书的有关内容，对案（事）件情况进行客观、简明的描述。案（事）件情况摘要中不应包含有直接确定案件性质的内容，如："××将××杀死"。

三、资料摘要

摘录与手印鉴定事项有关内容。

四、鉴定过程

主要包括鉴定人员、时间、地点、检验内容、所使用的技术标准或技术规范、检验方法、检验所使用的仪器设备、样本采集情况、检材检验情况、样本检验情况、比对检验过程、主要结果等内容。此部分内容应当客观、详实、有条理地描述手印检验鉴定活动发生的全过程。

1. 制作检材和样本：依照鉴定委托书有关内容，逐项如实列出送检的检材和样本，并进行唯一性编号。检材和样本的名称应与现场勘验记录、检查记录、扣押物品清单、鉴定委托书、现场勘验等相关信息系统保持一致。检材和样本的编号在受理、显现、提取固定等全过程应保持一致性和唯一性，并可溯源。对于可以进行描述的检材和样本，应对检材（如种类、数量、形状、来源、包装情况、颜色等）和样本（如捺印方式、数量）进行描述。同时应根据检材原包装物上的内容，标明检材名称。当委托单位分多批次送交检材和样本时，应注明每批次检材和样本的受理日期。

2. 鉴定要求：写明委托单位对所送检材和样本要求检验、鉴定的内容。应依司法鉴定委托书填写鉴定要求，也可统称为"手印检验"。

3. 检验开始日期：写明鉴定机构开始进行检验的日期。当委托单位分多批次送交检材和样本时，可根据实际情况分别列出检验开始日期。

4. 检验地点：写明鉴定机构实施检验的地点。

5. 检验：客观表述对检材和样本所使用的检验方法、标准以及所使用的主要仪器等内容，同时客观表述检材、样本的检验情况。

五、分析说明

此部分应当详细阐明鉴定人根据有关科学理论知识，对手印检验发现的特征、数量的符合与差异进行综合评断，论述鉴定意见的科学依据。

六、鉴定意见

针对手印检验鉴定要求，简单明确地写出鉴定意见。对于没有委托鉴定的事项，鉴定人不能发表意见。鉴定意见应当明确、具体、规范，具有针对性和可适用性。

鉴定意见分以下三种情况：

1. 认定意见：当检材指（掌）印与样本指（掌）印的种类特征相符、两者的相应部位细节特征点相符、没有差异或差异可以得到合理解释，出具认定结论，形式如"检材指（掌）印与送检××的×手×指指（掌）印样本是同一人所留"。

2. 否定意见：当检材指（掌）印与样本指（掌）印的种类特征和细节特征不符、两者存在差异或差异得不到合理解释，出具否定结论，形式如"检材指（掌）印与送检××的×手×指指（掌）印样本不是同一人所留"。

3. 不具备鉴定条件或不具备同一认定条件意见：当不能出具认定结论或否定结论时，出具不具备鉴定条件或不具备同一认定条件结论，形式如"检材指（掌）印与送检××的指（掌）印样本相比，不具备鉴定条件"或形式如"检材指（掌）印不具备同一认定条件"。

七、附件

手印检验司法鉴定意见书的附件多以照（图）片形式呈现。

1. 现场检材原貌照片。现场提取的检材应拍照固定，检材应摆放整齐，为防止污染、增强反差应将检材置于与检材背景反差较大的一次衬布或衬纸上，拍摄检材时应添加比例尺。

2. 检材手印照片。提取的检材手印应包括原大照片和放大照片，指印放大 3~5 倍、掌印放大 1~2 倍，照片下方应注明手印遗留在何种检材上，并标明其具体部位、方向和手印的分布状况，必要时需标注检材手印采用何种方法提取处理。检材手印照片应添加比例尺。

3. 样本手印照片。样本手印照片应选择与检材手印照片相对应的部位，清晰、完整、不变形，应注明手别和指位，并注明三面捺印、平面捺印或局部捺印。样本手印照片应添加比例尺。

4. 特征比对照片。特征比对照片包括检材手印照片和样本手印照片，两者应同比例放大，指印放大 3~5 倍、掌印放大 1~2 倍，规格一般以 6.0cm×6.0cm 为宜。特征比对照片应全面、准确地标出手印的稳定细节特征点，用红线标示，并按顺序编号，编号颜色为红色。特征比对照片下方应标注"特征比对照片"等字样。特征比对照片应添加比例尺。

5. 特征点的标定顺序。特征点的标定顺序一般从右上方开始，按顺时针方向依次编号，标线应准确指示在特征点位置上。各条标线之间不应交叉，并呈一定的角度或放射状分布，保持标定布局清晰、整洁、美观。现场手印与样本手印相同特征点应画平行线，保证特征点标线方向相同。

八、鉴定人署名及日期

1. 应在鉴定意见书正文的最后列出全部参与检验鉴定的具有鉴定资格的鉴定人名字，以及专业技术资格或者职称，并由本人用黑色签字笔或钢笔在打印的姓名后签名。鉴定意见书中列出的具有鉴定资格的鉴定人应为两人以上（含两人）。鉴定人、复核人等均应对检验结果、鉴定意见的真实性负责。

2. 在鉴定人署名下方打印鉴定意见书形成日期。鉴定意见书形成日期以鉴定意见书出具日期为准。多个单位参与检验鉴定时，应按照主办单位在前的原则依次排列鉴定单位及其鉴定人。

九、鉴定机构用印

鉴定意见书（正本、副本）应加盖鉴定专用章。印章加盖在正文首页唯一性编号和末页鉴定意见书形成日期上，印文用红色。对于正文包含 2 页以上（含 2 页）的鉴定意见书，应在正文纸张正面右侧边缘中部骑缝加盖鉴定专用章。

任务二　手印检验司法鉴定意见书范例

×××司法鉴定中心
司法鉴定意见书

编号：＿＿＿（司法鉴定专用章）＿＿＿

一、基本情况

委托人：×××市人民法院

委托事项：合同纠纷中的手印鉴定

受理日期：202×年3月16日

鉴定材料：

1. 检材：2021XZD001民事案件文件上指印1枚，编号为HJ2021XZD001JC（以下称HJ2021XZD001JC-1）

2. 样本：被鉴定人李×清捺印的十指捺印印痕，编号为HJ2021XZD001YB。共有29枚（YB1-YB29）。其中：右手拇指4枚（YB1-YB4）、右手食指4枚（YB5-YB8）、右手中指4枚（YB9-YB12）、右手环指3枚（YB13-YB15）、右手小指2枚（YB16-YB17）、左手拇指3枚（YB18-YB20）、左手食指3枚（YB21-YB23）、左手中指2枚（YB24-YB25）、左手环指2枚（YB26-YB27）、左手小指2枚（YB28-YB29）

鉴定日期：202×年3月×日

鉴定地点：×××司法鉴定中心

被鉴定人：李×清，男，身份证号320××××××××

送检人：范×飞

二、基本案情

××市人民法院受理的李×清、王×与吕×民间借贷纠纷一案，委托×××司法鉴定所鉴定：签约时间为"201×年8月×日"的《借款合同》原件二页，其尾页"乙方（借款人）"落款处"李×清"签名上的一枚红色指印与被鉴定人李×清十指样本指印是否同一人捺印。

三、资料摘要

1. 签约时间为"201×年8月×日"的《借款合同》原件二页，其尾页"乙方（借款人）"落款处"李×清"签名上的一枚红色指印一枚。

2. 被鉴定人李×清十指捺印指纹卡一份。

四、鉴定过程

1. 检验方法：根据《法庭科学手印鉴定规程》（GA/T 724-2019）、《手印鉴定文书规范》（GA/T 145-2019）进行。

2. 使用设备：显微镜（型号：×××）。

3. ×××司法鉴定中心工作人员刘×庆于202×年3月16对李×清十指样本进行采集，至202×年3月×日，对检材及样本进行检验。

4. 对检材进行检验：编号为HJ2021XZD001JC-1的检材为红色手指指印印痕，呈椭圆形，是捺印形成，油墨较为均匀，捺印质量较高。为中心花纹上部手指指印部位纹线，乳突纹线流向基本清晰，指印纹线特征明显，但无法判断中心花纹类型。可从纹线中确定细节特征，具备检验条件。

5. 对样本进行检验：HJ2021XZD001YB被鉴定人李×清当场捺印的十指指纹，捺印油墨较均匀，见有油墨堆积及深浅变化现象，捺印质量较高，乳突纹线清晰完整，指印纹线特征稳定，具备检验条件。

6. 比对检验：将HJ2021XZD001JC-1与HJ2021XZD001YB-1至HJ2021XZD001YB-29样本同比例放大后逐一进行比较检验发现：HJ2021XZD001JC-1检材手印与样本的右拇指指印（HJ2021XZD001YB-1至HJ2021XZD001YB-4）的指印纹线流向、弧度、密度等种类一致；对HJ2021XZD001JC-1检材手印与HJ2021XZD001YB-1至HJ2021XZD001YB-4样本细节特征进行进一步对比检验，在对应的部位找到相同的细节特征11个，细节特征在位置、数量、距离、方向、间隔线数等方面均吻合（详见特征比对表）。

五、分析说明

根据现有检验材料，结合检验所见综合分析认为：HJ2021XZD001JC-1与HJ2021XZD001YB 李×清右手拇指指印（HJ2021XZD001YB-1至HJ2021XZD001YB-4）细节特征的种类、形态、位置、方向、数量、距离、间隔线数、特征与特征之间关系均相吻合，充分反映出同一人指印特征的相同本质，是他手印所不能重复，因而构成同一认定的客观依据。

六、鉴定意见

编号为2021XZD001的民事案件检材手印和编号为2021XZD001的当事人李×清右手样本指印中右手拇指指印为同一人所留。

七、附件

1. 特征比对表，共3页。
2. 司法鉴定许可证、司法鉴定人执业证。

司法鉴定人：×××

《司法鉴定人执业证》：×××××××

司法鉴定人：×××

《司法鉴定人执业证》：×××××××

20××年×月×日

（司法鉴定专用章）

附件1：

特征比对表一

检材	样本
HJ2021XZD001JC-1	右拇指 YB4
	右食指 YB7 右中指 YB11
	右环指 YB15 右小指 YB17
HJ2021XZD001JC	HJ2021XZD001YB

特征比对表二

检材	样本
HJ2021XZD001JC-1	左拇指 YB20 左食指 YB21　　左中指 YB25 左环指 YB26　　左小指 YB28 HJ2021XZD001YB
HJ2021XZD001JC	

特征比对表三

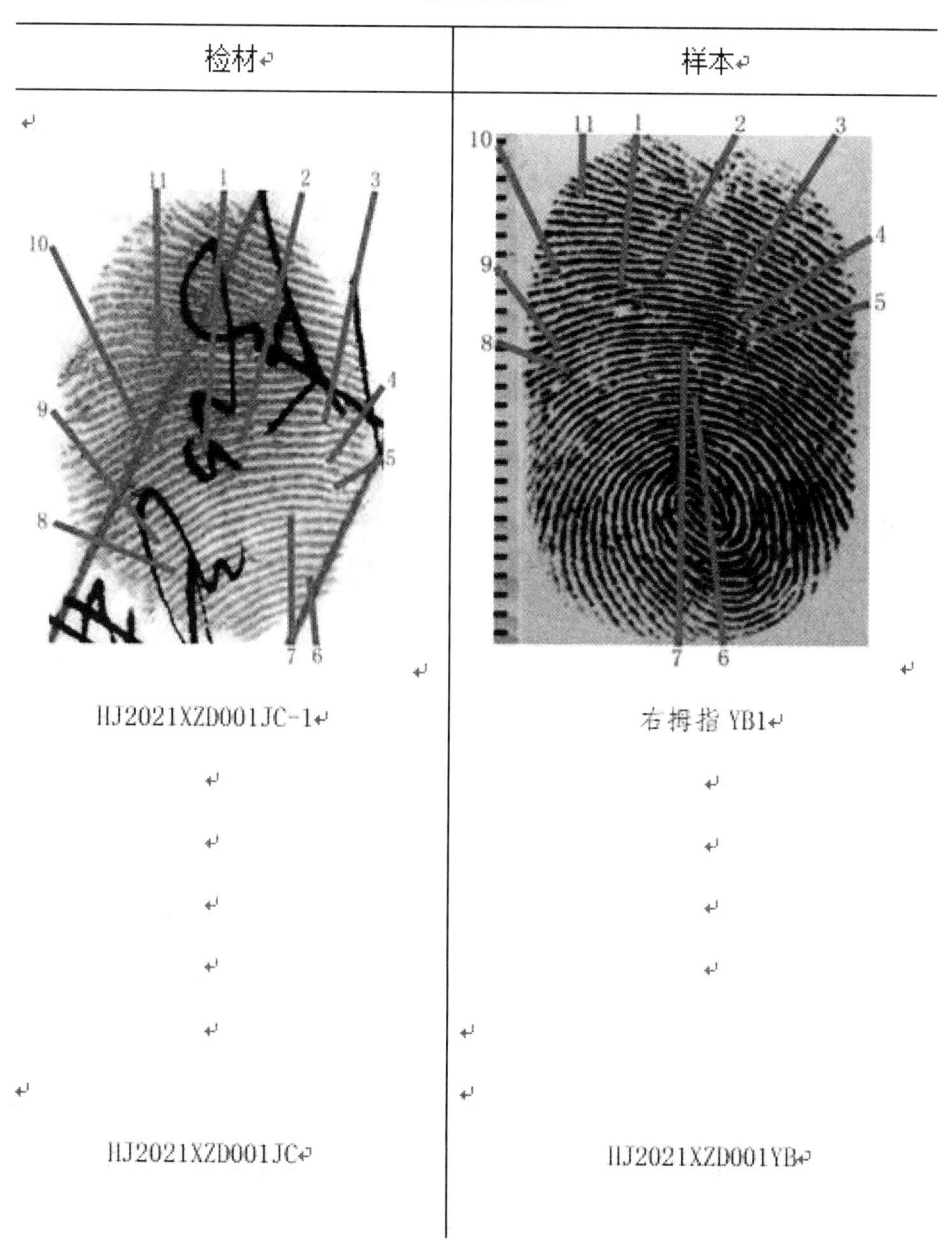

检材	样本
HJ2021XZD001JC-1	右拇指 YB1
HJ2021XZD001JC	HJ2021XZD001YB

附件2：司法鉴定许可证、司法鉴定人执业证（略）。

任务三　技能训练

一、训练目的

熟悉司法鉴定意见书的格式，掌握手印检验鉴定意见书的制作方法和技巧。

二、训练内容

1. 案件摘要：2018年8月16日，南阳市×县公安局接到事主田×琼（女）报案，称其丈夫孙×于2018年8月13日驾驶一辆白色奥迪车A3（车牌号为×A03597）外出至今未归。2018年8月21日在本市河边发现此车。根据公安机关现场勘查情况，锁定犯罪嫌疑人张×丰有重大作案嫌疑。相关信息：张×丰，男，汉族，1978年×月×日生，身份证号：570××××××，人员编号：R411×××××；案件编号为A160311000734；犯罪现场提取的指印一枚；犯罪嫌疑人张×丰十指捺印指纹信息卡一份。

2. 本案检材：

3. 本案样本：

左手平面捺印	右手平面捺印
备注	指纹补捺
捺印单位 南阳市□□县公安局	捺印人签名
捺印日期：201□年□月□日	中华人民共和国公安部监制

三、训练要求

根据上述给定案例，按照手印司法鉴定意见书的写作要求和方法，制作一份手印检验司法鉴定意见书。

四、训练评价

根据练习者的手印检验司法鉴定意见书文书制作情况，从表达是否准确、内容是否完整、文书格式是否规范等方面进行综合评价。

启发与思考

1. 为什么根据手印可以认定遗留人？
2. 手印检验司法鉴定的实施过程要遵循哪些基本步骤？

项目三　交通事故痕迹物证司法鉴定意见书

学习目标

知识目标：了解和熟记交通事故痕迹物证司法鉴定意见书的写作要求。

能力目标：掌握交通事故痕迹物证司法鉴定意见书的写作方法。

内容结构

任务一：交通事故痕迹物证司法鉴定意见书的制作要求。

任务二：交通事故痕迹物证司法鉴定意见书的范例。

任务三：技能训练。

知识要点

交通事故痕迹物证司法鉴定的鉴定项目包括：车辆安全技术状况鉴定、交通设施安全技术状况鉴定、交通事故痕迹鉴定、车辆速度鉴定、交通事故痕迹物证综合鉴定等。

任务一　交通事故痕迹物证司法鉴定意见书的制作要求

交通事故痕迹物证司法鉴定意见书和其他类别的司法鉴定意见书一样，应当按照统一规定的文本格式规范制作。

一、基本情况

1. 委托人。司法鉴定是指在诉讼活动中鉴定人运用科学技术或者专门知识对诉讼涉及的专门性问题进行鉴别和判断并提供鉴定意见的活动。司法鉴定机构应当统一受理办案机关的司法鉴定委托。办案机关是指办理诉讼案件的侦查机关、审查起诉机关和审判机关。在诉讼活动中的鉴定委托人必须是公、检、法等办案机关，在非诉讼活动中的鉴定委托，委托人既可以是办案机关，也可以是公民个人、企（事）业单位、社会团体等。

2. 委托鉴定事项。委托鉴定事项应该简单、明确，且与委托人的委托要求相对应，鉴定事项的用途要合法。委托鉴定事项的表述与交通事故痕迹物证鉴定的项目相对应。例如，车辆行驶速度鉴定可表述为"对某号牌小型轿车的行驶速度进行鉴定"。

交通事故痕迹物证鉴定包括的具体项目内容如下：

（1）车辆安全技术状况鉴定。这包括判断涉案车辆的类型（如机动车、非机动车）；对车辆安全技术状况进行检验；判断车辆相关技术状况或性能的符合性（如制动系、转向系、行驶系、灯光、信号装置等）。

（2）交通设施安全技术状况鉴定。这包括对交通事故现场或事故发生地点等相关区域进行勘查、测量；对路基、路面、桥涵、交通工程及沿线交通附属设施的安全技术状况进行检验（如道路线形、护栏、标志、标线等）；判断事故相关区域交通设施的技术状况或性能的符合性（如材料、设置位置、几何尺寸、力学性能等）。

（3）交通事故痕迹鉴定。这包括通过对涉案车辆唯一性检查，对涉案车辆、交通设施、人员及穿戴物等为承痕体、造痕体的痕迹和整体分离痕迹进行检验分析，必要时结合交通事故微量物证鉴定、法医学鉴定等结果，判断痕迹的形成过程和原因（如是否发生过接触碰撞、接触碰撞部位和形态等）。

（4）车辆速度鉴定。运用动力学、运动学、经验公式、模拟实验等方法，根据道路交通事故现场痕迹和资料、视频图像、车辆行驶记录信息等，判断事故发生的瞬间速度（如碰撞、倾覆或坠落等瞬间的速度），采取避险措施时的速度（如采取制动、转向等避险措施时的速度），在某段距离、时间或过程的平均行驶速度及速度变化状态等。

（5）交通事故痕迹物证综合鉴定。基于以上交通事故痕迹物证鉴定项目的检验鉴定结果，必要时结合交通事故微量物证鉴定、声像资料鉴定、法医学鉴定等结果，综合判断涉案人员、车辆、设施等交通要素在事故过程中的状态、痕迹物证形成过程及原因等，包括交通行为方式、交通信号灯指示状态、事故车辆起火原因、轮胎破损原因等。

3. 受理日期。司法鉴定机构应当自收到委托之日起 7 个工作日内作出是否受理的决定。对于复杂、疑难或者特殊鉴定事项的委托，司法鉴定机构可以与委托人协商决定受理的时间。

4. 鉴定材料。这是指用于证明案（事）件事实并被作为鉴定检验的所有物品，如事故车辆、破损轮胎、路面散落物、毛发和人体组织等，及存在于各种载体上用于分析、判断的相关信息或记录。鉴定材料包括生物检材和非生物检材、比对样本材料以及其他与鉴定事项有关的鉴定材料，具体包括道路交通事故现场图、事故现场照片、车辆信息、监控录像、行车记录仪录像、汽车行驶记录仪（VDR）、汽车安全事件数据记录器（EDR）、信号灯运行方案、病历资料（诊断证明、入院记录、出院记录或出院小结等）、影像学资料（X 线、CT、核磁等）、身份证明、损伤检验照片、尸体检验报告、尸体检验照片等。重新鉴定的应提交以往的鉴定意见书。

（1）委托人委托鉴定的，应当向司法鉴定机构提供真实、完整、充分的鉴定材料，并对鉴定材料的真实性、合法性负责。真实性是对鉴定材料的核心要求。真实的鉴定材料也是鉴定人作出准确可靠鉴定的前提条件，鉴定材料必须是真实可靠的，而不是被替换、伪造、变造、篡改过的。在民事诉讼活动中，为了防止当事人为获得有利于己方的鉴定意见而可能提供虚假的、不全面的鉴定材料，2019 年最新修正的《最高人民法院关于民事诉讼证据的若干规定》第 34 条第 1 款规定："人民法院应当组织当事人对鉴定材料进行质证。未经质证的材料，不得作为鉴定的依据。"

委托人所提交的鉴定材料必须完整、充分。所谓完整，是指在某些鉴定活动中，鉴定人需要获得与案件事实有关的、全部的、必需的鉴定材料，鉴定材料不全面、反映的信息不完整，将会影响鉴定人作出判断的准确性。所谓充分，是指在鉴定活动中，鉴定人需要获得足够多的鉴定材料才能开展鉴定，得出科学可信的鉴定意见。例如，在车架钢印号或者发动机钢印号真伪识别鉴定中，必须要求委托人提供车辆登记注册时的车架钢印号或者发动机钢印号拓印膜进行比对检验，否则将可能无法作出全面、准确、充分的鉴定意见。

对于鉴定材料的真实性、合法性，主要由委托人负责，委托人对鉴定材料的真实性、合法性负有实质审查义务，委托人应当收集、提取、保管、转送鉴定材料。鉴定机构依据不真实、不合法的鉴定材料作出鉴定意见，导致的法律后果，委托人应当承担全部责任。司法鉴定机构对于鉴定材料的真实性、合法性负有一定的注意义务，如果发现鉴定材料存在不真实、不合法的情形，应当按照《司法鉴定程序通则》第 15 条的规定，不得受理。

（2）如果认为鉴定材料不完整、不充分，不能满足鉴定需要的，可以要求委托人补充；经补充后能够满足鉴定需要的，应当受理；如果委托人拒绝补充，或者补充后仍不能满足鉴定需要的，鉴定机构不得受理该项委托。如发现鉴定材料不真实、不完整、不充分或者取得方式不合法的，司法鉴定机构不得受理。

（3）鉴定材料要以清单的形式详细列出，并根据需要对鉴定材料的特点进行如实记录和描述，注明鉴定材料的名称、种类、性状、来源、形式、数量、唯一性标识、原件或复制品，如××医院住院病历复印件（住院号××××××）×页、×号牌机动车车辆行驶证复印件（车辆识别代号×××××××××××××××××）×页。

5. 鉴定日期。实施鉴定的日期，一般是指对被鉴定对象进行勘查、检验的日期。

6. 鉴定地点。一般是指对被鉴定对象勘验、检验的地点，一般是在事故现场、事故车辆扣押保管场，如果涉及损伤检验还可能在医院、殡仪馆等地点。

7. 在场人员。一般是指在提取鉴定材料或者勘查现场、检验车辆等状况时，委托方或委托方指派的在场见证的人员。见证人员未到场的，不能开展相关鉴定活动。

二、基本案情

基本案情是对委托鉴定事项的补充和说明，主要包括案件形成的基本过程和鉴定的主要目的。案情应尽量反映被鉴定对象在何时、何地、因何原因受到损害（伤）以及鉴定的主要目的、鉴定的特殊要求。案情规范的表述，如"×年×月×日×时×分，×号牌小型轿车涉嫌在×路段与×号牌二轮摩托车发生碰撞后逃逸。为查明案件事实，××公安局交通警察支队委托鉴定机构对事发时×号牌小型轿车与×号牌二轮摩托车是否发生过碰撞进行鉴定"。

三、资料摘要

资料摘要摘录的是在分析说明中需要引用的材料。摘录时应注意以下两点：①客观摘录。摘录时如遇内容较为冗长，且部分内容与该项鉴定的分析说明无关，无关的内容可以以省略号代替，必须要忠于原文，客观摘录，不得改变原意。例如，"经DNA分型，××号牌小型轿车驾驶员安全气囊血迹与李×血样的基因型一致……"。②摘录时要注明来源、性质和唯一性标识。例如，"×××司法鉴定意见书——×××［20××］物鉴字第×××号鉴定意见摘录"。

四、鉴定过程

（一）鉴定方法

鉴定方法是鉴定标准、规范、方法的总称。交通事故痕迹物证司法鉴定常用的标准方法包括：《机动车运行安全技术条件》（GB 7258-2017）、《道路交通事故车辆速度鉴定》（GB/T 33195-2016）、《基于视频图像的车辆行驶速度技术鉴定》（GA/T 1133-2014）、《道路交通事故现场痕迹物证勘查》（GA/T 41-2019）、《道路交通事故涉案者交通行为方式鉴定》（SF/Z JD0101001-2016）、《道路交通事故痕迹物证鉴定通用规范》（SF/T 0072-2020）等。鉴定人应针对鉴定的具体要求，根据现有的鉴定材料、鉴定条件和鉴定方法，确定具体的检验方案,并选择相应的鉴定方法。如果标准方法无法满足鉴定要求,还可以选择使用非标准方法。非标准方法使用前应将其文件化,并选择有效的方法进行确认。非标准方法的使用应符合有关法律法规、实验室认可或资质认定的要求,使用前应告知委托方并得到委托方的书面同意。

(二) 检验所见

1. 车辆碰撞痕迹。按照从前向后、从下向上、从左向右的顺序对痕迹所在的部位及其长度、宽度、凹陷深度、形态,痕迹走向、物质增减、痕迹上、下边缘距离地面的高度、痕迹与车体一侧的距离等进行描述。若检验所见的痕迹是整体分离痕迹,则描述断离或者缺损,并在现场散落物被搜集的情况下,进行整体分离痕迹比对检验,同时,描述散落物与分离体的材质、颜色、厚度、断口形状等外部特征,通过拼接组合,描述散落物与分离体在分离线、分离面、分离缘及对接形态等方面是否吻合,是否能反映出两者原属同一整体的关系。

2. 车辆属性。对车辆采取何种驱动方式,驱动装置的相关参数,整备质量,车轮个数,设计制造的主要用途,是否经过加装、改装,最大设计时速,采取何种动力燃料及燃料供给系统,是否装置有专用设备或器具,外廓尺寸,车辆结构等信息进行描述。

3. 车辆安全技术状况。

(1) 制动系统。

第一,制动系统动态检验。行车制动性能检验:采用台式制动性能检验的方法,主要根据《机动车运行安全技术条件》(GB 7258-2017)及《机动车安全技术检验项目和方法》(GB 38900-2020)的相关规定对被测试车辆的制动力百分比、制动力平衡要求、车轮阻滞力、制动协调时间等相关参数进行描述。采用路试制动性检验的方法,主要根据GB 7258 及 GB 38900 的相关规定对被测试车辆在测试条件下所产生的制动距离、充分发出的平均减速度、制动稳定性、制动协调时间等相关参数进行描述。驻车制动性能检验:采用台式制动性能检验的方法,主要根据 GB 7258 及 GB 38900 的相关规定对被测试车辆在测试条件下驻车制动力的大小进行描述。采用路试制动性检验的方法,主要根据 GB 7258 及 GB 38900 的相关规定对被测试车辆在测试条件下驻车制动装置的功能进行描述。

第二,制动系统静态检验。液压制动系统:对车辆各车轮的制动器是否安装牢靠,制动器功能是否有效,制动系统中各杆件有无变形、损坏,是否与其他部件在相对位移中发生干涉、摩擦等现象,制动管路是否有渗漏,制动踏板自由行程是否正常等进行描述。气压制动系统:对车辆各车轮的制动器是否安装牢靠,制动器功能是否有效,制动系统中各杆件有无变形、损坏,是否与其他部件在相对位移中发生干涉、摩擦等现象,挂车(由轮式拖拉机牵引的装载质量 3000kg 以下的挂车除外)与牵引车脱离后是否能自行制动,挂车是否安装有储能制动装置,制动管路是否有老化、开裂、鼓包、被压扁、漏气等现象,制动总泵、分泵、制动踏板自由行程是否正常等进行描述。在 GB 7258 所规定的测试条件下进行测试,气压值是否达到 GB 7258 所规定的要求。

(2) 转向系统。

第一，转向系统动态检验：主要根据 GB 7258、《汽车操纵稳定性试验方法》（GB/T 6323-2014）、《汽车操纵稳定性指标限值与评价方法》（QC/T 480-1999）的相关规定对被测试车辆在测试条件下方向盘的转向轻便性、车辆通道圆直径、转向轮的横向侧滑量（前轴为非独立悬架的车辆）、转向轮转向自动回正能力等相关参数进行描述。

第二，转向系统静态检验：对方向盘（方向把）转动是否灵活，有无卡滞现象，是否有设置专向限位装置，转向机件与其他部件是否有干涉现象，转向节、转向臂、转向拉杆是否有裂纹、损伤、拼焊，转向球销是否有松动现象，三轮汽车、摩托车的前减震器、上下联板和方向把是否有变形和裂损现象等进行描述。

(3) 行驶系统。

第一，行驶系统动态检验：根据 GB 7258 的相关规定对被测试车辆通过平板检测台进行悬架特性检验所产生的相关数据进行描述。

第二，行驶系统静态检验：对车轮螺母、半轴螺母安装是否牢固，同一轴上的轮胎规格和花纹是否相同，轮胎规格是否符合整车制造厂的规定，轮胎是否有影响使用的缺损、异常磨损和变形，轮胎的胎壁和胎面上是否有超过 25mm 或深度是否足以暴露出轮胎帘布层的破裂和割伤，轮胎花纹深度是否符合 GB 7258 的相关规定，公路客车、旅游客车和校车的所有车轮及其他机动车的转向轮是否有装用翻新的轮胎等进行描述。

(4) 传动系统。

第一，传动系统动态检验：根据 GB 7258 的相关规定对被测试车辆在测试条件下离合器结合是否平稳，有无异响、打滑、抖动、沉重、分离不彻底等现象；变速器倒挡能否锁止，换挡是否正常，有无异响；传动轴/链有无异响、抖动；驱动桥的主减速器和差速器有无异响等进行描述。

第二，传动系统静态检验：对换挡杆及其传动部件是否与其他部件干涉，传动系统各部件连接是否正常，是否有变形或者裂纹，离合器踏板自由行程是否正常等进行描述。

(5) 车辆照明、信号装置。对被检验车辆的灯具安装是否牢靠、完好，是否安装或粘贴遮挡外部照明和信号装置透光面的护网、防护罩等装置，货车或挂车是否加装了向前行驶时向后方照射的灯具，各灯具功能是否满足 GB 7258 对车辆照明、信号装置的功能性要求，后部反光标识是否能体现后部的宽度和高度，半挂牵引车是否在驾驶室后部上方设置能体现驾驶室的宽度和高度的车身反光标识，其他货车（多用途货车除外）、货车底盘改装的专项作业车和挂车（设置有符合规定的车辆尾部标志板的专项作业车和挂车，以及旅居挂车除外）是否在后部设置车身反光标识等进行描述；对于总质量大于或等于 12 000kg 的货车（半挂牵引车除外）和货车底盘改装的专项作业车、车长大于 8.0m 的挂车及所有最大设计车速小于或等于 40km/h 的汽车和挂车，是否按照《车辆尾部标志版》（GB 25990）规定设置车辆尾部标志板，反光标识材料及粘贴是否符合《货车及挂车车身反光标识》（GB 23254）的相关要求等进行描述。

(6) 车辆间接视野装置。对被检验车辆是否按照《机动车辆间接视野装置性能和安装要求》（GB 15084）的相关要求设置间接视野装置，所安装的间接视野装置是否有污、裂、缺损痕迹，是否能满足《机动车辆间接视野装置性能和安装要求》（GB 15084）所规定的视野要求进行描述。

(7) 车辆安全防护装置。对被检验车辆侧面防护装置的前缘位置、后缘位置、离地高度，后下部防护装置的宽度、离地高度、横向构件的端部是否满足《汽车及挂车侧面和后下部防护要求》（GB 11567）的有关规定进行描述。

4. 车辆行驶速度。

（1）基于事故形态的车速鉴定。

第一，通过痕迹确定车辆与车辆、车辆与人或固定物的碰撞形态，车辆事故前后的运动状态，如汽车与汽车正面碰撞、汽车与汽车追尾碰撞、汽车与汽车直角侧面碰撞、摩托车与汽车侧面碰撞、汽车与两轮摩托车或自行车侧面碰撞、汽车与自行车追尾碰撞、汽车与行人碰撞、路外坠车、汽车碰撞固定物等。

第二，根据碰撞关系或碰撞形态，选择相适应的分析计算方法，结合现场条件选取相适应的参数，如滑动附着系数、车辆滑动距离、制动性能参数等。对于关键参数，应按以下方法依次采集：①有条件进行实车道路测试时，应采用实车道路测试；②没有条件进行实车道路测试时，应采用系数测试仪器在事故现场路段进行测量；③若上述两种方法均不具备实施条件，可根据事故车车型、道路类型、天气状况和车速范围等情况选取参考值。

第三，在进行车速鉴定时应注意计算原理、经验计算公式、推荐参数的适用条件。

（2）基于视频图像的车速鉴定。

第一，固定式视频图像：确定目标车辆在视频图像中出现的时间和位置；逐帧观察并确定目标车辆在视频图像中的运动轨迹，分析和判定目标车辆在视频图像关注区域内的速度变化规律；选取车行道分界线、人行横道分界线、路口导向线、路侧电线杆、灯杆等具有明显特征的固定物或在目标车辆上选取车辆前后端点、前后轮轮心、前后灯具端点、车窗玻璃前后端点、轮胎与地面接触点等特征位置作为参照物；逐帧播放确定视频图像的帧率和目标车辆通过参照物的帧数，计算目标车辆通过参照物所用时间。根据委托方提供的现场勘查、车辆技术参数等数据或采用人工测量、摄影测量等方法获得的补充勘查数据，确定参照距离和目标车辆的行驶距离。

第二，车载式视频图像。逐帧检测视频图像，观测视频图像的帧率 f，计算相邻两帧图像之间的间隔时间 $t=\dfrac{1}{f}$；选取车行道分界线、人行横道分界线、路口导向线、路侧电线杆、灯杆等具有明显特征的固定物作为参照物；选取视频图像的某一视角方向，确定该视角与车身的交点 O 并作为虚拟参照物；记录交点 O 沿视角方向通过两个道路环境参照物之间的图像帧数 $n=(n_1, n_2)$，其中 $n_1<n_2$；根据委托方提供的现场勘查数据或采用人工测量、摄影测量等方法获得的补充勘查数据，确定参照物距离 S'。

（3）基于 EDR 的车速鉴定。首先，对被检验车辆的车辆识别代码、车体痕迹、轮胎尺寸、安全气囊展开情况、安全带使用情况及事故现场痕迹、监控录像等检验情况进行描述。其次，根据读取出的 EDR 数据文件，对 EDR 数据文件所记录的事件次数、事件类别、上一次事件与本次事件相差的时间、点火循环次数、车辆识别代号、完整的文件记录状态、安全气囊展开情况、安全带使用情况、碰撞发生前 5 秒发动机转速情况、ABS 工作情况、ESC 车身稳定控制系统工作情况、转向情况、车辆速度情况、油门踏板踩踏情况、制动踏板踩踏情况、车身翻滚情况等进行描述。

5. 交通行为方式。

（1）现场检验。对当事人在现场的位置、姿势，当事人鞋、帽等随身穿戴物品在现场的位置，血迹、人体组织、毛发、散落物等在现场的位置、分布及形态，地面轮胎痕迹，车辆部件、人体或其他物体在地面遗留的痕迹，车辆及脱落部件、人体及人体组织等作用于电杆、树木、隔离带等物体上而遗留的痕迹，车辆在现场的位置、状态及变动情况，以上内容与车辆及相互之间的位置关系等进行描述。

（2）车辆检验。对车体碰撞痕迹及附着物，风窗玻璃损坏情况，有无血迹、毛发、纤维等附着物，方向盘、转向把的变形、痕迹及黏附的物质，安全带及其附件的痕迹及损坏情况，汽车座椅的位置及姿势，汽车座椅及其周边车内部件的痕迹及损坏情况，摩托车乘员的驾乘姿态——骑跨式或座椅式，摩托车油箱损坏变形情况，有无刮擦痕迹、附着物质，汽车气囊、气帘的展开情况，气囊、气帘表面的痕迹及附着物，油门、制动、离合器等踏板周边有无脱落的鞋等物品，踏板上有无鞋印或附着物质，汽车车内血迹的分布、形状、方向，车载事件记录装置或行驶记录仪等装置的记录信息，排挡杆、驻车制动拉杆的状态和痕迹，中央扶手箱两侧及相邻部件的变形、痕迹和附着物，涉案车辆的其他车体及车内痕迹等进行描述。

（3）对穿戴物检验。衣着颜色、款式、饰物等，衣着、手套等穿戴物的破损情况，刮擦、撕裂等痕迹及附着物质，衣着上有无安全带印痕，鞋、袜底有无油门、制动、离合器等踏板印痕，鞋底有无与地面形成的挫擦痕迹，摩托车驾乘人员有无使用头盔，以及头盔规格、损坏情况，头盔内、外有无血迹、人体组织、毛发等，乘员其他穿戴物痕迹等进行描述。

（4）人体检验。

第一，对当事人性别、身高、体重、体型、肤色、发型、发色、发长、文身、瘢痕、饰物、生理缺陷及发育畸形等体貌特征进行描述。

第二，对当事人是否具有头面部与汽车风窗玻璃、摩托车头盔作用形成的损伤，面部、颈部与气囊、仪表盘、风挡作用形成的损伤，肩部、胸腹部与方向盘、安全带、摩托车车把、后视镜、仪表盘作用形成的损伤，手、前臂与方向盘、转向把形成的损伤，汽车乘员的膝部、腿部与仪表台、转向轴立柱等车辆部件作用形成的损伤，摩托车驾乘人员的腹部、会阴部、大腿内侧与摩托车油箱等部位作用形成的损伤，摩托车驾乘人员的小腿、足与摩托车前护杠、护板、档杆等车辆部件作用形成的损伤，踝部及足部与油门、制动、离合器等踏板作用形成的损伤，乘员的其他损伤情况等进行描述。

6. 信号灯指示状态。

（1）视频图像检验。

第一，对视频的文件名、格式、帧率、创建时间、修改时间和哈希值等文件属性信息进行描述。

第二，当使用通用播放软件及摄录设备附带的专业播放软件播放视频图像，发现不能逐帧播放或拖动播放进度条时，可采用下列之一的方法进行视频图像检验，并详细描述操作过程：①采用正常播放、倍速播放和逐帧播放相结合的方法进行检验；②采用播放软件的截图工具，截取整段视频的图像序列；③在不改变视频内容的前提下，对视频图像进行转封装或转码，并校验生成文件的相关文件属性信息。

第三，对视频中的信号灯的工作情况进行描述，并选取某一信号灯作为参考信号灯。

第四，视需要，选取清晰的参考位置作为距离标定点。

第五，视需要，计算鉴定对象在视频区域内的速度。

第六，视需要，描述各相位交通流的情况。

（2）现场勘查。

第一，对现场勘查时路口交通信号的控制方式进行描述。

第二，对现场勘查时所测量的相关数据进行描述。

（3）交通信号配时。对路口的交通信号配时进行描述。

7. 轮胎痕迹。

（1）轮胎破损原因。运用痕迹检验的方法对受损轮胎胎冠的花纹深度、成色如何、损坏部位的形态特征（包括是否有明显的受尖锐物冲击刺割作用形成的豁裂口、帘布层断端切口是否整齐、延伸部位是否有撕裂特征、胎冠橡胶表面是否有冲击留下的擦痕及附着物，是否显露帘布层和钢丝的爆裂口）等进行描述。

（2）轮胎花纹痕迹。

第一，对涉案车辆轮胎的花纹形态特征（包括花纹形状，花纹块的大小、间距，沟槽深度、宽度，花纹的组合特征、沟底形态特征，轮胎在使用过程中形成的特征性损伤等）及是否有附着物（沥青、水泥、血迹、纤维等）进行描述。

第二，对现场遗留轮胎花纹印的特征类型，轮胎花纹印的几何尺寸、分布排列及与人体、血迹的相对位置等进行描述。

第三，对人体体表痕迹〔包括表皮剥脱、体表色变、创伤、畸形（骨折）、附着物、轮胎花纹印痕等〕所处的部位、几何尺寸、受力方向，特别是轮胎花纹印痕在衣物或者体表上的表现形式进行详细描述。

五、分析说明

交通事故痕迹物证司法鉴定的分析说明要点如下：

（一）车辆碰撞痕迹

根据检验的痕迹客体，对其部位的高度、形态、受力方向及物质转移附着物等方面进行同一认定比对分析。在痕迹相互印证的情况下，如需进行微量物质比对检验分析的，对检材和样本的微量物质成分进行比对检验分析，将比对分析的结果与痕迹检验结果相结合，综合多学科等科学的方法、手段分析判断车辆碰撞痕迹，作出相对应的鉴定意见。检验分析车辆与车辆、车辆与其他客体是否发生过碰撞或车辆与车辆、车辆与其他客体哪个部位发生过碰撞。

（二）车辆属性

对不同驱动方式的车辆采集相应的技术参数后进行分析，对电驱动车辆，一般依据《电动自行车安全技术规范》（GB 17761-2018）3 术语和定义及 6 安全要求相关条款，《电动轮椅车》（GB/T 12996-2012）3 术语和定义及 5 要求相关条款，《进出口电动代步车检验规程》（SN/T 1658-2013）3 术语和定义以及附录 A 相关条款来进行认定。而依据《机动车运行安全技术条件》（GB 7258-2017）3 术语和定义、常用 3.1 条款，《道路交通管理机动车类型》（GA 802-2019）3 术语和定义、常用 3.1 条款，《自行车安全要求》（GB 3565-2005）3 术语和定义、常用 3.1 条款来排除。对内燃发动机驱动的车辆，一般依据《机动车安全技术条件》（GB 7258-2017）3 术语和定义，《道路交通管理 机动车类型》（GA 802-2019）3 术语和定义和《场（厂）内机动车辆安全检验技术要求》（GB/T 16178-2011）3 术语和定义来认定，而依据《机动轮椅车》（GB 12995-2006）3 术语、定义和缩略语来排除。

对于特殊车辆，其中具有多种驱动方式的车辆，在对收集的技术参数分析时，应对出厂时和出厂后使用过程中的变化进行分析评判；对工作燃料改变的车辆，应对改变前后的区别进行分析评判；对增加驱动方式的车辆，应对增加前和增加后的区别进行分析评判；对仅外廓尺寸和结构改变的车辆，应对关键性技术参数进行分析评判。

（三）车辆安全技术状况

根据检验所见，结合相关标准，判断车辆安全装置功能是否有效，判断车辆安全装置是否符合相关标准，判断车辆是否因某个安全装置突发机械故障而引发事故。

（四）车辆行驶速度

1. 基于事故形态的车速鉴定。根据检验所见分析车辆碰撞形态，利用能量守恒方法、动量和动量矩守恒方法、运动学方法或经验公式对事故车辆的行驶速度进行分析计算。

2. 基于视频图像的车速鉴定。根据视频图像检验所见，结合现场固定参照物或车辆特征部位勘验测量数据，利用"速度——时间——位移"公式对被鉴定车辆的行驶速度进行分析计算。

3. 基于 EDR 的车速鉴定。

（1）根据事故过程和碰撞形态，结合 EDR 数据使用说明，确认记录数据与时间的关联性和准确性。例如，某事故车辆的 EDR 数据中记录了 3 次事件及其对应的数据，鉴定时必须要分析确认本次调查时间是 3 次事件中的哪一次事件，对应的是 3 组数据中的哪一组。数据确认可以通过 EDR 数据中的以下信息进行：①事件对应的点火周期与调查时的点火周期；②相邻事件触发记录时间间隔；③气囊释放状态；④锁定事件/非锁定事件；⑤乘员占位信息中的安全带使用情况；⑥档位信息；⑦可以反映事件情况的其他信息。

（2）根据 EDR 数据中记录的事故车辆在碰撞发生前 5 秒发动机转速情况、ABS 工作情况、ESC 车身稳定控制系统工作情况、转向情况、车辆速度情况、油门踏板踩踏情况、制动踏板踩踏情况、车身翻滚情况等信息综合分析事故发生前采取避险措施瞬间的车辆速度。

（五）交通行为方式

1. 汽车的驾乘关系。汽车乘员驾乘关系的判断可以从以下方面入手：

（1）根据不同的事故碰撞形态、运动关系，车内人员会形成不同的碰撞结果，其在车内驾驶座位置或驾驶座以外位置所形成的碰撞现象因周边环境不同而形成的损伤及体表痕迹也会有所不同。

（2）根据车辆前后风窗比例及左右车门玻璃的损坏情况，分析是与硬物碰撞形成还是与软性客体（如人体）碰撞形成，并结合人员体表痕迹及损伤进行判断。

（3）根据各座位上安全带痕迹及锁止情况，分析各座位上的当事人是否使用了安全带，气囊是否起爆，并结合车内人员的不同体表痕迹及损伤进行判断。

（4）根据驾驶座周边部件（如方向盘等）及其他座位周边部件是否异常损坏和留有撞击印痕及附着物，结合车内人员的不同衣着及特征性损伤进行比对判断，必要时对微量物证进行检验比对。

（5）根据勘验搜集的各座位周边附着的血迹、毛发和人体组织物，结合车内人员不同部位的痕迹及损伤形态特征进行判断，必要时与当事人进行 DNA 检验分析比对。

（6）根据在第一现场查找到的各座位周边的遗留物（手机、鞋等个人物品），确认其所有人。

（7）根据各车门、车窗的变形、锁闭情况，分析车内人员的撤离、抛甩条件。对于已经被抛甩出车外的人员，应再结合原始现场人、车的相对位置进行判断。

2. 摩托车的驾乘关系。摩托车乘员驾乘关系的判断可以从以下方面入手：

（1）根据摩托车正面碰撞事故的碰撞对象及碰撞形态，分析碰撞时的减速度或加速度，以及摩托车车上人员不同的运动轨迹；依据被碰撞车、物上的痕迹和各人不同的着地位置，结合人体体表痕迹及损伤，判断摩托车车上人员事发时在车上所处的位置。

（2）摩托车正面碰撞事故中，应根据碰撞对其前后座人员所形成的不同损伤进行分析。前座人员除头面部（或头盔）直接在碰撞中形成损伤外，其胸腹部和顶枕部、腰背部往往又会与所驾车辆的驾驶操纵部件以及和后座人员身体碰撞形成特征性损伤；此时，后座人员因前方人员的遮挡，通常较少发生摩托车部件作用形成的特征性损伤。

（3）对于摩托车侧面被其他车辆碰撞的事故，应在确认两车具体碰撞部位的基础上，区分摩托车车上人员是否受到了直接碰撞的作用以及可能导致的不同受伤情况。对于摩托车前后座脚踏高度不同的情况，可以根据受伤人员直接撞击伤的位置高度来鉴别判断。

（4）对于踏板式摩托车，可根据前后座人员下肢、会阴区所处的位置及其接触物的不同，分析不同的损伤机理。前座驾驶人两腿之间无异物，且处于相对隐蔽位置；后座骑跨式座位的乘坐人的腿部则比较暴露，碰撞或倒地时下肢和会阴部的内侧往往都会形成骑跨式损伤痕迹。

（5）应注意摩托车驾驶人在事故碰撞、倒地过程中，其上肢和手容易形成的特征性损伤（如虎口、大鱼际擦挫伤、腕关节脱位或尺、桡骨下段骨折等）。

（6）应注意摩托车车上人员衣裤的损坏和车辆表面附着物特征，并以此为依据区分事发时摩托车上人员所处的位置。

3. 自行车的驾乘关系。自行车乘员驾乘关系的判断可以从以下方面入手：

（1）根据自行车正面碰撞事故的碰撞对象及碰撞形态，分析方法类似于摩托车，但自行车相较于摩托车缺乏动力，所发生的交通事故现象与摩托车亦有所区别，进行分析时应充分考虑车速、动力、自身重量等因素的影响。

（2）自行车正面碰撞事故中，应根据其前后座人员的不同损伤进行分析。前座人员的损伤特征以正面直接撞击伤，特别是头面部及四肢前侧为主，后座乘坐人员的损伤则以随自行车倒地摔跌形成的损伤为主。

（3）对于自行车侧面被其他车辆碰撞的事故，应在确认两车具体碰撞部位的基础上，区分自行车车上人员是否受到了直接碰撞以及可能形成的不同受伤情况。对于自行车前后座脚踏高度不同的情况，可根据受伤人员直接撞击伤的位置高度来鉴别判断。

（4）应注意自行车驾驶人在事故碰撞、倒地过程中，其上肢和手是否形成了特征性损伤（如虎口、大鱼际擦挫伤、腕关节脱位或尺、桡骨下段骨折等）。

4. 自行车的骑推行状态。自行车骑推行状态的判断可以从以下方面入手：

（1）当事人是否具有骑跨状态的损伤特征：双下肢内外侧均有损伤或体表痕迹，其中，外侧呈现一侧为直接撞击伤、另一侧为摔跌伤，而内侧通常为在摔跌过程中与自行车部件接触形成的擦、挫伤。

（2）可根据绝大多数自行车当事人推车时习惯位于自行车左侧的情况（特殊情况除外）及与其他车辆的碰撞形态，分析两车间是否存在直立的当事人。如果自行车同侧前后部均有碰擦痕迹，则说明当事人呈骑跨状态的可能性比较大。

（3）当事人下肢直接撞击形成的损伤位置偏低，与造成其损伤的汽车保险杠距地高度有偏差，可以考虑碰撞时其脚位于自行车踏板上的可能性。

（4）当事人处于推行状态时可与推行的车辆发生碰撞产生相应的损伤、痕迹。

5. 行人的体位或姿态的判断可以从以下方面入手：

（1）根据肇事车辆的痕迹高度来判断被撞人体的高度，以判断其是直立、蹲踞还是躺卧。

（2）根据当事人的损伤，结合碰撞或摔跌特征来判定其是直立、蹲踞还是躺卧。

（3）根据事故现场人、血迹和车的相对位置来判定其是直立、蹲踞还是躺卧。

（六）信号灯指示状态

1. 根据视频中的起始时刻和其他信号灯状态，结合交通信号配时，通过分析计算，判断起始时刻目标交通信号灯的状态。

2. 根据视频中鉴定对象处于参考位置的时刻和其他信号灯状态，结合参考位置与起始位置间的距离、鉴定对象在视频区域内的速度和交通信号配时等内容，通过分析计算，判断起始时刻目标交通信号灯的状态。

（七）轮胎痕迹

1. 轮胎破损原因。根据胎冠花纹的深度、轮胎成色、损坏部位的形态特征（包括是否有明显的受尖锐物冲击刺割痕迹的豁裂口、帘布层断端切口是否整齐、延伸部位是否有撕裂特征、胎冠橡胶表面是否有冲击留下的擦痕及附着物、破口处是否有被烘烤特征），进一步分析造成轮胎瘪气、失压的原因。一般来说，如果破口处有被烘烤特征的破口属于自然爆裂形成的破口，主要是由于超速、超载、运距长、轮胎生热大、胎温过高而导致帘布层剥离、熔断帘线爆破。如果轮胎成色较好，胎冠花纹的深度符合相关规定，胎冠断口呈"I""X""Y"形裂开，胎冠部分帘布层和钢丝显露，有内胎的内胎同时出现相似破口，一般可考虑为受异物碰撞、勾挂等方式形成。

2. 轮胎花纹痕迹。将提取到的轮胎痕迹与实验样本进行比较，根据轮胎花纹形状、花纹块大小、花纹组合特征、花纹间距、花纹分布关系等花纹特征的吻合程度，来确定被检轮胎痕迹是否为涉案车辆轮胎所遗留。

六、鉴定意见

鉴定意见是鉴定人对委托鉴定事项所作出的直接回答，对于没有委托鉴定的事项，鉴定人是不能发表意见的。《司法鉴定文书规范》对于鉴定意见是这样规定的：应当明确、具体、规范，具有针对性和可适用性。

根据具体痕迹检验情况的不同，鉴定意见包括认定、否定、不确定的鉴定意见。

1. 得出认定的鉴定意见，应满足以下要求：①同一性鉴定，造痕客体与承痕客体间痕迹特征符合点具有特定性，能够反映客体间空间对应关系、客体间相对运动关系，并且差异点能够得到合理解释；②种属鉴定，痕迹特征与某种类属性特征的符合点具有特定性，并且差异点能够得到合理解释；③综合鉴定，痕迹特征比对能够相互印证，综合分析符合客观事实。

2. 得出否定的鉴定意见，应满足以下要求：①同一性鉴定，造痕客体与承痕客体间痕迹特征没有符合点，或部分符合点不能得到合理解释；②种属鉴定，痕迹特征与某种类属性特征没有符合点，或部分符合点不能得到合理解释；③综合鉴定，痕迹特征比对不能相互印证，综合分析不符合客观事实。

3. 得出不确定的鉴定意见，应满足以下要求：①造痕客体与承痕客体间痕迹特征或者痕迹特征与某种类属性特征有符合点，但部分符合点存在其他可能性或者部分差异点可以合理解释；②造痕客体与承痕客体间痕迹特征或者痕迹特征与某种类属性特征有差异点,但部分差异点不能得到合理解释。

鉴定意见的表述:

1. 一般要求:车体痕迹鉴定可参照《法庭科学车体痕迹检验规范》(GA/T1450)的有关意见的表述;轮胎痕迹鉴定可参照《法庭科学车辆轮胎痕迹检验技术规范》(GA/T1508)的有关意见的表述;机动车发动机号码和车架号码鉴定可参照《法庭科学机动车发动机号码和车架号码检验规程》(GA/T952)的有关意见的表述。

2. 认定的鉴定意见:

(1) 同一性鉴定的鉴定意见包括但不限于以下表述:①客体 X 的某个部位与客体 Y 的某个部位发生过碰撞可以成立;②客体 X 与客体 Y 是同一整体所分离;③客体 X 的某痕迹是客体 Y 所遗留或形成。

(2) 种属鉴定的鉴定意见包括但不限于以下表述:客体 X 的某痕迹具有客体 Y 所形成的特征。

(3) 综合鉴定的鉴定意见包括但不限于以下表述:客体 X 碰撞时位于客体 Y 上某处可以成立。

3. 否定的鉴定意见:

(1) 同一性鉴定的鉴定意见包括但不限于以下表述:①可以排除客体 X 与客体 Y 发生过碰撞的可能性;②未检见客体 X 与客体 Y 存在发生过碰撞的痕迹;③不能认定客体 X 与客体 Y 发生过碰撞;④客体 X 与客体 Y 不是同一整体所分离;⑤客体 X 的某痕迹不是客体 Y 所遗留或形成。

(2) 种属鉴定的鉴定意见包括但不限于以下表述:客体 X 的某痕迹不具有客体 Y 所形成的特征。

(3) 综合鉴定的鉴定意见包括但不限于以下表述:客体 X 碰撞时未位于客体 Y 上某处。

4. 不确定的鉴定意见:不确定的鉴定意见包括但不限于以下表述:

(1) 不能排除客体 X 的某个部位与客体 Y 的某个部位发生过(或者未发生过)碰撞的可能性。

(2) 不能排除客体 X 与客体 Y 是(或者不是)同一整体所分离的可能性。

(3) 不能排除客体 X 的某痕迹是(或者不是)客体 Y 所遗留或形成的可能性。

(4) 不能排除客体 X 碰撞时位于(或者未位于)客体 Y 上某处的可能性。

七、附件

司法鉴定文书附件应当包括与鉴定意见、检验报告有关的关键图表、照片等以及有关音像资料、参考文献等的目录。附件是司法鉴定文书的组成部分,应当附在司法鉴定文书的正文之后。

八、落款

由司法鉴定人签名,并写明司法鉴定人的执业证号,同时加盖司法鉴定机构的司法鉴定专用章，并注明文书制作日期等。落款应当与正文同页，不得使用"此页无正文"字样。

九、附注

对司法鉴定文书中需要解释的内容，可以在附注中作出说明。例如，在鉴定文书中引用专业名词，该专业名词不为人所熟悉或理解的，可以在附注中予以说明，以达到鉴定所涉及当事人对鉴定意见充分理解的目的。

任务二　交通事故痕迹物证司法鉴定意见书的范例

×××司法鉴定中心司法鉴定意见书

×××司鉴中心［20××］×鉴字第××号

（司法鉴定专用章）

一、基本情况

委托人：××市公安局交通警察大队

委托鉴定事项：对××号牌小型轿车（甲车）与无号牌人力三轮车（乙车）是否发生过碰撞进行鉴定

受理日期：20××年××月××日

鉴定材料：1.××市公安局交通警察大队委托书原件（共×页）

2. 委托方提供的道路交通事故现场图复印件（共×页）、现场照片（共×页）、车辆痕迹检验照片（共×张）、×××司法鉴定中心司法鉴定意见书（×××［20××］×鉴字第××号）复印件（共×页）

3. ××号牌小型轿车（甲车）、无号牌人力三轮车（乙车）

鉴定日期：20××年××月××日

鉴定地点：事故现场、××停车场

在场人员：×××、×××

二、基本案情

20××年××月××日××时××分，××市公安局交通警察大队接到报警称：有一名女性韩×及其驾驶的无号牌人力三轮车（乙车）在府前路××路段发生事故。经排查，××号牌小型轿车（甲车）存在肇事嫌疑，该车于事发后被查获。甲、乙两车均停放于××停车场。根据事故调查需要，20××年××月××日，××市公安局交通警察大队委托鉴定机构对甲、乙两车是否发生过碰撞进行鉴定。

三、资料摘要

×××司法鉴定中心司法鉴定意见书（×××［20××］×鉴字第××号）：经微量物证鉴定，甲车前保险杠右前角车体漆片与乙车货厢尾板后侧面中部附着疑似银色油漆，属于同种类物质。

四、鉴定过程

（一）鉴定方法

根据《道路交通事故痕迹鉴定》（GA/T 1087-2021）、《道路交通事故现场痕迹物证勘查》（GA/T 41-2019）及《道路交通事故痕迹物证鉴定通用规范》（SF/T 0072-2020）有关条款及检验方法，对甲、乙两车的痕迹进行检验，并结合道路交通事故现场图所示情况及委托方提供的其他鉴定材料，作出鉴定意见。

（二）检验所见

1. 事故现场：事故现场位于府前路××路段西向东方向道路（图1），该路段为沥青路面，天气晴，路面干燥。以南侧路边的路灯杆（编号为×××123）为基准点、由西向东方向道路的南侧路缘为基准线，乙车大体呈头南尾北，位于基准点东北侧第二车道位置，前轮中心距基准点7.3m，距基准线3.9m。当事人韩×已送医院。

2. 甲车：甲车为一辆银色"捷达"小型轿车（图2），车辆识别代码为L×××××××××××××××。①前车牌右侧保险杠距车体右侧缘34cm~38cm、距地高37cm~44cm部位见纵向刮擦痕迹和黑色物质附着。②前保险杠右侧距车体右侧缘4cm~30cm、距地高46cm~55cm见凹陷变形痕迹，其中见两横向平行状边棱a和b、间距约3cm，两纵向平行状边棱为c和d、间距约3cm，a和c、b和d交汇处的夹角呈直角状。③前保险杠距车体右侧缘3cm~22cm、距地高51.5cm~53cm见减层刮擦，并有油漆剥脱。

3. 乙车：乙车为一辆无号牌人力三轮车（图3），车架号码为××××××××××××××××。①该车左后轮胎的胎面宽3cm，胎面内侧与货厢的距离为3cm~4cm。②货厢后部下缘距地高约46cm，货厢边缘为长方形状金属条，宽度约为3cm。③货厢尾板后侧面见两水平状的刮擦痕迹及加层银色物质附着，距地高分别为51.5cm、53cm。

五、分析说明

1. 根据甲车前车牌右侧保险杠处纵向刮擦痕迹和黑色附着物的高度、宽度、形态，以及有黑色物质附着的状况，结合乙车左后轮胎的胎面宽度、形态、材质，两者痕迹部位加、减层痕迹的物质转移关系和颜色特征相符，上述痕迹应系甲车前车牌右侧保险杠处与乙车后轮发生碰撞所形成。

2. 根据甲车前保险杠右侧凹陷处横向边棱a、b与纵向边棱c、d的高度、间距、形态，结合乙车货厢下边缘长方形金属条位置的高度、宽度、形态，两者上述部位痕迹相符，上述痕迹应系甲车前保险右侧凹陷处与乙车货厢下边缘长方形金属条处发生碰撞所形成。

3. 根据甲车前保险杠油漆剥脱处痕迹的高度、间距、形态与乙车货厢尾板后侧面处两水平状刮擦痕迹的高度、间距、形态相符，且加、减层痕迹的物质转移关系和颜色特征相符，结合×××司法鉴定中心司法鉴定意见书（×××［20××］×鉴字第××号）的微量物证鉴定"甲车前保险杠右前角车体漆片与乙车货厢尾板后侧面中部附着疑似银色油漆，属于同种类物质"情况分析，上述痕迹应系甲车前保险右侧与乙车货厢尾板后侧面处发生碰撞所形成。

综上分析，根据甲车前部痕迹与乙车尾部痕迹可以形成互为承痕客体与造痕客体之间的关系（图4），结合×××司法鉴定中心司法鉴定意见书（×××［20××］×鉴字第××号）的微量物证鉴定情况分析，可以认定甲车正面与乙车尾部发生过碰撞成立。

六、鉴定意见

××号牌小型轿车（甲车）正面与无号牌人力三轮车（乙车）尾部发生过碰撞成立。

司法鉴定人：×××
《司法鉴定人执业证》：××××××××××
司法鉴定人：×××
《司法鉴定人执业证》：××××××××××

20××年××月××日
（司法鉴定专用章）

七、附件

1. 道路交通事故现场图、车辆勘验照片。
2. 司法鉴定许可证、司法鉴定人执业证。

附件1：

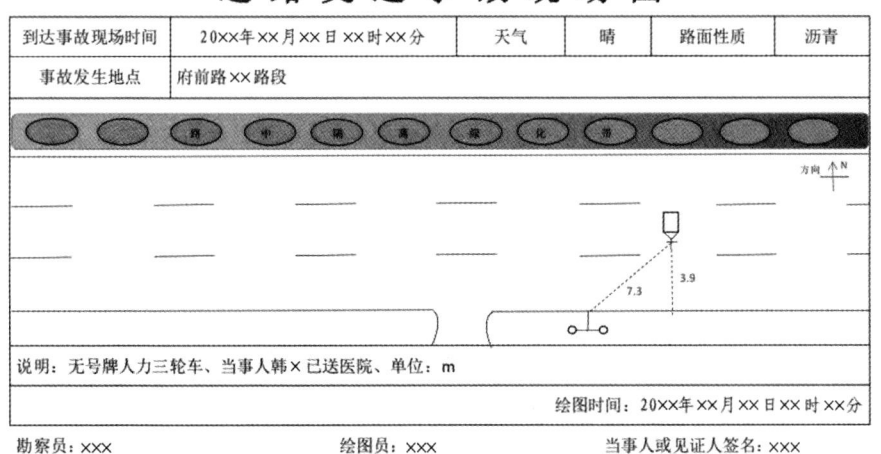

图1　道路交通事故现场图

图2 甲车前部痕迹状况

图3 乙车尾部痕迹状况

图 4　甲车正面与乙车尾部碰撞痕迹比对状况

附件 2：司法鉴定许可证、司法鉴定人执业证（略）。

任务三　技能训练

一、训练目的

熟悉司法鉴定意见书的格式，掌握交通事故痕迹物证司法鉴定意见书的制作方法和技巧。

二、训练内容

根据案例资料制作交通事故痕迹物证司法鉴定意见书。

1. 委托鉴定事项：鉴定××号牌二轮摩托车（甲车）与××号牌小型轿车（乙车）是否发生过碰撞。

2. 案例资料：20××年××月××日××时××分许，××号牌二轮摩托车（甲车）行驶至×××国道×××路段发生交通事故，造成驾驶员死亡、车辆损坏的交通事故。经排查，××号牌小型轿车（乙车）存在肇事嫌疑，该车于事发后被查获。甲、乙两车均停放于××停车场，该停车场为露天环境。

×××司法鉴定中心司法鉴定意见书（×××［20××］×鉴字第××号）：经微量物证鉴定，甲车左侧脚踏处橡胶与乙车右前翼子板处附着的黑色物质属于同种类物质。

3. 鉴定过程。

（1）鉴定方法。根据《道路交通事故痕迹鉴定》（GA/T 1087-2021）、《道路交通事故现场痕迹物证勘查》（GA/T 41-2019）及《道路交通事故痕迹物证鉴定通用规范》（SF/T0072-2020）有关条款及检验方法，对甲、乙两车的痕迹进行检验，并结合道路交通事故现场图所示情况以及委托方提供的其他材料，作出鉴定意见。

（2）检验所见。

第一，甲车（红色"××牌"普通二轮摩托车，车架号码：××××××××××××××××）痕迹检验：①该车左侧手柄向前弯折，距地高87cm~99cm处的左侧手柄和手把外端部均见由前向后形成的刮擦痕迹。②左前减震器螺母前部距地高28cm~31cm处见疑似绿色物质加层附着。③换挡杆前部向后下弯折，左侧橡胶脚踏向后上弯折且外端部距地高30cm~

37cm 处见由前向后形成的减层刮擦痕迹。

第二，乙车（绿色"××牌"小型轿车，车辆识别代码：×××××××××××××××）痕迹检验：①该车右后视镜镜壳右侧端距地高 92cm～95cm 处缺失损坏。②前保险杠右侧卡扣边缘距地高 27cm～30cm 处见减层刮擦痕迹。③右前门及右前翼子板距地高 35cm～37cm 处见刮擦痕迹，并有黑色物质加层附着。

（3）分析说明。①将甲车左侧车把处痕迹与乙车右后视镜镜壳的痕迹，从部位、高度、类型及形态等方面比对、分析，两者上述部位痕迹吻合，可以形成互为承痕客体与造痕客体之间的关系。②将甲车左前减震器螺母处的痕迹与乙车前保险杠右侧卡扣边缘处痕迹，从部位、高度、类型及形态、加减层及物质转移关系等方面比对、分析，两者上述部位痕迹吻合，可以形成互为承痕客体与造痕客体之间的关系。③将甲车左侧橡胶脚踏板处痕迹与乙车右前门及右前翼子板处痕迹，从部位、高度、类型及形态、加减层及物质转移关系等方面比对、分析，结合×××司法鉴定中心司法鉴定意见书（×××［20××］×鉴字第××号）的微量物证鉴定分析，两者上述部位痕迹吻合，可以形成互为承痕客体与造痕客体之间的关系。综上所述，甲车左侧部与乙车右侧部发生过碰撞可以成立。

三、训练要求

根据上述给定材料，按照交通事故痕迹物证司法鉴定意见书的写作要求和方法，制作一份交通事故痕迹物证司法鉴定意见书。

四、训练评价

通过训练，根据学生交通事故痕迹物证司法鉴定意见书文书写作情况，分析其能否按照规范进行写作、表达是否准确、内容是否完整等并进行综合评价。

项目四 微量物证司法鉴定意见书

学习目标

知识目标：了解和熟记微量物证司法鉴定意见书的写作要求。
能力目标：掌握微量物证司法鉴定意见书的写作方法。

内容结构

任务一：微量物证司法鉴定意见书的制作要求。
任务二：微量物证司法鉴定意见书的范例。
任务三：技能训练。

知识要点

微量物证是一切量小体微，以其存在状况、外部特征及其品质和性能来证明案情的客观事实的物质。它除了具有物证客观性、特定性和间接性的基本特征外，还具有量小体微、不易毁灭、出现概率高、多样性、依附性、隐蔽性、易被污染和丢失、分离性和不完整性以及必须运用先进技术手段检验等特点。微量物证司法鉴定运用物理学、化学和仪器分析等方法，通过对有关物质材料的成分及其结构进行定性、定量分析，对检材的种类、检材和嫌疑样本的同类性和同一性进行鉴定。微量物证司法鉴定的鉴定项目包括：爆炸物和射击残留物分析，高分子材料物证分析，油类、涂料物证分析，泥土、金属、玻璃物证分析，文书材料物证分析等。

任务一　微量物证司法鉴定意见书的制作要求

一、基本情况

1. 受理鉴定委托的要求。微量物证鉴定大多数情况下是基于办案需要而进行，在诉讼活动中司法鉴定委托人必须是公、检、法等司法机关，司法鉴定机构只能接受办案机关的委托，而不能接受当事人的委托；微量物证司法鉴定应当由司法鉴定机构作为被委托方统一接受司法机关委托，而不能由司法鉴定人作为被委托方直接进行鉴定。

2. 委托鉴定事项。微量物证司法鉴定委托鉴定事项一般分为以下几个方面：

（1）爆炸残留物分析鉴定。爆炸残留物是爆炸装置以及爆炸后的残留物，包括残留微量炸药及分解产物、炸药包壳、包装及盛装物残片、引爆装置残片、发火能源残片及添加物等。按照用途不同，将炸药分为三类：起爆药（雷汞、叠氮化铅、斯蒂酚酸铅、特屈拉辛）、猛炸药（梯恩梯、太安、黑索金）、火药（黑火药、消化纤维素、硝化甘油），同时存在易燃易爆的气体（氢气、一氧化碳、乙炔）和固体（红磷、硫磺、面粉、纤维、粉尘）。可根据炸点特征、爆炸形成的烟痕、火焰、声响和气味以及残留物的分布规律对爆炸装置的构造、炸药的种类和成分、引爆的方式方法进行分析和检验，这可为查明有关爆炸的事实提供依据，为查找爆炸物的来源提供线索。通常采用气相色谱法、气质联用色谱法、高效液相色谱法对爆炸残留物的成分进行检验。

（2）射击残留物分析。射击残留物是指枪支射击后残留的物质。由于子弹中含有推动子弹发射的发射药和用来引燃弹壳中发射药的击发药，所以射击残留物包括发射药残留物、击发药残留物以及弹头与枪管之间摩擦产生的金属残留物。射击时火药燃烧后产生气体以及未燃烧的火药颗粒，通过物理、化学方法检验，可确定残留物的成分及其含量，可根据弹孔和嫌疑人周围射击残留物的种类、数量、分布范围、密度、色泽深浅确定射击的距离、出口和入口，确定子弹的种类和犯罪嫌疑人是否发射过嫌疑枪支。射击残留物检测可以利用X射线能谱仪—扫描电子显微镜法、气相色谱法、气质联用色谱法、高效液相色谱法。

（3）纺织纤维分析鉴定。纤维的直径为几微米或几十微米，长度比直径大几百倍甚至几千倍。根据纺织纤维的来源分为天然纤维（棉、麻、蚕丝）和化学纤维（涤纶、锦纶、腈纶、氨纶），根据纺织纤维的化学组成分为纤维素纤维（粘胶纤维）、蛋白质纤维（羊毛、兔毛、蚕丝）和合成纤维（腈纶、维纶）。纤维鉴定是对纤维的种类和异同的鉴定、识别，用纤维和纱线织得的织物广泛应用于日常生活中，容易在物体接触时发生转移，常作为犯罪遗留物证出现，如现场遗留的手套、布块、作案工具上的衣物纤维等。通过对纤维的燃烧性、光学性和溶解性以及纤维上的染料进行分析，可确定纤维的种类及可能的来源，为侦查提供线索，为查明案件有关事实提供依据。对纤维的定性分析方法主要有显微镜法、红外光谱法、裂解气相色谱法、高效液相色谱法。

（4）塑料、橡胶分析鉴定。在犯罪现场经常遇到与案件有关的各类塑料、橡胶检材，如交通肇事后留下的轮胎胶渣、塑料灯罩碎片、保险杠碎片，爆炸现场的雷管、导线、命案现场使用的捆绑物、胶布等。塑料以树脂为主要原料，加入或者不加入助剂，在一定条件下加工为成型的制品。常见的塑料有聚乙烯（PE）、聚氯乙烯（PVC）、聚苯乙烯（PS）、聚四氟乙烯（PTFE）、环氧树脂（EP）。橡胶在助剂的作用下经过硫化、塑炼和加工制成橡胶制品。未经硫化的橡胶称为生胶，经过硫化的橡胶称为硫化橡胶或熟胶，在日常生活中常见的橡胶都是硫化胶，如丁苯橡胶（SBR）、聚丁二烯橡胶（BR）、聚异戊二烯橡胶（IR）。塑料和橡胶具有塑性、弹性、溶解性、老化性和燃烧性，根据燃烧的气味、火焰根部的颜色和燃烧的难易程度可以大致判断塑料和橡胶的类别。同时，塑料和橡胶检材中树脂的分子结构中含有不同的官能团，在红外区有特征吸收峰，因此，通过红外光谱法可以对塑料和橡胶的种类进行区分鉴定。由于塑料和橡胶属于高分子材料，可经过裂解气相色谱将其裂解成小分子，能得到较好的裂解色谱图，可用于塑料或橡胶检材与样品的比对。

（5）泥土分析鉴定。泥土的检验主要针对泥土中的固相物质，包括其中的无机成分和有机成分。无机成分是构成泥土的主要物质，包括石英、白云母、闪角石、伊利石和高岭石等；有机成分主要是动植物和微生物的残体、分泌物、排泄物以及工农业中的有机废料，主要包括碳水化合物、含氮化合物、脂溶性物质以及木质素等。我国根据泥土的粒级将泥土颗粒分为石块、石砾、砂砾、粉粒、粘粒和胶粒六个粒级。对泥土的检验主要通过重量测量法、原子发射光谱法、扫描电镜—X射线能谱法、气相色谱法、红外光谱法和化学分析法来分析泥土粒度性状、分布情况、土壤酸碱度、元素组成以及含量。

（6）金属分析鉴定。金属是在各类案件中时常出现的物证，金属通常以颗粒或粉末状附着物和金属制品形式作为检验对象，微量金属附着物的检验能提高所附着客体的证据价值，为侦查破案提供线索，如盗窃案件中的工具、凶器，爆炸案件中的金属包装物等。金属分为黑色金属与有色金属，黑色金属包括铁、铬和锰以及它们形成的合金，有色金属包括钠、钾、铜、锌和汞等。金属具有良好的延展性和机械性，良好的导电和导热性，熔点较高，但是易被氧化。金属的检验首先要用肉眼和放大镜在不同的光照下观察金属的光泽、颜色和外观形貌，并借助立体显微镜观察断口的颜色和形态，从而确定金属碎片的形成方式；也可利用电子显微镜对引起金属断口的应力、金属的热处理方式进行推断，目前多采用扫描电镜—X射线能谱法进行金属元素的定性定量分析。

（7）油脂分析鉴定。油类物证以液体油、油斑痕、油污的形式存在，在纵火、焚尸、盗窃、交通肇事和命案现场可发现各种油渍斑痕，在物证分析中最常见的是矿物油和动植物油。对油类物证进行分析比对和同一认定，有助于查明案件事实和真相。动植物油脂的主要成分是高级脂肪酸甘油酯，可水解成游离的脂肪酸和甘油。动植物油脂经过氧化和水解，会产生酸臭气味，这一过程称为酸败。由于动植物油脂含有不饱和脂肪酸，双键易发生加氢反应生成饱和脂肪酸，可提高其氧化稳定性。矿物油的主要成分是各种烷烃、环烷烃、芳香烃，如汽油、煤油、柴油，由于沸点低、易燃烧，常被用作纵火剂。对于油类物证检材，最常见的分析方法是气相色谱法，需进行衍生化处理后再进样分析。

（8）涂料分析鉴定。涂料又称油漆，按外观分类可分为清漆和色漆，按形态分为溶剂型涂料、水溶性涂料、粉末涂料和辐射固化涂料。涂料主要由主要成膜物质（油脂和树脂）、次要成膜物质（颜料）、辅助成膜物质（助剂）和溶剂（醇、酯、酮）组成。许多案件中，物体受到破坏时，表面的油漆会脱落并黏附到有关的人或物上，这是重要的物证来源。通过对油漆的鉴定可确定油漆的种类及不同地点得到的油漆是否为同种类、是否可能来源于同一物体，为确定侦查方向、侦查范围和证明案件有关事实提供依据。检验油漆的异同可从其外观开始，检验油漆的颜色和分层情况。外观检验需用肉眼和放大镜、显微镜观察涂料碎片的光泽、漆皮层次、各层颜色和边缘断面情况，后借助红外光谱法检验涂料的主要成膜物质，从而鉴别涂料的种类。

（9）纸张物证分析。纸张常作为各种信件、证书、契约、遗书等字迹和印章的载体或者以伪钞及包装物的形式出现在犯罪现场，是重要的物证。纸张的主要成分是纤维、纸浆、胶料、填料和色料，其中纤维包括植物纤维原料（纤维素、半纤维素、木素）和非植物纤维原料（合成纤维、玻璃纤维、金属纤维、碳纤维等）。对纸张的检验方法有外观检验、物理特性检验、显微镜检验植物纤维形态、微量化学检验纸浆和胶料以及光谱法。

委托人在委托鉴定时，应尽可能明确微量物证范围，提供详细的案情。委托鉴定事项的表述应与微量物证鉴定的项目相对应，委托鉴定可简单表述为"对××进行××鉴定"。有特殊的委托鉴定要求时，需要在委托鉴定事项中说明。例如，委托人要求结果定量时，可表述为"对××进行××鉴定，并对检出的成分定量"。

3. 受理日期。司法鉴定机构应当自收到委托之日起7个工作日内作出是否受理的决定。对于复杂、疑难或者特殊鉴定事项的委托，司法鉴定机构可以与委托人协商决定受理的时间。

4. 案情摘要。它可以说明案件的时间、地点、大致情节及鉴定要求。例如，××年×月×日，×市×区×路×段发生一起涉车危害公共安全案件，车辆逃逸，现场发现并提取可疑漆片。后续侦查发现4辆嫌疑车辆，其中1辆为涉案车辆，要求对案发现场提取的可疑黑色漆片与嫌疑车辆提取的黑色漆片样本进行比对。

5. 鉴定材料。鉴定材料是鉴定人开展鉴定活动的物质基础，是鉴定意见赖以产生的基础。微量物证的鉴定材料多种多样，包括爆炸物、射击残留物、衣物纤维、塑料、橡胶、矿物油、动植物油、油漆、玻璃、陶瓷、砖瓦、水泥、砂砾、金属、纸张、墨水、粘合剂、植物纤维等。

6. 鉴定日期。鉴定日期是指开始文证审核的时间，司法鉴定机构应当自司法鉴定委托书生效之日起 30 个工作日内完成鉴定。鉴定事项涉及复杂、疑难、特殊技术问题或者鉴定过程需要较长时间的，经本机构负责人批准，完成鉴定的时限可以延长，延长时间一般不得超过 30 个工作日。

7. 鉴定地点。鉴定地点多在鉴定机构内。

二、检验过程

检验方法：

1. 物理法检验。物理法检验主要是对物证进行外观形态（表面形态、色泽）和物理性质（密度、荧光）的检验。所用的仪器主要有放大镜、显微镜、密度计、紫外灯等。

2. 化学法检验。化学法检验是对物证的化学性质进行检验，主要有燃烧法、染色法、沉淀法和气室法。

检验仪器：主要有色谱类仪器和光谱类仪器两大类。色谱类仪器主要有气相色谱仪和高效液相色谱仪，光谱类仪器主要有紫外可见光谱仪、红外光谱仪、荧光光谱仪、原子发射光谱仪。此外，扫描电子显微镜、能谱仪、质谱仪等也是常用的大型理化分析仪器。

三、检验结果

根据仪器分析，给出检验结果，一般表述为"送检检材×××与送检样本×××种类相同，成分无显著差异""送检检材×××与送检样本×××的成分有差异""送检的检材中检出×××、×××成分"。

四、落款

司法鉴定意见书由司法鉴定人签名，并写明司法鉴定人的执业证号，同时加盖司法鉴定机构的司法鉴定专用章，并注明文书制作日期等。

五、附件

附件是司法鉴定文书的组成部分，应当附在司法鉴定文书的正文之后。

微量物证司法鉴定附件的主要内容包括：

1. 关键图表。

2. 照片。

3. 参考文献的目录。

六、附注

对司法鉴定文书中需要解释的内容，可以在附注中作出说明。例如，在鉴定文书中引用专业名词，该专业名词不为人所熟悉或理解的，可以在附注中予以说明，以达到使鉴定所涉及当事人对鉴定意见充分理解的目的。

任务二 微量物证司法鉴定意见书范例

×××司法鉴定中心司法鉴定意见书

×××司鉴中心［202×］微量鉴字第×号
（司法鉴定专用章）

一、基本情况

委托单位（人）：××县公安局交通警察大队

委托鉴定事项：对所送样本1与检材1进行成分比对

受理日期：202×年××月××日

鉴定材料：样本1 杨×锋衣服胸口撕裂处提取的衣服纤维（YB1，WL20210012-01，约2.3cm长，退捻白色纤维1束）

检材1 粤Q0××××号中型自卸货车左后侧加装突出的铁柱尾端右下缘提取的疑似纤维物质（JC1，WL20210012-02，约0.3cm长，肉眼可分辨白色纤维数根）

鉴定日期：202×年××月××日

鉴定地点：×××司法鉴定中心微量物证鉴定室

被鉴定人（物）：纤维物

二、基本案情

202×年××月××日20时25分许，杨×锋驾驶无号牌二轮女装摩托车行驶至××县G205国道2765KM+200M路段，与黄×赛驾驶的粤Q0××××号中型自卸货车发生碰撞，导致杨×锋当场死亡的交通事故。

三、鉴定过程

体视显微镜下，分离退捻后的样本1（YB1，杨×锋衣服胸口撕裂处提取的衣服纤维，WL20210012-01）、检材1（JC1，粤Q0××××号中型自卸货车左后侧加装突出的铁柱尾端右下缘提取的疑似纤维物质，WL20210012-02），偏光显微镜下观测YB1和JC1的外观形态，依据《刑事技术微量物证的理化检验》（GB/T19267.1-2008）第一部分：红外吸收光谱法、《纤维物证鉴定规范》（SF/Z JD0203007-2018）司法鉴定技术规范红外显微镜（ATR）测定YB1与JC1的红外光谱特性。

四、分析说明

经检验，送检的检材1（JC1，粤Q0××××号中型自卸货车左后侧加装突出的铁柱尾端右下缘提取的疑似纤维物质，WL20210012-02）与样本1（YB1，杨×锋衣服胸口撕裂处提取的衣服纤维，WL20210012-01）显微外观特征一致。检材1与样本1红外光谱特征基本一致，提示检材1与样本1为同种类纤维。

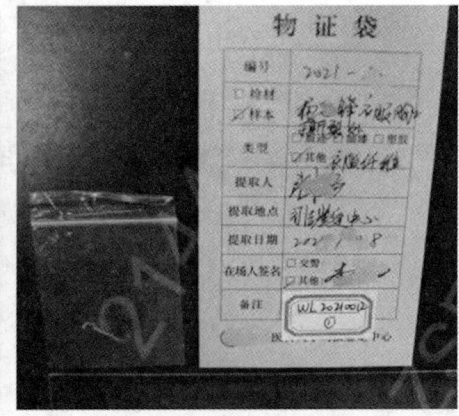

JC1，WL20210012-02　　　　YB1，WL20210012-01

五、鉴定意见

粤 Q0××××号中型自卸货车左后侧加装突出的铁柱尾端右下缘提取的疑似纤维物质与杨×锋衣服胸口撕裂处提取的衣服纤维为同种类纤维。

司法鉴定人：×××

《司法鉴定人执业证》：×××

司法鉴定人：×××

《司法鉴定人执业证》：×××

202×年×月×日

（司法鉴定专用章）

注：本意见书只对本次所送检样品负责。

任务三　技能训练

一、训练目的

熟悉微量物证司法鉴定意见书的格式，掌握微量物证司法鉴定意见书的制作方法和技巧。

二、训练内容

根据案例资料制作微量物证司法鉴定意见书。

案例资料：202×年××月××日，某司法鉴定中心受××市公安局交通警察支队××大队委托，要求对检材（××号牌小型普通客车右后视镜上黏附的物质）与样本（××号牌重型货车货厢左侧后部提取的物质）的同一性进行鉴定。某司法鉴定中心受理委托后，指定司法鉴定人高级工程师章×（《司法鉴定人执业证号》：4401074×××）和工程师林×（《司法鉴定人执业证号》：4401074×××）等人，于202×年××月××日在本司法鉴定中心微量物证鉴定室采用显微红外光谱法对检材与样本进行了鉴定。

检验过程：立体显微镜下分离所送检材和样本，利用傅里叶变换红外显微镜以 ATR

方式进行检验。检材与样本的显微红外光谱图主要特征基本一致,其成分相同,具有同一性。

检验结果:××号牌小型普通客车右后视镜上黏附的物质与××号牌重型货车货厢左侧后部提取的物质具有同一性。

三、训练要求

根据上述给定材料,按照微量物证司法鉴定意见书的写作要求和方法,制作一份微量物证司法鉴定意见书。

学习单元六

声像资料和环境损害类司法鉴定意见书

方针政策：习近平法治思想坚持把人民立场作为根本立场，把为人民谋幸福作为根本使命，把坚持全心全意为人民服务作为根本宗旨，深刻回答了全面依法治国为了谁、依靠谁的重大问题。始终把依法维护人民群众权益放在第一位，把促进社会公平正义、增进人民福祉作为出发点和落脚点，强调要用法治保障人民安居乐业，努力让人民群众在每一项法律制度、每一个执法决定、每一宗司法案件中都感受到公平正义。随着社会的不断发展以及科学技术的不断进步，特别是在信息时代的今天，各类电子产品以及信息技术在社会中得到广泛应用和普及，数据的获取、存储、传输、编辑更加便利；与此同时，在司法实践领域，刑事、民事和行政案件的侦查、起诉和审判中涉及运用声像资料及电子数据作为证据的案件越来越多，社会对声像资料和电子数据司法鉴定的需求也日益增多。我们要坚持以习近平法治思想作为司法鉴定行业实践的指导思想和行动纲领，依法科学、客观、公平、公正地作出鉴定，努力做到让人民群众在每一项司法鉴定业务中都能感受到公平正义。

项目一　声像资料司法鉴定意见书

学习目标

知识目标：了解和熟记声像资料司法鉴定意见书的写作要求。

能力目标：掌握声像资料司法鉴定意见书的写作方法。

内容结构

任务一：声像资料司法鉴定意见书的制作要求。

任务二：声像资料司法鉴定意见书的范例。

任务三：技能训练。

知识要点

声像资料司法鉴定是指在诉讼活动中鉴定人运用物理学、语言学、信息科学与技术、同一认定理论等原理、方法和专门知识，对录音、图像、电子数据等涉及的专门性问题进行鉴别和判断并提供鉴定意见的活动。

声像资料司法鉴定根据领域分类包括：录音鉴定、图像鉴定、电子数据鉴定。

声像资料司法鉴定根据鉴定项目分类包括：录音处理、录音真实性鉴定、录音同一性鉴定、录音内容分析、录音作品相似性鉴定、图像处理、图像真实性鉴定、图像同一性鉴定、图像内容分析、图像作品相似性鉴定、特种照相检验、电子数据存在性鉴定、电子数据真实性鉴定、电子数据功能性鉴定、电子数据相似性鉴定。

任务一　声像资料司法鉴定意见书的制作要求

一、基本情况

1. **委托人**。司法鉴定机构应当统一受理办案机关的司法鉴定委托。办案机关，是指办理诉讼案件的侦查机关、审查起诉机关和审判机关。因此，在诉讼活动中，司法鉴定委托人必须是公、检、法机关。

2. **委托鉴定事项**。委托鉴定事项应简明扼要地表述委托要求，且与委托人的委托要求相对应，用途要合法，委托鉴定事项的表述与声像资料鉴定的项目相对应。司法鉴定机构应当对委托鉴定事项、鉴定材料等进行审查。对属于声像资料司法鉴定业务范围、鉴定用途合法、提供的鉴定材料能够满足鉴定需要的，应当受理。

声像资料司法鉴定委托鉴定事项一般分为以下几个方面：

（1）录音处理。依据录音处理方法，对检材录音进行降噪、增强等清晰化处理，以改善听觉或声谱质量。录音处理适用于质量较差的录音进行清晰化处理。

（2）录音真实性鉴定。依据录音原始性鉴定方法，判断检材录音是否为原始录音；依据录音完整性鉴定方法，判断检材录音是否经过剪辑处理。根据《声像资料鉴定通用规范》（SF/T 0119-2021）（又称录音资料剪辑鉴定），通常运用听觉感知、声谱分析、元数据分析、数字信号等技术手段，对录音资料的原始性、连续性和完整性进行科学判断，以确定其是否经过后期加工处理。

（3）录音同一性鉴定。依据语音同一性鉴定方法，判断检材与样本之间或检材之间的语音是否同一；参照语音同一性鉴定方法，判断检材与样本之间或检材之间的其他声音是否同一。

（4）录音内容分析。依据录音内容辨听方法，结合录音处理和录音同一性鉴定结果，综合分析辨识并整理检材录音所反映的相关内容；依据说话人的口头言语特征，分析说话人的地域、性别、年龄、文化程度、职业等属性。

（5）录音作品相似性鉴定。这包括综合运用录音内容分析、录音同一性鉴定等鉴定技术，通过检材与样本之间或检材之间录音作品的比较检验，综合判断录音作品是否来源于同一个作品或相似程度。

（6）图像处理。这包括依据图像处理方法，对检材图像进行降噪、增强、还原等清晰化处理，以改善视觉效果。

（7）图像真实性鉴定。这包括依据图像原始性鉴定方法，判断检材图像是否为原始图像；依据图像完整性鉴定方法，判断检材图像是否经过剪辑处理。

（8）图像同一性鉴定。这包括依据人像同一性鉴定方法，判断检材与样本之间或检材之间记载的人像是否同一；依据物像同一性鉴定方法，判断检材与样本之间或检材之间记载的物体是否同一。

（9）图像内容分析。这包括依据图像内容分析方法，结合图像处理和图像同一性鉴定结果，综合判断检材图像所记载的人、物的状态和变化情况及事件发展过程，如案（事）件图像中的人物行为和事件过程、交通事故图像中的交通参与者行为及涉案车辆速度、火灾现场图像中的起火部位及火灾过程等。

（10）图像作品相似性鉴定。这包括综合运用图像内容分析、图像同一性鉴定等鉴定技术，通过检材与样本之间或检材之间图像作品的比较检验，综合判断图像作品是否来源于同一个作品或相似程度。

（11）特种照相检验。运用特种照相技术，包括红外照相、紫外照相、光致发光照相和光谱成像等技术对物证进行照相检验。

（12）电子数据存在性鉴定。这包括电子数据的提取、固定与恢复及电子数据的形成与关联分析。其中，电子数据的提取、固定与恢复包括对存储介质（硬盘、光盘、优盘、磁带、存储卡、存储芯片等）和电子设备（手机、平板电脑、可穿戴设备、考勤机、车载系统等）中电子数据的提取、固定与恢复，以及对公开发布的或经所有权人授权的网络数据的提取和固定；电子数据的形成与关联分析包括对计算机信息系统的数据生成、用户操作、内容关联等进行分析。

（13）电子数据真实性鉴定。这包括对特定形式的电子数据，如电子邮件、即时通信、电子文档、数据库数据等的真实性或修改情况进行鉴定；依据相应验证算法对特定形式的电子签章，如电子签名、电子印章等进行验证。

（14）电子数据功能性鉴定。这包括对软件、电子设备、计算机信息系统和破坏性程序的功能进行鉴定。

（15）电子数据相似性鉴定。这包括对软件（含代码）、数据库、电子文档等的相似程度进行鉴定；对集成电路布图设计的相似程度进行鉴定。

3. 受理日期。司法鉴定机构应当自收到委托之日起 7 个工作日内作出是否受理的决定。对于复杂、疑难或者特殊鉴定事项的委托，司法鉴定机构可以与委托人协商决定受理的时间。

4. 鉴定材料。声像资料司法鉴定的鉴定材料包括存储介质（硬盘、光盘、U 盘、磁带、存储卡、存储芯片等）、电子设备（手机、平板电脑、可穿戴设备、考勤机、车载系统等）、软件（含代码）、数据库、电子文档、录像资料、录音资料等。

（1）委托人委托鉴定的，应当向司法鉴定机构提供真实、完整、充分的鉴定材料，并对鉴定材料的真实性、合法性负责。司法鉴定机构应当核对并记录鉴定材料的名称、种类、数量、性状、保存状况、收到时间等。对于鉴定材料不完整、不充分，不能满足鉴定需要的，司法鉴定机构可以要求委托人补充；经补充后能够满足鉴定需要的，应当受理。

（2）审查送检材料。了解样本是否为原始录制；征得委托方同意，启动样本的防删除装置；检查样本的标记情况，如无标记的，可要求委托方或委托方同意，通过书写文字、贴标签等方式进行标记，以防材料之间的混淆；检查样本是否有损坏、拆卸、污染等情况；通过适当的声像设备或播放软件对样本进行放像/音，检查样本状态；通过文件名、时间计数、特殊画面或语音等，确定样本上供比对内容的位置；通过人、物、内容、声音等特点，确定供比对的内容；初步判断样本是否具备比对条件，如需补充样本的，应将有关录制样本的要求告知委托方；如需鉴定方制作样本的，应向委托方提出配合事项，按相应技术要求制作样本。

（3）鉴定人员对鉴定材料的真实性、合法性有审查的义务，所有的鉴定材料应该存档。

5. 鉴定日期。这一般是指鉴定开始实施至鉴定文书（司法鉴定意见书）出具的时间段。司法鉴定机构应当自司法鉴定委托书生效之日起30个工作日内完成鉴定。鉴定事项涉及复杂、疑难、特殊技术问题或者鉴定过程需要较长时间的，经本机构负责人批准，完成鉴定的时限可以延长，延长时限一般不得超过30个工作日。鉴定时限延长的，应当及时告知委托人。司法鉴定机构与委托人对鉴定时限另有约定的，从其约定。在鉴定过程中补充或者重新提取鉴定材料所需的时间，不计入鉴定时限。

6. 鉴定地点。鉴定地点通常在鉴定机构内。

7. 鉴定助理。除鉴定人以外，参与本次鉴定活动的鉴定机构工作人员一般是指辅助鉴定人进行接待、受理案件、整理档案的人员。他们在鉴定人指导下取证、审查鉴定材料、完成初步的检验及草拟鉴定报告等。

8. 被鉴定人。应记录被鉴定人的基本情况，如性别、出生年月、住址等，视委托鉴定事项的不同可增加必要的内容。

二、检案摘要

检案摘要一般是指案情摘要，是对委托书事项的补充和说明，主要包括案件形成的基本过程和鉴定主要目的。案情摘要应尽量反映被鉴定人何时、何地因何事由进入了诉讼阶段。案情摘要规范的表述为"被鉴定人××于×年×月×日在×地被公安机关控制，为案件侦查需要，××公安局委托本中心对××使用的电子设备进行电子数据存在性鉴定"。

其他文证材料摘要、其他文证材料摘要主要是指卷宗材料。

三、技术规范

技术规范是指本次鉴定使用到的检验标准、规范、方法的总称。检验标准包括国际标准、国家标准、行业标准等。检验规范一般遵循司法部颁发的司法鉴定技术规范，如《声像资料鉴定通用规范》（SF/T 0119—2021），以及国家标准《电子物证数据恢复检验规程》（GB/T 29360—2012）。

四、鉴定过程

鉴定过程是鉴定人对鉴定材料进行鉴定的方法和步骤。其一般包括检验方法、使用仪器、检验发现及结果等。

1. 鉴定环境/设备。这是指鉴定使用到的设备的操作系统版本，以及使用的软件。

2. 检验准备。这是指使用防病毒软件对鉴定设备进行病毒查杀。

对送检材料备份的要求如下：①检验前应当对送检材料进行备份；②送检材料的备份一般采用数字方式；③制作的备份应该保持送检材料的信号原貌；④送检材料的备份应有唯一性标识，如通过文件夹名、文件名等标识；⑤鉴定结束后，应该对备份制作拷贝，以长久保存。

备份检材文件，计算该文件的散列值（散列函数或散列算法，又称哈希函数，英文：Hash Function）是一种从任何一种数据中创建小的数字"指纹"的方法。

3. 检验鉴定。确定检验范围。检验范围应当是明确的，且在正式对检材进行处理前就要跟委托方确定好。例如，鉴定范围是图像内容分析，可以表述为"对送检视频中的人物 A 与人物 B 在争辩过程是否发生肢体接触"。鉴定范围是图像同一性鉴定，可以表述为"对照片'×××.jpg'中的人像与照片'GGG.png'中的人像进行人像鉴定，鉴定是否为同一人"。鉴定范围是电子数据存在性鉴定，可以表述为"对送检的×××（存储介质）的数据进行提取恢复鉴定"。

（一）对检材的检验

这是指对检材的文件属性进行检验。检材是视频的，需要检验文件名、哈希值（散列值）、文件格式、分辨率、帧率等。检材是录音的，需要检验文件名、哈希值（散列值）、文件格式、声道、采样率等。移动电子设备检材需要在信号屏蔽的环境下进行鉴定，检材是手机时还需要开启飞行模式。

在进行图像、录音真实性鉴定时，对于检材为数字图像的，需对其文件属性/元数据进行检验。主要内容有：①检材图像的文件名、大小、格式、创建时间、修改时间等信息是否符合原始图像的特点；②检材图像的 EXIF 信息是否符合原始图像的特点；③检材图像的数据结构是否符合原始图像的特点。

注：必要时应使用提供的拍摄检材图像的器材进行模拟实验，确定原始图像的数据特点。

（二）对样本的检验

选取鉴定需要用到的样本进行文件属性检验。

（三）比较检验

在大多数情况下，对图像、录音同一性进行鉴定时才会进行比较检验。比较检验前通常需要对图像、录音进行分析处理。

1. 图像鉴定。

图像分析：①检查待处理图像，分析导致图像不清晰的原因；②确定需处理的图像区域，明确需要达到的处理效果；③根据待处理图像状况和处理目的，选择适当的处理方法、处理顺序和处理工具。

图像增强处理：①调节色阶、亮度、对比度、阈值、曝光度等参数，达到较佳的明暗视觉效果；②调节颜色值、色调、饱和度、颜色亮度、色彩平衡等参数，达到较佳的色彩视觉效果；③使用锐化、强化边缘等滤波方式，逐步调节参数，增强特定区域的图像细节；④保存处理结果，留待进一步处理或直接输出。

降噪处理：①根据图像的噪声类型选择适当的降噪滤波器；②调节降噪参数，达到较佳的视觉效果；③保存处理结果，留待进一步处理或直接输出。

复原处理：①根据图像的退化原因选择适当的去模糊滤波器；②调节处理参数，达到较佳的视觉效果；③保存处理结果，留待进一步处理或直接输出。

几何变换：①根据图像的变形情况选择适当的校正工具；②调节控制参数，达到较佳的校正效果；③保存处理结果，留待进一步处理或直接输出。

处理结果评估：比较得到的图像处理结果，根据图像处理的要求，选择最佳处理结果作为输出。如果处理结果不满足处理要求，则尝试以这些结果为基础，选择适当的处理模式，调节处理参数，进行进一步处理。以数字图像输出方式给出的处理结果应保存为常见的不会降低图像质量的格式，如 bmp、无压缩 jpg 等。

注意事项：很多情况下，对整幅图像进行处理很难达到理想的效果，但对特定区域进行处理有可能获得更好的效果。很多情况下，图像的不清晰是由多种原因导致，此时，应综合使用多种处理方式和工具进行处理。不同的处理顺序有可能导致不同的处理效果，应注意选择合适的处理顺序，以达到最佳的处理效果。过度对图像进行增强处理有可能导致噪声的增强甚至产生伪影，应注意合理控制处理参数。过度对图像进行降噪处理有可能导致图像细节的损失，应注意合理控制处理参数。图像处理效果有赖于原始图像信息的充分性，原始图像信息不足则难以达到理想的处理效果。

2. 录音鉴定。

信号分析：①审听待处理录音，必要时结合声谱分析，分析导致录音不清晰的原因及其信号特点，如干扰噪声的信号特点；②根据待处理录音状况和处理目的，选择适当的处理方法、处理顺序和处理工具。

信号放大：①对于强度过低的声音，如微弱语音，进行信号放大处理，改善听觉或声谱效果；②保存处理结果，留待进一步处理或直接输出。

注意事项：放大语音信号的同时也会放大干扰噪声。

速度变换：①对于变化过程过快的声音，如语速过快语音，改变其播放速度，改善听觉或声谱效果；②保存处理结果，留待进一步处理或直接输出。

降噪：①根据干扰噪声的信号特点，选择适当的处理滤波器；②调整降噪参数，直至达到较佳的降噪效果；③保存处理结果，留待进一步处理或直接输出。

处理结果评估：比较得到的录音处理结果，根据录音处理要求，选择最佳结果输出。

如果处理结果不满足处理目的，则尝试以这些结果为基础，选择适当的处理模式，调节处理参数，进行进一步处理。处理后的录音应保存为常见的不会降低声音质量的音频格式，如 wav 格式。

注意事项：录音的不同部位有可能受到不同程度或不同噪音的影响，此时应对不同部位进行分段处理。单一的处理滤波器可能很难达到最理想的处理效果，此时应综合使用多个滤波器进行处理。不同的处理顺序有可能导致不同的处理效果，应注意选择合适的处理顺序，以达到最佳的处理效果。由于降噪可能导致所需要的声音信号的损失，因此需要根据录音处理的要求，在降噪程度和录音内容的清晰度之间达到适当平衡。录音资料处理效果有赖于原始录音信息的充分性，信息不足则难以达到理想的处理效果。

比较检验的任务是将样本与检材的特征进行比较，找出样本特征与检材特征符合点和差异点。图像同一性鉴定的方法通常有：特征标示法、测量比较法、拼接比较法、定位比较法、重叠比较法、计算机图像比对法。

五、分析说明

分析说明是对检验发现及结果进行综合评断，并阐明鉴定结论的主要依据；是根据委托人提供的鉴定材料以及检验结果，结合专业知识进行分析判断，最终形成鉴定意见的过程。

分析说明要论点明确，论据充分，层次分明，逻辑性强。语言表述通俗易懂，准确规范，避免引起歧义。

如果需要引用理论或方法时，要充分考虑理论或方法的科学性、适用性和有效性。引用的理论最好出自于教科书，引用的理论要在附件后注明参考的文献。引用的方法包括国家标准和技术规范，司法鉴定主管部门、司法鉴定行业组织或者相关行业主管部门制定的行业标准和技术规范，该专业领域多数专家认可的技术标准和技术规范，以及司法鉴定机构自行制定的有关技术规范。

鉴定实践中，分析说明很难形成统一的模式，这是由具体鉴定项目类别所决定的。现列举图像、录音真实性鉴定文书中分析说明的表述："综上所述，检材录像的文件结构、编码方式、元数据信息、录像画面中场景和人物动作变化连贯性等内容均未发现异常；检材录像画面中的日期时间计时存在时间跳变现象，该现象应为监控录像设备固有特点所致，非人为剪辑形成。根据上述检验结果，经综合分析，未发现检材录像经过剪辑处理。

经过文件属性及元数据检验、听觉检验、声谱分析和模拟实验分析等，均未发现检材录音存在异常现象；根据上述检验结果，经综合评断，未发现检材录音经过剪辑处理。"

六、鉴定意见

鉴定意见是依据相关检验规范对委托事项的客观回答，对于没有委托鉴定的事项，不能写进鉴定意见里面，结论的表述既要准确客观，又要简明扼要。《司法鉴定文书规范》对于鉴定意见是这样规定的：应当明确、具体、规范，具有针对性和可适用性。

七、附件

《司法鉴定文书规范》第 8 条规定，司法鉴定文书附件应当包括与鉴定意见、检验报告有关的关键图表、照片等以及有关音像资料、参考文献等的目录。附件是司法鉴定文书的组成部分,应当附在司法鉴定文书的正文之后。

声像资料司法鉴定附件的主要内容包括:

1. 关键图表,主要包括检材照片、文件列表截图、散列值计算结果图表。

2. 司法鉴定许可证、司法鉴定人执业证。

八、附注

对司法鉴定文书中需要解释的内容,可以在附注中作出说明。例如,在鉴定文书中引用专业名词,该专业名词不为人所熟悉或理解的,可以在附注中予以说明,以达到鉴定所涉及当事人对鉴定意见充分理解的目的。

落款处由司法鉴定人签名或者盖章,并写明司法鉴定人的执业证号,同时加盖司法鉴定机构的司法鉴定专用章,并注明文书制作日期等。

任务二 声像资料司法鉴定意见书的范例

×××司法鉴定中心司法鉴定意见书

×××司鉴中心[202×]电鉴字第×号

(司法鉴定专用章)

一、基本情况

委 托 人:×××公安局

委托事项:图像同一性鉴定

受理日期:202×年×月×日

鉴定材料:U盘1个,YY(编号:××××,以下简称:JC1)

鉴定日期:202×年×月×日至202×年×月×日

鉴定地点:本中心声像资料鉴定室

鉴定助理:×××

被鉴定人:朱×,男性,身份证号440××××××××××

二、基本案情

据送检材料介绍:被鉴定人朱×于201×年×月×日涉嫌诈骗。因案件侦查需要,现×××公安局委托本中心依据《声像资料鉴定通用规范》(SF/Z JD0300001-2010)、《录像资料鉴定规范》(SF/Z JD0304001-2010)、《图像资料处理技术规范》(SF/Z JD0302002-2015)对朱×进行图像同一性鉴定。

三、技术规范

《声像资料鉴定通用规范》(SF/Z JD0300001-2010)

《录像资料鉴定规范》(SF/Z JD0304001-2010)

《图像资料处理技术规范》(SF/Z JD0302002-2015)

四、鉴定过程

1. 鉴定环境/设备：

鉴定环境：Windows 10××××版，××位操作系统。

鉴定设备：检验工作站（××××-×××）、高速便携式拷贝机（××××-×××）、××杀毒软件（×××.×××）、图像处理软件（××××-×××）。

2. 检验准备：

启动工作站，运行××杀毒软件，没有本机被病毒感染的提示。

启动拷贝机，以只读方式接入JC1，制作镜像文件或者拷贝文件，镜像文件（拷贝文件）保存为G，备份该文件，计算G的散列值C1。

G文件是一个压缩文件"×××.zip"，压缩文件内含图片×张、视频×段，C1为：7B38A67CD318E4B0ABA75FA578DBEC0137A7C155FDC458299A65F1BDA32B3650。

（详见"附件1：JC1照片、文件截图、散列值计算截图"）

3. 检验鉴定：打开G文件，根据委托方在《司法鉴定委托书》中的鉴定要求和简要案情，结合委托人送检的检材，本次鉴定检验范围确定为：对JC1内的视频出现的人像与朱×的人像进行人像鉴定，鉴定是否为同一人。

（一）对检材视频的检验

检材1视频文件名为："20180415.mp4"，哈希值MD5为：44da7a7573245e89edcac0dfff50a264，文件格式为：mp4，分辨率为：960×540像素，帧率为：9fps，摄像机名址为："×××ezviz"。（见下图）

检材1视频文件

检材2视频文件名为："20180415A.mp4"，哈希值MD5为：d1d9abac1b52e6b9eeeb372d48a6be48，文件格式为：mp4，分辨率为：960×540像素，帧率为：10fps，摄像机名址为："×××ezviz"。（见下图）

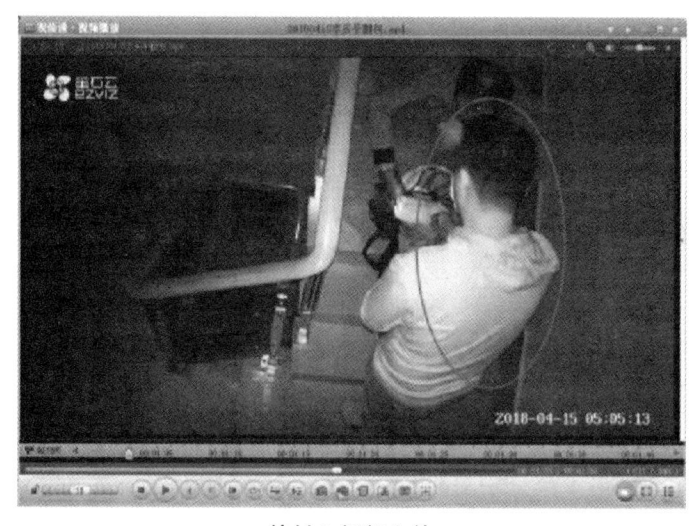

检材 2 视频文件

（二）对样本数码照片的检验

202×年×月×日拍摄的朱×头面部正面、左侧面和右侧面彩色数码图片共 3 张，202×年×月×日拍摄的朱×头面部正面、背面、左侧面和右侧面彩色数码图片共 11 张，格式为：JPG，分辨率为：2048×1536。

选取其中 4 张样本数码照片进行比较检验。（见下图）

样本数码照片

（三）对检材和样本人像的比较检验

为了分析辨识检材人像和样本人像的细节特征，对检材视频截图和样本数码照片进行了 MG 视频图像无损放大、HDR 高范围曝光和降噪等图像增强处理，采用特征标示法进行鉴定。

检材监控录像中的检材人像与朱×的样本人像细节特征清晰、稳定、可辨识。检材人像显示的脸廓形、眉形、疤痕、发旋、后发际线、点状深色痦痣等多处细节特征，其形态独特，价值较高，上述细节特征的形态、色泽、存在位置和相互关系与样本人像相对应处的细节特征均相符合一致。（见下图）

人像特征比对表一

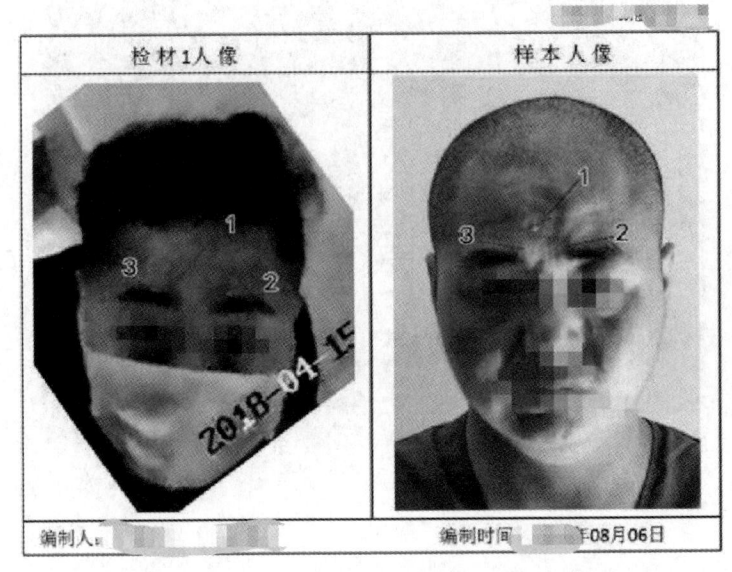

检材1人像	样本人像

编制人：＿＿＿＿＿　编制时间：＿＿＿＿08月06日

人像特征比对表二

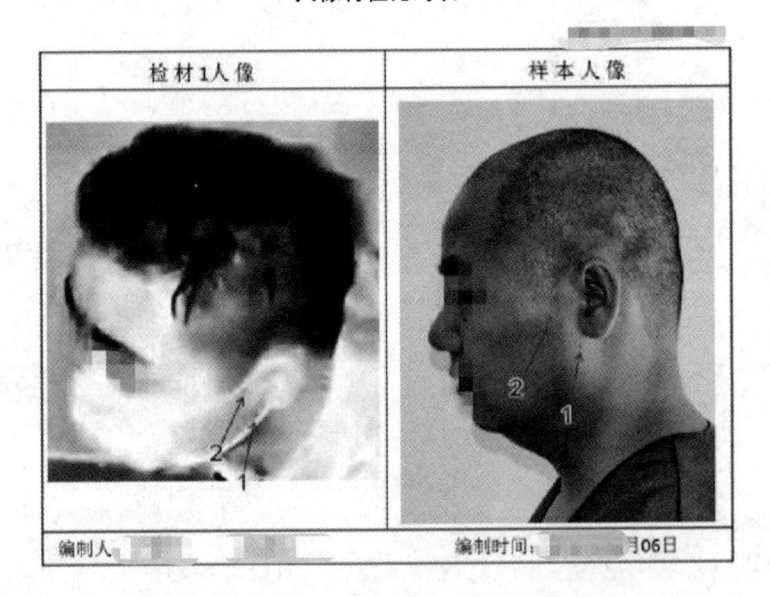

检材1人像	样本人像

编制人：＿＿＿＿＿　编制时间：＿＿＿＿月06日

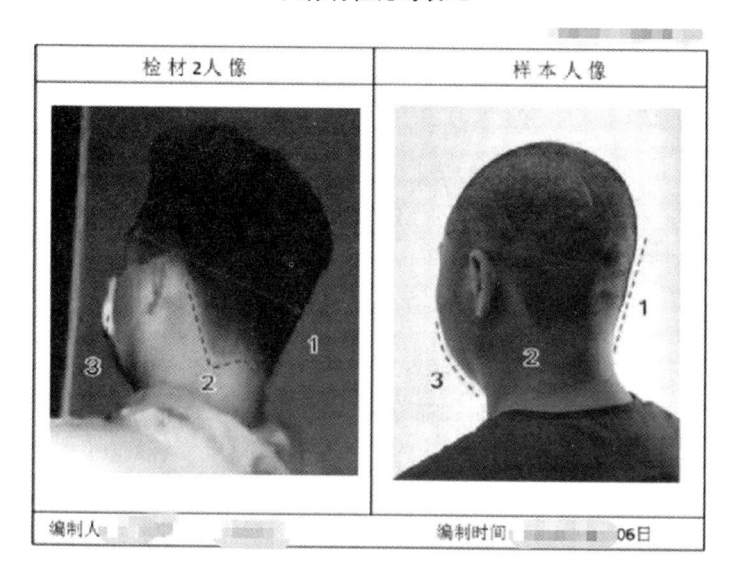

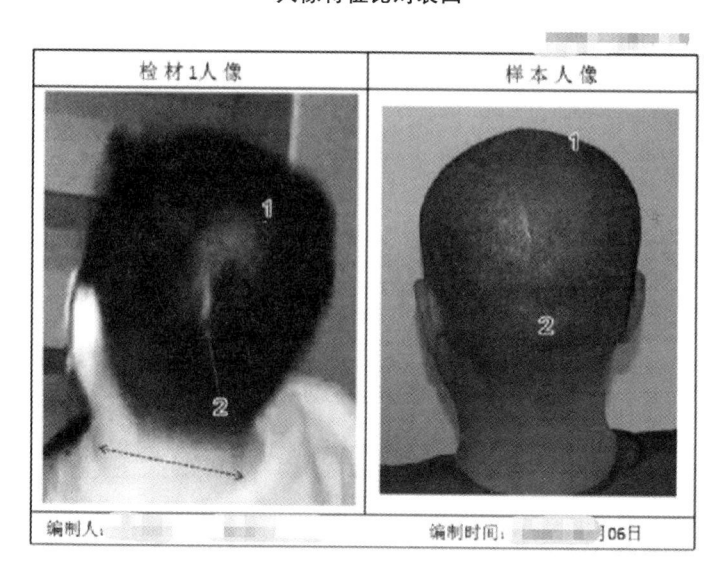

人像特征比对表三

人像特征比对表四

人像特征比对表五

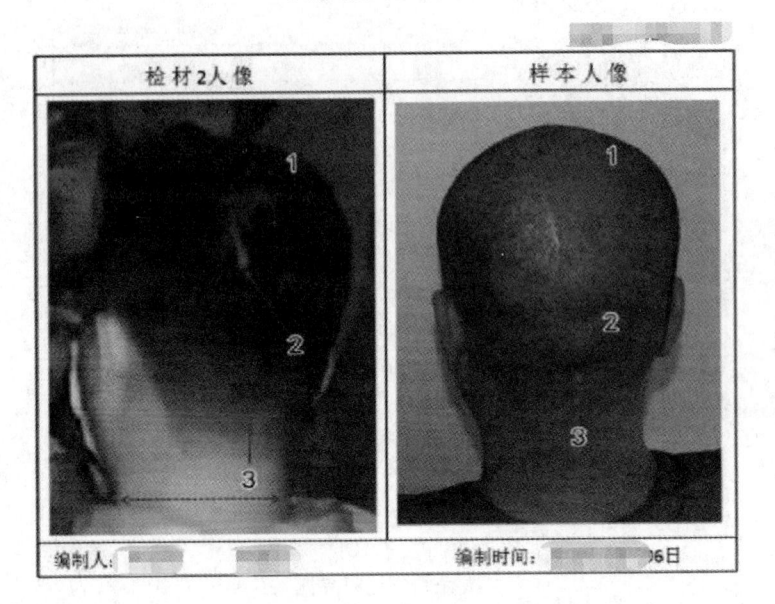

五、分析说明

检材人像与样本人像的符合特征数量较多、质量较高，其符合特征的总体价值基本反映了同一人的人像特点，故倾向肯定检材人像与样本人像为同一人的人像。

人像比对中存在的少量差异点是由于检材与样本人像拍摄时间、工具、角度、光线、清晰度和噪点不同而产生，为非本质性差异，可以合理解释。

六、鉴定意见

倾向肯定 CJ1 视频中的人像与朱×的人像为同一人的人像。

七、附件

1. CJ1 照片、CJ1 文件截图和散列值计算截图。
2. 司法鉴定许可证、司法鉴定人执业证。

司法鉴定人：×××

《司法鉴定人执业证》：440118252×××

司法鉴定人：×××

《司法鉴定人执业证》：440116252×××

202×年×月×日

（司法鉴定专用章）

附件1：

CJ1 照片

文件截图

散列值计算截图

附件2：司法鉴定许可证、司法鉴定人执业证（略）。

任务三　技能训练

一、训练目的

熟悉司法鉴定意见书的格式，掌握声像资料司法鉴定意见书的制作方法和技巧。

二、训练内容

根据案例制作声像资料司法鉴定意见书。

1. 案例资料：为了查明某公司债务案，原告张××因诉讼需要，现委托×××鉴定中心对送检手机内的录音文件进行鉴定，鉴定是否经过剪辑处理。

2. 使用设备：这包括电子物证检验工作站 SICJD-JS-02、声像资料检验工作站 SICJD-JS-02、数码相机、打印机；手机信号屏蔽器、相应只读接口卡、数据转接线；UFED 4PC。

3. 检验鉴定。

（1）检验方法。《电子数据司法鉴定通用实施规范》（SF/Z JD0100000-2014）、《电子物证数据搜索检验规程》（GB/T 29362-2012）、《声像资料鉴定通用规范》（SF/T 0119-2021）、《法庭科学电子物证手机检验技术规范》（GA/T 1069-2013）、《录音真实性鉴定技术规范》（SF/T 0120-2021）。

（2）检验过程。①将送检苹果6S手机编号为"2018-33J-1"，并拍照记录其外观特征。②启动电子物证检验工作站 SICJD-JS-02，对整个系统进行杀毒，打开手机信号屏蔽器，将编号为"2018-33J-1"的检验介质接入电子物证检验工作站 SICJD-JS-02 进行数据提取。查找委托要求指定的录音文件，导出到声像资料检验工作站，记录其基本属性信息并计算散列值为：D33687086F4D90C2D79B41550B51609575790CF0。③在语音处理分析系统中打开指定文件并播放，进行听觉鉴别，并记录检验过程。在语音处理分析系统中打开指定文件的音频图谱，进行视觉鉴别，并记录检验过程。

4. 分析说明。经检验，编号为"2018-33J-1"的送检手机中提取指定录音文件经综合文件属性分析、图谱分析与听觉鉴别，上述录音文件中未发现剪辑修改痕迹。

5. 鉴定意见。经检验分析，上述录音文件未发现剪辑修改痕迹。

三、训练要求

根据上述给定材料，按照声像资料司法鉴定意见书的写作要求和方法，制作一份声像资料司法鉴定意见书。

四、训练评价

通过训练，根据学生声像资料司法鉴定意见书文书写作情况，分析其能否按照规范进行写作，表达是否准确，内容是否完整等并进行综合评价。

项目二　环境损害司法鉴定意见书

学习目标

知识目标：了解和熟记环境损害司法鉴定意见书的写作要求。

能力目标：掌握环境损害司法鉴定意见书的写作方法。

内容结构

任务一：环境损害司法鉴定意见书的制作要求。

任务二：环境损害司法鉴定意见书的范例。

知识要点

环境损害司法鉴定是指在诉讼活动中鉴定人运用环境科学的技术或者专门知识，采用监测、检测、现场勘察、实验模拟或者综合分析等技术方法，对环境污染或者生态破坏诉讼涉及的专门性问题进行鉴别和判断并提供鉴定意见的活动。环境损害司法鉴定解决的专门性问题包括：确定污染物的性质；确定生态环境遭受损害的性质、范围和程度；评定因果关系；评定污染治理与运行成本以及防止损害扩大、修复生态环境的措施或方案。

任务一　环境损害司法鉴定意见书的制作要求

一、基本情况

写明生态环境损害鉴定评估委托方、委托事项、受理日期、鉴定材料等。

1. 委托单位。司法鉴定机构应当统一受理办案机关的司法鉴定委托。办案机关是指办理诉讼案件的侦查机关、审查起诉机关和审判机关。因此，环境损害司法鉴定的委托人必须是办理诉讼案件的公、检、法机关。

2. 委托鉴定事项。委托鉴定事项应该简单、明确，且与委托人的委托要求相对应，鉴定事项的用途要合法。

3. 受理日期。司法鉴定机构应当自收到委托之日起 7 个工作日内作出是否受理的决定。对于复杂、疑难或者特殊鉴定事项的委托，司法鉴定机构可以与委托人协商决定受理的时间。

4. 鉴定材料。环境损害司法鉴定的鉴定材料包括委托单位提供的案件前期资料，如生态环境部门执法记录、公安部门笔录、案件前期现场采样检测结果、现场应急处理费用证明材料等。

（1）委托人应当向司法鉴定机构提供真实、完整、充分的鉴定材料，并对鉴定材料的真实性、合法性负责。对于鉴定材料不完整、不充分，不能满足鉴定需要的，司法鉴定机构可以要求委托人补充；经补充后能够满足鉴定需要的，应当受理。

（2）鉴定材料要以清单的形式详细列出，要注明鉴定材料的性质、来源、形式、数量、唯一性标识、原件或复制品,且要具有合法性,如××检测机构出具的前期现场样品检测报告等。

(3) 鉴定人员对鉴定材料的真实性、合法性有审查的义务,所有的鉴定材料应该存档。

二、基本案情

环境损害司法鉴定应写明生态环境损害鉴定评估的背景,包括损害发生的时间、地点、起因和经过;简要说明生态环境损害发生地的社会经济背景、环境敏感点、造成潜在生态环境损害的污染源、污染物等基本情况。

1. 案件背景。案件背景是对委托鉴定事项的补充和说明,主要包括案件形成的基本过程和鉴定的主要目的。案件背景应尽量反映环境损害鉴定评估事发区域何时、因何原因受到损害,目前遗留的损害后果以及鉴定的主要目的、鉴定的特殊要求。有时,委托人提供的材料缺乏明确的案件缘由、发生时间等信息,但不影响鉴定的受理,这里的案情摘要可简单化,但鉴定目的(为审理案件需要)和特殊要求不能省略。

2. 任务由来。任务由来应介绍案件的委托过程、委托时间、初步勘察情况等案件委托的具体情况,应以简明扼要、全面完整为原则,按照时间顺序将案件委托过程描述清楚。

3. 其他材料。其他材料主要是指案件区域概况(地理位置、气候条件、水文特征、地质地貌、社会经济)以及案件区域环境功能区划分等材料。

三、资料摘要

资料摘要主要介绍鉴定评估方案,包括鉴定评估目标、鉴定评估依据、鉴定评估原则、鉴定评估范围、鉴定评估方法。

1. 鉴定评估目标。依据委托方委托鉴定评估事项,详细写明开展生态环境损害鉴定评估的工作目标。

2. 鉴定评估依据。写明开展本次生态环境损害司法鉴定所依据的法律法规、标准和技术规范等。

3. 鉴定评估原则。环境损害司法鉴定应遵循合法合规原则、科学合理原则、独立客观原则。

4. 鉴定评估范围。写明开展本次鉴定评估工作确定的生态环境损害的时间和空间范围,以及确定时空范围的依据。

生态环境损害鉴定评估的时间范围以污染环境或破坏生态行为发生为起点,以受损生态环境及其服务功能恢复至基线为终点;空间范围应综合利用现场调查、环境监测、遥感分析和模型预测等方法,根据污染物迁移扩散范围或破坏生态行为的影响范围确定。

5. 鉴定评估方法。详细阐明开展本次生态环境损害司法鉴定工作的技术路线及每一项鉴定评估工作所使用的技术方法。

（1）技术路线。常用技术路线如图 1~4 所示：

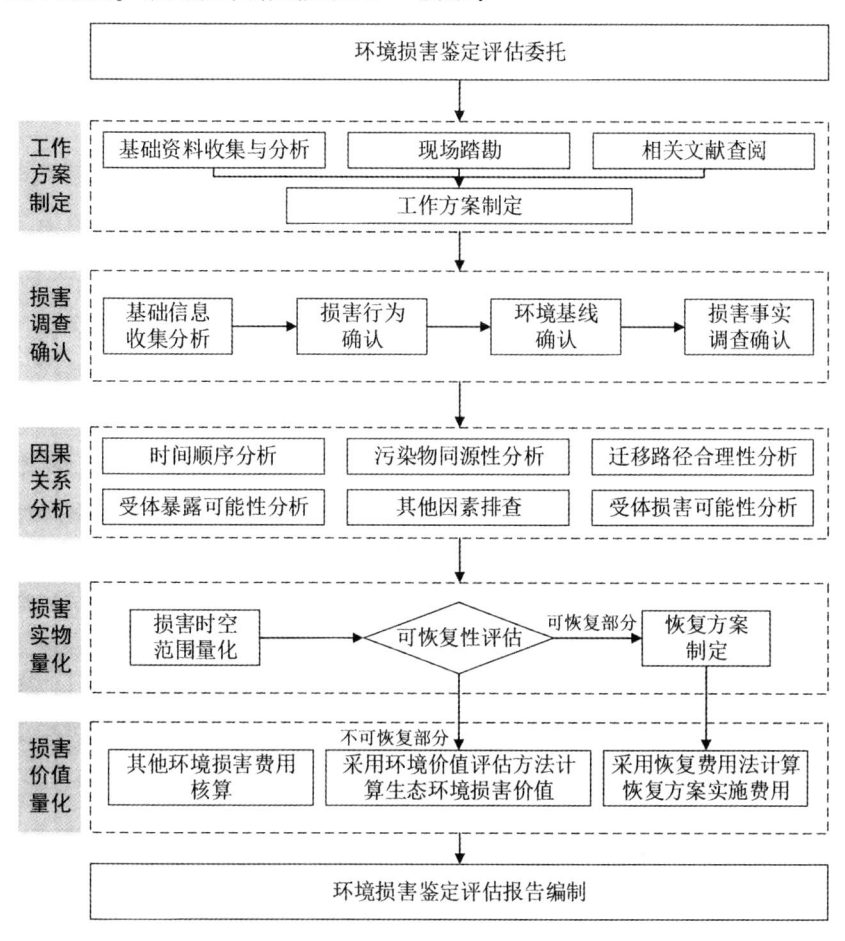

```
工作方案制定：
  环境损害鉴定评估委托
  → 基础资料收集与分析 / 现场踏勘 / 相关文献查阅
  → 工作方案制定

损害调查确认：
  基础信息收集分析 → 损害行为确认 → 环境基线确认 → 损害事实调查确认

因果关系分析：
  时间顺序分析 / 污染物同源性分析 / 迁移路径合理性分析
  受体暴露可能性分析 / 其他因素排查 / 受体损害可能性分析

损害实物量化：
  损害时空范围量化 → 可恢复性评估 —可恢复部分→ 恢复方案制定

损害价值量化：
  其他环境损害费用核算 / 采用环境价值评估方法计算生态环境损害价值（不可恢复部分） / 采用恢复费用法计算恢复方案实施费用

  → 环境损害鉴定评估报告编制
```

图 1　环境损害鉴定评估工作总体技术路线图

司法鉴定文书

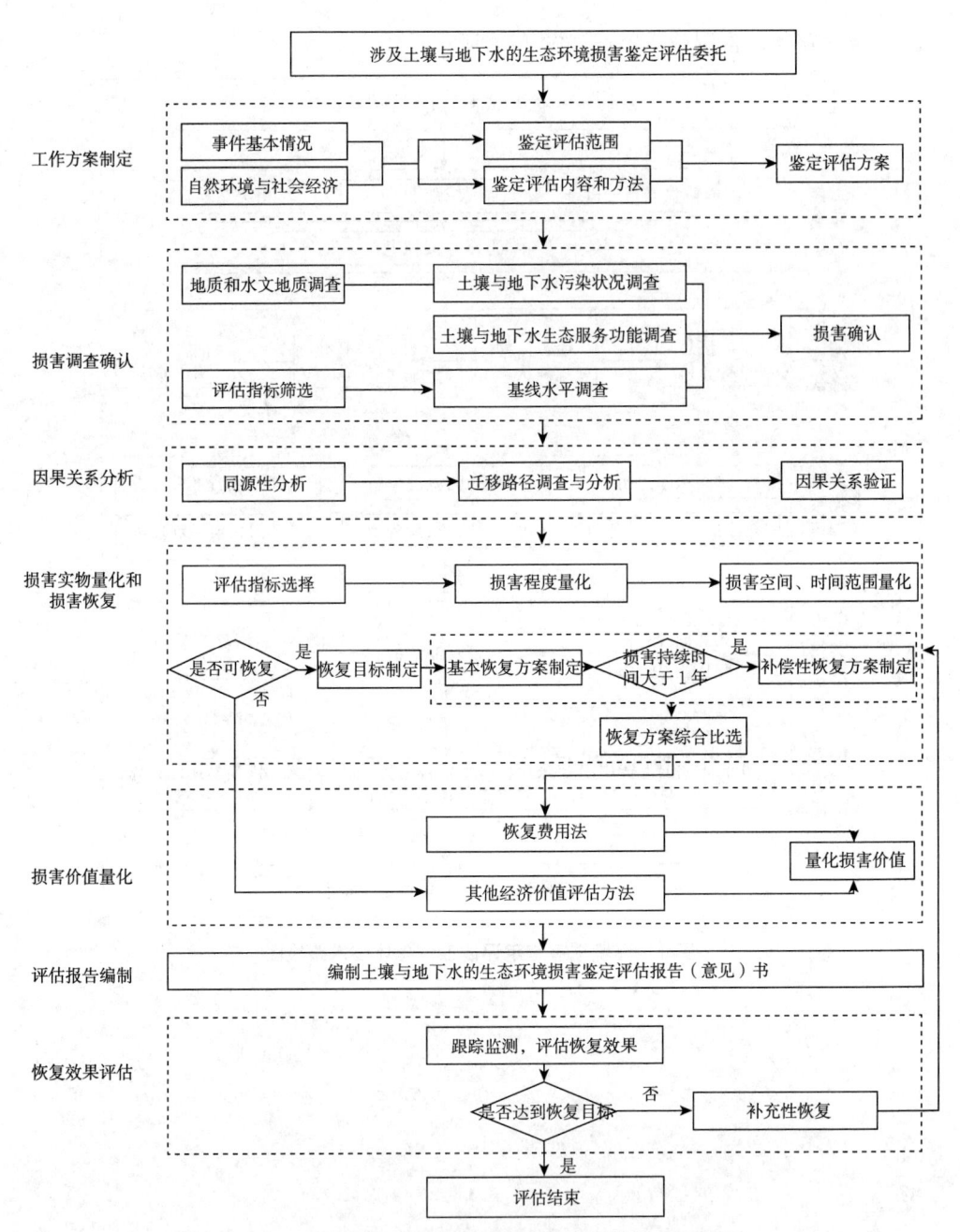

```
                    涉及土壤与地下水的生态环境损害鉴定评估委托
                                    │
                                    ▼
工作方案制定    ┌─────────────────────────────────────────────────┐
              │  事件基本情况  ──┐                                  │
              │                 ├──→ 鉴定评估范围                   │
              │  自然环境与社会经济 ┘                                │
              │                    鉴定评估内容和方法 ──→ 鉴定评估方案│
              └─────────────────────────────────────────────────┘

损害调查确认    ┌─────────────────────────────────────────────────┐
              │  地质和水文地质调查    土壤与地下水污染状况调查       │
              │                      土壤与地下水生态服务功能调查 ──→ 损害确认│
              │  评估指标筛选          基线水平调查                  │
              └─────────────────────────────────────────────────┘

因果关系分析    ┌─────────────────────────────────────────────────┐
              │  同源性分析 ──→ 迁移路径调查与分析 ──→ 因果关系验证   │
              └─────────────────────────────────────────────────┘

损害实物量化和  ┌─────────────────────────────────────────────────┐
损害恢复       │  评估指标选择 ──→ 损害程度量化 ──→ 损害空间、时间范围量化│
              │                                                  │
              │  是否可恢复 ─是→ 恢复目标制定 → 基本恢复方案制定 → 损害持续时间大于1年 ─是→ 补偿性恢复方案制定│
              │      否↓                                          │
              │                    恢复方案综合比选                 │
              └─────────────────────────────────────────────────┘

损害价值量化    ┌─────────────────────────────────────────────────┐
              │              恢复费用法 ──→ 量化损害价值            │
              │              其他经济价值评估方法                   │
              └─────────────────────────────────────────────────┘

评估报告编制    编制土壤与地下水的生态环境损害鉴定评估报告（意见）书

恢复效果评估    ┌─────────────────────────────────────────────────┐
              │        跟踪监测，评估恢复效果                      │
              │        是否达到恢复目标 ─否→ 补充性恢复            │
              │            是↓                                    │
              └─────────────────────────────────────────────────┘
                          评估结束
```

图 2　土壤与地下水生态环境损害鉴定评估技术路线图

学习单元六 声像资料和环境损害类司法鉴定意见书

工作方案制定

地表水和沉积物的生态环境损害鉴定评估委托
→ 基本情况 / 自然环境与社会经济 → 鉴定评估范围 / 鉴定评估内容和方法 → 鉴定评估方案

损害调查确认

水文和水文地质调查 → 污染现状调查 → 生态服务功能调查 → 损害确认
基线水平调查 ↗

因果关系分析

同源性分析 → 暴露评估 → 关联性分析 → 因果关系验证

损害实物量化

评估指标选择 → 损害程度量化（污染物浓度、生物量、生物多样性、生态服务功能）→ 损害空间、时间范围量化

损害可恢复 → 恢复目标 → 恢复时间≤1年 / 恢复时间>1年 / 可实施补偿性恢复 → 基本恢复方案 / 补偿性恢复方案

损害价值量化

已采取治理措施 → 实际治理成本法
损害不可恢复 → 环境资源价值评估法
损害自我恢复 → 虚拟治理成本法
→ 恢复费用法

评估报告编制

编制地表水与沉积物的生态环境损害鉴定评估报告（意见）书

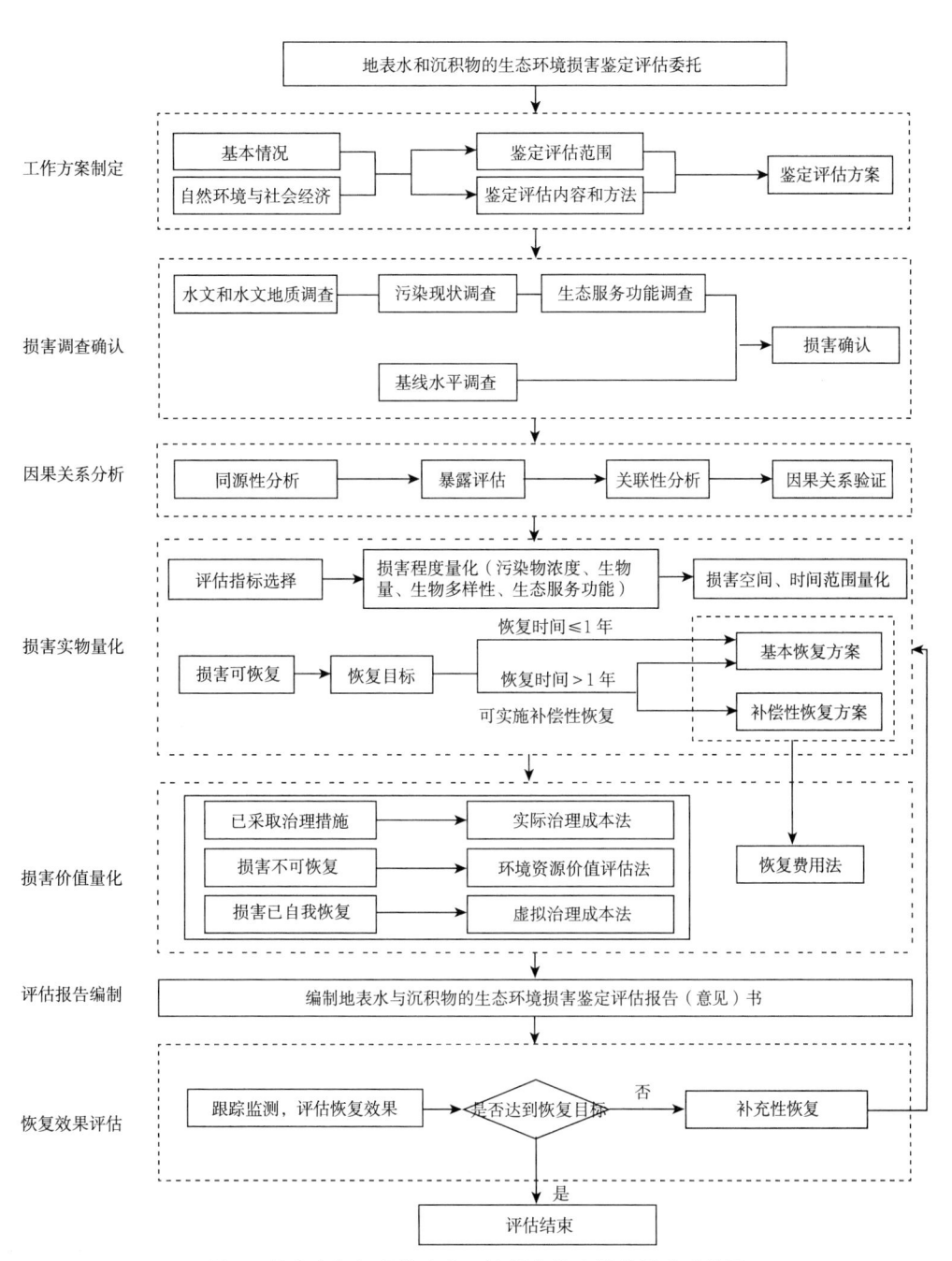

恢复效果评估

跟踪监测，评估恢复效果 → 是否达到恢复目标 — 否 → 补充性恢复
是 ↓
评估结束

图3 地表水与沉积物生态环境损害鉴定评估技术路线图

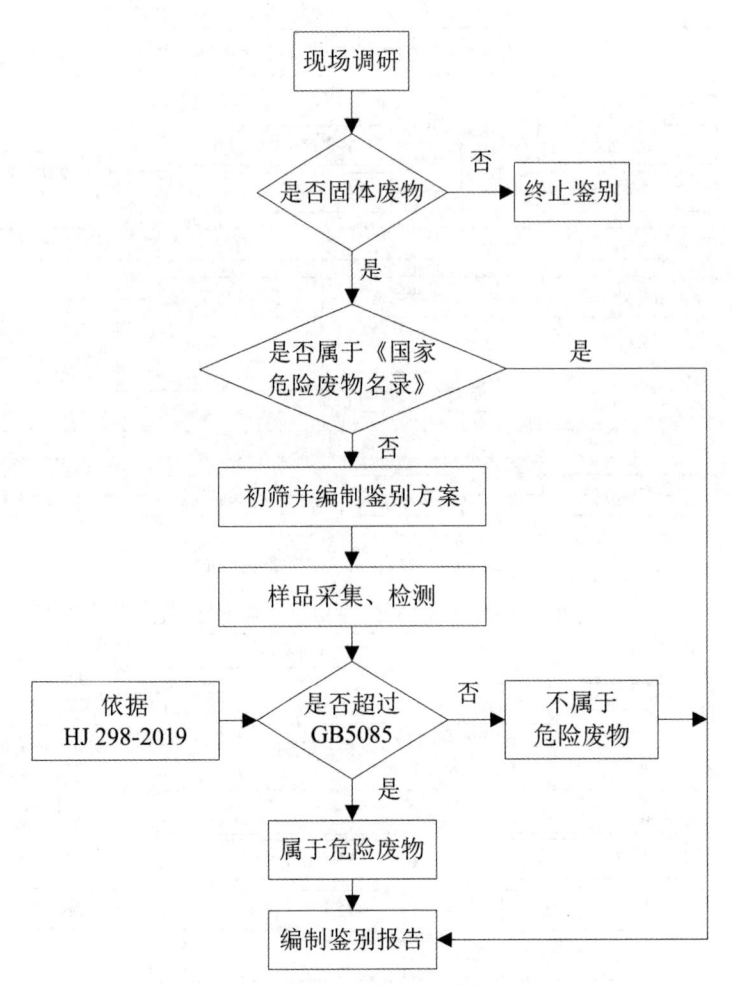

```
                    现场调研
                       │
                       ▼
                  是否固体废物 ──否──▶ 终止鉴别
                       │
                       是
                       ▼
               是否属于《国家
               危险废物名录》 ──是──┐
                       │            │
                       否            │
                       ▼            │
              初筛并编制鉴别方案    │
                       │            │
                       ▼            │
                样品采集、检测      │
                       │            │
    依据            ▼            │
  HJ 298-2019 ──▶ 是否超过 ──否──▶ 不属于
                  GB5085           危险废物
                       │            │
                       是            │
                       ▼            │
                 属于危险废物        │
                       │            │
                       ▼            │
                 编制鉴别报告 ◀─────┘
```

图 4　固体废物属性鉴别技术路线图

（2）评估方法。常用评估方法如下：

第一，资料收集分析。查阅资料、检索文献、人员访谈是资料收集分析的基本工作手段。通过收集和分析历史资料，掌握评估区域的背景信息（如自然条件、环境质量、环境敏感点、产业结构布局以及自然资源状况等）、基线信息（如自然地理生态、生态环境状况历史数据和生态环境质量信息）、环境污染和生态破坏信息（如污染源数量、位置，污染物排放时间、方式、去向、频率等，污染物种类、排放量、排放浓度等）、受体生态环境质量信息（如卫星图片、航拍图片、环境质量变化等）和污染清理情况。

第二，现场踏勘和人员访谈。根据生态环境损害具体情况，结合鉴定评估工作需求，开展现场踏勘和人员访谈。

范围：对于污染环境行为，以污染源、污染物的迁移途径、受损生态环境、受影响人群和财产所在区域为主要踏勘范围；对于生态破坏行为，以受损或退化的生物和生态系统（包括农田和养殖）所在区域为主要踏勘范围。

对象：现场踏勘对象包括污染源状况、迁移途径、受损生态环境情况、受影响人群和财产情况、区域自然环境状况、环境敏感点、生物和生态系统的变化情况,人员访谈对象包括当地行政部门官员、相关领域专家、企业或场地所有者、熟悉现场的第三方、实际或潜在受影响人员。

方法:现场观测、快速检测、面谈或电话访谈、问卷调查等。

第三,监测和检测。监测和检测过程包括制订方案、优化布点、快速检测、样品采集、保存流转、分析测试。生态环境损害鉴定评估过程通常需要结合污染源的情况、受体类型、环境质量标准等,筛选特征污染物,确定分析检测指标。

常规的环境监测工作已有一系列标准方法和技术规范可以参考,但其目的是服务于环境管理,而环境损害鉴定评估中的监测分析有其自身的一些特点:①样品需要有足够的代表性,要能在时间、空间上反映污染源、迁移途径和损害受体的情况。一般要根据实际情况灵活布点,采用初调结合详调的方式对局部加密并合理选择对照点位,有时也会根据污染物性质在不同季节开展多次监测。②环境监测分析要求数据的准确度、精密度和可比性,一般必须使用环境标准方法和标准样品,但由于环境污染问题复杂多样,而标准的制定相对滞后,对于一些特殊检测项目,需要使用非标准检测方法。

第四,生态调查。

陆域植物调查的内容包括:群落特征,如群落名称、优势种、群落面积、密度、生物量、是否有保护物种以及保护级别等;群落受损程度,如群落面积变化情况、密度变化情况、生物量变化情况等。调查方法通常包括样方法、样线法和样点法。样方法选择代表调查区植被特征的基本采样单元开展调查,根据调查对象确定样方面积,一般乔木和大型灌木层 $100m^2 \sim 400m^2$,灌木层 $16m^2 \sim 36m^2$,草本层 $1m^2 \sim 4m^2$。样线法是在样地内设置一定数量、一定长度的样线开展调查,在样线两侧 $0.5m$ 范围内记录每种植物的个体数量。草地通常选择 6 条 10m 的样线,灌木通常选择 10 条 30m 的样线,乔木通常选择 10 条 50m 的样线。样点法多用于固定观测点的定期观测。

陆域动物调查的内容包括:种群特征,如种群名称、密度、性别年龄构成、出生率、死亡率、繁殖率、栖息地及其保护级别等;种群受损程度,如种群密度变化情况、年龄构成或性别比例失调情况、栖息地面积变化情况、出生率、死亡率、繁殖率变化情况等信息。兽类调查多采用样线(带)、样方调查法,由于动物的移动性,现在多采用红外相机自动拍摄、踪迹判断和卫星定位追踪等技术和方法,结合种群模型估测种群密度。调查内容主要是动物种群的参数,如密度、性别比、年龄结构、出生率、死亡率、迁出率和迁入率,以及生活史参数。鸟类的调查方法除了样点法、样线法和红外相机自动拍摄之外,还有直接计数法、标图法、网捕法、鸣声录音回放法。鸟类的调查对鸟类分类的要求较高,对调查数量也有一定的要求。例如,要了解林地鸟类种群,至少要布设 10km 样线或者 50 个样点。

水域生态调查涉及湖库、河流、河口及海域等不同水体类型,调查对象包括:水体、沉积物以及生物种群或群落,如细菌、真菌、原生动物和植物、浮游动物、大型藻类、大型水生植物、大型底栖动物、鱼类、水鸟、水生脊椎动物和无脊椎动物；调查指标包括水体理化指标、水文指标、生境指标和生物指标。对于突发水环境案件的水域生态系统调查，在布设点位时应遵循连续性和代表性的原则。连续性是指生物观测的点位尽可能与水文测量、水质理化指标监测点位相同；代表性是指对于污染的水体，应该在一定范围内加大采样密度。此外，除了目标点位外，还应该分别在事故点的上下游100m~1000m处各设置至少3个监测点位或断面；对于大范围的区域性调查，至少应设置10个点位。

生态服务功能调查的内容包括：支持服务功能，如生物多样性维护、地形地貌保持、航运支持等；供给服务功能，如水资源供给、农林牧渔业供给等；调节服务功能，如气候调节、水源涵养、固碳释氧、病虫害防治等；文化科研功能，如休闲娱乐、景观旅游、科学研究等。

第五，实验研究和模型模拟。对于生态环境损害鉴定评估过程中的基线确定、因果关系判定、生态环境恢复（修复）方案决策等专门性问题，需要开展实验研究和模型模拟。具体情形包括：①溯源。对于"多因一果""多因多果"等复杂的生态环境损害案件，通过模拟污染物的可能迁移途径、污染物的变化情况等，确定污染来源，估算污染物排放量。②情景模拟。通过实验模拟或模型模拟，对事发时的情景进行再现，确定相关技术参数，科学评估损害。③趋势预测。通过统计学方法和成熟可靠的模型，模拟具有长期影响的损害结果，预测生态环境恢复（修复）效果。

第六，统计分析。通过独立样本t检验、配对t检验、Wilcoxon秩和检验、方差分析、线性相关分析、线性回归分析、主成分分析、多面体矢量分析等方法，判断损害和污染源之间的相关性。

在应用统计分析方法时，应充分考虑以下两个方面问题：①抽样设计问题，包括抽样是否存在偏差、样本观测值的独立性以及样本量的大小等；②统计方法选择，应根据数据类型及分布、统计分析方法的假设条件及适用性等，选择适合的分析方法。

第七，遥感图像分析。通过提取遥感图像（如卫星影像、航拍图片、无人机影像等）中的光谱特征、空间特征、极化特征和时间特性，识别水系分布、土地利用类型、植被类型及分布、地形地貌等；通过比较不同时间点同一区域地物的特征，分析判断环境污染或生态破坏案件的发生时间、迁移路径和影响范围，可以为环境损害确认提供直接证据，也可以为污染来源识别和因果关系判定提供线索。遥感图像分析与地理信息系统、地形可视化技术相结合，为生态环境损害实物量化、生态环境恢复（修复）方案制定以及恢复（修复）效果的三维可视化展示提供支持。

第八，替代等值分析。根据评价指标的不同，替代等值分析方法分为资源等值分析方法、服务等值分析方法和价值等值分析方法。基于实物量恢复的理念，应优先采用资源等值分析方法和服务等值分析方法，即对环境和资源的恢复应与受损的环境和资源具有可比性，要尽量采用与受损的环境、资源和服务的类型和质量相同或相似的环境、资源和服务进行恢复。当找不到与受损的环境、资源和服务具有可比性的修复对象时，则采用价值等值分析方法。

四、鉴定过程

生态环境损害司法鉴定的过程主要是生态环境损害确定的过程，包括生态环境损害调查、基线确定方法以及生态环境损害确定。

（一）生态环境损害调查

采用科学、系统的现场踏勘、监测、观测、访谈、航拍、资料查阅等方法，搜集信息和数据，为生态环境损害鉴定评估提供支持。生态环境损害调查分为初步调查和系统调查两个阶段。初步调查主要开展资料搜集、现场踏勘和人员访谈，对生态环境损害范围和程度进行初步的判断和分析。初步调查阶段的环境监测以现场快速检测为主，根据需要开展实验室检测。系统调查在初步调查的基础上，对生态环境损害开展针对性调查，为损害确认和损害量化提供支撑。

初步调查和系统调查阶段应分别制订调查工作方案，方案包括调查对象、调查内容、调查方法、调查方式和质量控制等内容。调查的工作程序见图5。

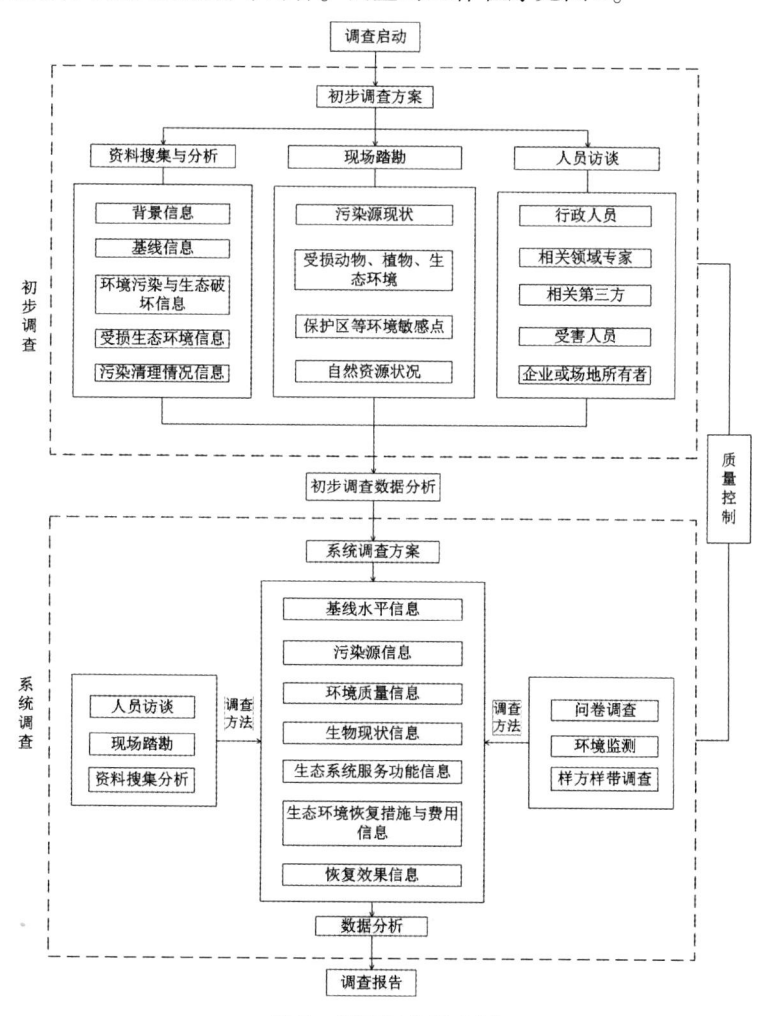

图5 调查工作程序图

1. 初步调查。

(1) 资料搜集与分析。

第一，背景信息调查搜集。背景信息调查搜集的主要内容包括：①调查区域的气候气象、地形地貌、水文地质等自然条件；②调查区域及其周边地区的大气、地表水、沉积物、土壤、地下水、海水、海洋沉积物的历史和应急监测数据；③调查区域内人口、交通、基础设施、经济、土地利用现状、居民区、饮用水水源地等敏感点信息，以及能源和水资源供给、消耗等信息；④调查区域内主要产业构成的历史、现状和发展情况；⑤调查区域内主要生物、矿产、能源等自然资源状况、开发利用方式和强度、自然资源调查监测结果等信息，以及主要厂矿和建筑物的分布情况。

第二，基线信息调查搜集。基线信息调查搜集的主要内容包括：①针对调查区域的专项调查、学术研究以及其他自然地理、生态环境状况等相关历史数据；②针对与调查区域地理位置、气候条件、地形地貌、土地利用类型等类似的未受影响的对照区域，搜集区域的生态环境状况等数据；③污染物的环境标准和环境基准；④专项研究。

第三，环境污染和生态破坏信息调查搜集。环境污染和生态破坏信息调查搜集的主要内容包括：①污染源的数量、位置和周边情况等信息；②污染排放时间、排放方式、排放去向和排放频率等信息；③污染源排放的特征污染物种类、排放量和排放浓度等信息；④污染源排放的污染物进入外环境生成的次生污染物种类、数量和浓度等信息；⑤林地、耕地、草地、湿地等生态系统自然状态以及野生动植物受到破坏或伤害的时间、方式和过程等信息。

第四，受损生态环境质量信息调查搜集。受损生态环境质量信息调查搜集的主要内容包括：①关于受损生态环境的文字与音像材料以及遥感影像、航拍图片等影像资料；②受到影响的大气、地表水、沉积物、土壤、地下水、海洋海水等环境介质的质量变化；③受到影响的植被、动物等生物的类型、结构和数量变化等情况；④调查区域的历史环境污染、生态破坏的相关资料。

第五，污染清理情况信息调查搜集。污染清理情况信息调查搜集的主要内容包括：①污染清理的组织、工作过程、清理效果与二次污染物的产生情况等资料信息；②污染清理的现场照片和录像等音像资料；③污染物清理转运、物资投入和工程设施等信息；④污染清理过程委托合同、票据等污染清理处置费用证明材料，以及相关主管部门监管证明材料等；⑤其他与污染清理处置相关的材料。

第六，资料分析。根据专业知识和经验识别资料中的错误和不合理信息，对于不完整、不确定信息应在报告中说明。

(2) 现场踏勘。根据生态环境损害具体情况和生态环境损害评估需求，开展现场踏勘，并填写现场踏勘记录表。

第一，现场踏勘范围。对污染环境行为造成的生态环境损害，以污染源、污染物的迁移途径、受损生态环境所在区域为主要踏勘范围；对破坏生态行为造成的生态环境损害，以受损或退化的生物所在区域和生态系统为主要踏勘范围。

第二，现场踏勘的内容和方法。现场踏勘的工作内容可包括：

污染源。这是指造成污染的各种来源，如化学品的生产、使用、贮存情况，污染物非法倾倒、事故排放、临时堆放泄漏情况，以及安全和交通事故、自然原因造成的污染物泄漏等状况。

迁移途径。这是指污染物在环境界面的物质交换及长距离迁移，如污染物在土壤—大气、土壤—地表水、土壤—地下水，地表水—沉积物等界面的物质交换过程；污染物在大气、地表水、地下水等介质中迁移、扩散、转化以及长距离运输的过程。

受损环境情况。这是指由污染造成的大气、地表水、沉积物、土壤和地下水环境影响范围、影响程度和潜在影响区域。

区域状况及环境敏感点。这是指区域土地利用类型以及可能影响污染物迁移扩散的构筑物、沟渠、河道、地下管网和渗坑等要素，区域水文地质、地形、地貌等自然状况，居民区、饮用水水源地、自然保护区、风景名胜区、世界文化和自然遗产地等周边区域环境敏感点。

生物的动态变化情况。观察调查区域内植物群落的类型、群落的层次结构，动物种群的结构特征、行为特征和栖息地的情况，着重识别调查区域的指示物种，以及指示物种的生物学、生态学和生境特征及其变化情况。

生态系统。对于森林生态系统，分层（乔木层、灌木层和草本层）进行踏勘观测；对于湿地生态系统，主要关注湿地的类型，其所在的水系和区域流域的水文情况，地表和地下水水位的时空分布以及动态变化，湿地植被、水生生物、鸟类等湿地生物物种组成、分布与数量变化情况；对于草地生态系统，主要关注草地群落组成和草地退化情况；对于荒漠生态系统，主要关注主导风向、风速以及地下水系的情况；对于农田生态系统，着重调查传粉昆虫种群动态、农作物的产量和轮作情况，病虫害的类型、爆发时间和防治措施等情况；对于海洋与海岸带生态系统，主要关注海洋水文动力变化情况、海岸线占用情况、海洋生物物种组成、分布与数量变化情况；对于陆地生态系统，还需要关注土壤破坏状况，重点调查土壤损害量、土壤压实度、含水率、有机质含量、养分元素含量（氮磷钾等）等理化性质指标。

现场踏勘过程中对调查区域的大气、地表水、沉积物、土壤、地下水、海洋海水和生物等样品的检测以现场快速检测为主，同时可以根据相关规范保存部分样品，以备复查。

现场踏勘过程中，应以视频方式对关键环节进行记录。视频录制应配有语言描述，说明项目名称、调查人员、位置、时间、调查目的、拍摄和移动方向、天气、地貌、环境污染或生态破坏情况等。

第三，安全防护准备。在现场踏勘前，根据现场的具体情况采取相应的防护措施，装备必要的防护用品。

（3）人员访谈。调查人员可采取面谈、电话交流、电子或书面调查表等方式，对现场状况或历史的知情人，包括当地政府与相关行政主管部门的人员、相关领域专家、企业或场地所有者、熟悉现场的第三方、实际或潜在受害人员进行访谈，补充相关信息，考证已有资料。调查人员应填写人员访谈记录表。

（4）初步调查总结。应该初步明确污染源的位置、类型、污染物排放量和排放浓度，生物和生态系统损害的表现和强度，初步确定生态环境损害的类型、范围和程度，并对系统调查提出建议。

2. 系统调查。

（1）调查内容。

第一，基线水平信息。这包括调查区域和补偿性恢复备选区域的环境介质、生物、生态服务功能等表征指标的基线水平。

第二，污染源信息。这包括造成调查区域生态环境损害的所有污染源数量、位置、污染排放情况、特征污染物种类、排放量、排放浓度和填埋情况等信息。

第三，环境质量信息。这包括调查区域和补偿性恢复备选区域的大气、地表水、沉积物、土壤、地下水、海洋海水等环境介质的质量现状、污染分布情况、污染物浓度水平等信息。

第四，生物信息。这包括调查区域和补偿性恢复备选区域的植物群落建群种、分布面积、密度、冠幅、郁闭度、生物量、是否有保护物种分布和保护物种的级别、植物群落的受损程度，以及主要动物物种密度、出生率、死亡率、繁殖率、生境、是否有保护物种分布和保护物种的级别、动物的受损程度等情况。

第五，生态服务功能信息。这包括生态服务功能类型和受损程度。受损程度通常用生态系统面积、生物量或初级生产力来表征，必要情况下，也可以用固碳量、释氧量、水源涵养量等生态服务实物量来表征。

第六，生态环境恢复措施与费用信息。这包括为恢复生态环境功能及其服务水平所采取的基本恢复、补偿性恢复和补充性恢复等措施及相关费用，以及为采取行动发生的监测、调查和维护费用。

第七，生态环境恢复效果信息。这包括实施恢复的环境介质、生物、生态系统的恢复情况，恢复行动实施期间的二次污染情况，公众满意度情况等用于评价生态环境恢复措施是否达到预期目标、是否需要开展补充性恢复的信息。

（2）调查方法。系统调查阶段的调查方法主要包括资料搜集与分析、现场踏勘、人员访谈、环境监测、问卷调查、样带样方调查。

系统调查阶段的资料搜集与分析是在初步调查阶段的基础上，根据评估需求，进行针对性的信息搜集、核实和补充，并对生态环境损害鉴定评估资料清单进行补充。

（3）调查要求。

第一，基线水平调查。①通过查阅相关历史档案或文献资料，获得调查区域环境质量、生物种类和数量、生态服务功能等表征指标的基线水平；②选取对照区域，开展环境质量、生物数量、生态服务功能等的相关调查和监测工作；③可参考适用的国家或地方环境质量标准或环境基准确定基线；④必要时开展基线水平的专项研究。

第二，污染源调查。污染源调查可按照 HJ/T 373 执行。

第三，环境质量调查。①环境质量调查主要通过环境监测手段，开展现场采样、分析检测、质量控制和判断评价等工作。应针对污染类型、污染物性质和生态环境损害评估的需求制订环境质量调查工作方案。②环境质量调查中，应合理选择有代表性的检测项目，包括由污染源直接排入环境的一次污染物、一次污染物进入环境转化生成的二次污染物、在污染清理过程中引入的污染物、能影响上述特征污染物环境行为的理化指标、可能对特征污染物检测结果产生干扰的理化指标等项目。③对于大气、地表水、土壤、地下水、固体废物、海洋等环境监测方案和标准规范，优先选择国家标准或国家环境保护标准；无该类标准的，可参照执行行业或地方标准；国内无标准的，可参照国外相关适用性标准或专家认可的技术方法。④突发环境案件的调查和监测按照 HJ/T 589 执行。⑤对于矿区等特大生态环境损害区域调查、地下溶洞等复杂条件生态环境损害调查等无相关技术导则的情况，调查人员应根据专业知识和经验，结合调查区域特点设计采样监测方案。⑥调查人员应填写现场采样记录表。

第四，生物调查。生物调查包括生物多样性和生物毒性的调查，调查人员应填写生物现场调查表。

第五，生态服务功能调查。根据生态系统类型确定调查项目，对于无技术规范的情况，调查人员应根据专业知识和经验进行信息的搜集。调查人员应填写生态服务功能调查表。

第六，生态环境恢复措施与费用调查。①生态环境恢复方案筛选调查，应调查、搜集备选方案的实施费用、监测维护费用、恢复时间、经济社会效益、技术可行性、是否造成二次污染等信息；②对于污染清理和恢复措施已经完成或正在进行的，搜集实际发生的费用信息，并对实际发生费用的合理性进行判断核实；③对于恢复措施尚未开展的，应按照国家工程投资估算的规定搜集备选恢复方案的相关费用信息，必要时应开展专项研究；④对于无法恢复而采用环境价值评估方法评估生态环境损害的，应根据具体的环境价值评估方法的需求搜集相关资料和信息，必要时应开展专项研究；⑤调查人员应填写污染清理与处置等费用调查表和生态环境恢复方案比选表。

第七，生态环境恢复效果调查。①开展现场踏勘，制订生态环境恢复效果调查工作方案；②对于已完成的生态环境恢复措施，应主要搜集实际实施的恢复方案、方案目标和二次污染情况等信息；③对于实施恢复的环境介质、生物、生态系统的信息调查分别参见调查要求②~④；④对于需要开展补充性恢复的情况，应搜集补充性修复方案的实施费用、监测维护费用、恢复时间、经济社会效益、技术可行性、是否造成二次污染等信息；⑤针对生态环境恢复措施和目标公众特点，设计恢复效果公众满意度调查表，开展公众满意度调查；⑥参照生态环境损害鉴定评估调查报告的编制要求（参见附录 A）编写生态环境恢复效果调查报告。

（4）质量保证和质量控制。

第一，调查数据采集质量控制。①审核搜集的各类资料信息、现场踏勘照片、人员访谈记录、环境监测数据、调查问卷，初步评判资料收集情况是否足以支撑生态环境损害评估工作，并检查生态环境损害鉴定评估资料清单的填写情况；②审核环境监测过程中的采样位置、采样数量、平行样点、采样深度等是否与已经制订的调查采样方案一致，且符合相关技术规定的要求；如存在调整，检查调整原因和依据是否合理，是否经过调查单位负责人的认可；③审核生物调查和生态服务功能调查过程中调查范围、调查指标、点位数量等是否与已经制订的调查方案一致，是否符合相关技术规定的要求；检查生态服务功能调查指标是否满足计算需求，是否足以支撑服务功能量化，确保计算结果准确反映当地情况；④审核现场踏勘音视频资料、人员访谈信息数据的获取和提交是否符合工作程序和相关规定；⑤对于搜集获得的资料，随机抽取5%~10%进行资料复核；对于人员访谈获得的资料信息，随机抽取5%~10%进行回访复核。

第二，分析测试及实验室质量控制。①检查样品重量和数量、样品标签、容器材质、保存条件、保存剂添加、采集过程现场照片等是否满足相关技术规范。②在样品交接过程中，应对接收样品的质量状况进行检查。检查内容主要包括：样品运送单是否填写完整，样品标识、重量、数量、包装容器、保存温度、应送达时限等是否满足相关规定。③样品的检测是否严格遵照相关技术规定。

第三，调查表（记录表）填报质量控制。①审核调查表、记录表中应填报项是否全部填报。若存在缺项，且无说明的，须重新填报。②审核调查表、记录表中已填报项是否按照注意事项中的说明规范填报。若填报信息不规范，须重新填报。③审核调查表、记录表中信息项填报是否准确，填报内容是否符合客观实际情况；审核调查表中具有关联的指标间衔接是否符合逻辑；分析调查表中数据值是否正确，指标数量级别、计量单位是否准确。若存在不准确信息，须重新填报。

第四，信息汇总分析。调查人员应对损害调查阶段获得的信息进行分析，确定调查区域特征污染物类型、浓度水平和空间分布情况，明确生态环境损害的情况，整理调查信息和分析检测结果，评估分析数据的质量和有效性，对是否需要补充调查进行判断。调查人员应填写生态环境损害调查信息汇总表，并完成生态环境损害调查报告。

（二）基线确定方法

应选择适当的评价指标和方法调查并确定基线。基线的确定方法包括：

1. 历史数据。优先利用评估区污染环境或破坏生态行为发生前的历史数据确定基线，也可以利用评估区既往开展的常规监测、专项调查、学术研究等历史数据。对搜集的历史资料，应注明资料来源和时间，使用的资料应经过筛选和甄别。历史数据应对评估区具有较好的时间和空间代表性，且历史数据的采样、检测等数据收集方法与现状调查数据具有可比性，样本数（点位数量或采样次数）不少于5个。应对历史数据的变异性进行统计描述，识别数据中的极值或异常值并分析其原因，确定是否剔除极值或异常值。根据专业知识和评价指标的意义确定基线，对于服从正态分布的数据，当污染或破坏导致评价指标升高时，采用历史数据的90%参考值上限（算术平均数+1.65倍标准差）作为基线；当污染或破坏导致评价指标降低时，采用历史数据的90%参考值下限（算术平均数-1.65倍标准差）作为基线。对于不服从正态分布的数据，污染或破坏导致评价指标升高时，采用历史数据的第90百分位数作为基线；当污染或破坏导致评价指标降低时，采用历史数据的第10百分位数作为基线。

2. 对照数据。当缺乏评估区的历史数据或历史数据不满足要求时，可以利用未受污染环境或破坏生态行为影响的"对照区域"的历史或现状数据确定基线。应选择一个或多个与评估区具有可比性且未受污染环境或破坏生态行为影响的对照区域。对照区域数据应具有较好的时间和空间代表性，且其数据收集方法应与评估区具有可比性，并遵守评估方案的质量保证规定，样本数（点位数量或采样次数）不少于5个。对搜集的历史资料，应注明资料来源和时间，使用的资料应经过筛选和甄别。应对"对照区域"数据的变异性进行统计描述，识别数据中的极值或异常值并分析其原因，确定是否剔除极值或异常值，根据专业知识和评价指标的意义确定基线，确定原则同"1. 历史数据"。

3. 标准基准。当利用历史数据或对照数据确定基线不可行时，可参考适用的国家或地方环境质量标准或环境基准确定基线；当标准和基准同时存在时，优先适用环境质量标准；当缺乏适用的标准或基准时，可参考国外政府部门或国际组织发布的相关标准或基准。

4. 专项研究。必要时应开展专项研究，按照相关环境基准制定技术指南，推导环境基准作为基线；也可以构建生态环境质量与生物体的毒性效应、种群密度、物种丰度、生物多样性等评价指标之间的剂量—反应关系确定基线。

（三）生态环境损害确定

对比评估区生态环境及其服务功能现状与基线，必要时开展专项研究，确定评估区生态环境损害的事实和损害类型。生态环境损害确定应满足以下任一条件：

1. 评估区环境空气、地表水、沉积物、土壤、地下水、海水中特征污染物浓度或相关理化指标超过基线。

2. 评估区环境空气、地表水、沉积物、土壤、地下水、海水中物质的浓度足以导致生物毒性反应。

3. 评估区生物个体发生死亡、病变、行为异常、肿瘤、遗传突变、生理功能失常、畸形。

4. 评估区生物种群特征（如种群密度、性别比例、年龄组成等）、群落特征（如多度、密度、盖度、频度、丰度等）或生态系统特征（如生物多样性）与基线相比发生不利改变。

5. 与基线相比，评估区生态服务功能降低或丧失。

6. 造成生态环境损害的其他情形。

五、分析说明

生态环境损害司法鉴定的分析说明包括因果关系分析、生态环境损害实物量化、生态环境损害价值量化、生态环境恢复效果评估。

（一）因果关系分析

1. 污染环境行为的因果关系分析。污染环境行为与生态环境损害间因果关系分析的内容包括：

（1）时间顺序分析。分析判断污染环境行为与生态环境损害发生的时间先后顺序。污染环境行为应发生在生态环境损害之前。

（2）污染物同源性分析。采样分析污染源、环境介质和生物中污染物的成分、浓度、同位素丰度等，采用稳定同位素、放射性同位素、指纹图谱、多元统计分析等技术方法，判断污染源、环境介质和生物中的污染物是否具有同源性。

（3）迁移路径合理性分析。分析评估区域气候气象、地形地貌、水文地质等自然环境条件，判断污染物从污染源迁移至环境介质的可能性；造成生物损害的，进一步判断污染物到达生物的可能性。建立从污染源经环境介质到生物的迁移路径假设，识别划分迁移路径的每一个单元，利用空间分析、迁移扩散模型等方法分析污染物迁移方向、浓度变化等情况，分析判断各个单元是否可以组成完整的链条，验证迁移路径的连续性、合理性和完整性。

（4）生物暴露可能性分析。识别生物暴露于污染物的暴露介质、暴露途径和暴露方式，结合生物内暴露和外暴露测量，判断生物暴露于污染物的可能性。

（5）生物损害可能性分析。通过文献查阅、专家咨询和毒理实验等方法，分析污染物暴露与生物损害间的关联性，阐明污染物暴露与生物损害间可能的作用机理；建立污染物暴露与损害间的剂量-反应关系，结合环境介质中污染物浓度、生物内暴露和外暴露量等，分析判断生物暴露水平产生损害的可能性。

（6）分析自然和其他人为可能因素的影响，并阐述因果关系分析的不确定性。

2. 破坏生态行为的因果关系分析。生态破坏行为与生态环境损害间因果关系分析的内容包括：

（1）时间顺序分析。分析判断破坏生态行为与生态环境损害发生的时间先后顺序。破坏生态行为应发生在生态环境损害之前。

（2）损害可能性分析。根据生态学理论，通过文献查阅、专家咨询、遥感影像分析、样方调查和生态实验等方法，分析破坏生态行为与生态环境损害之间的关联。

（3）因果关系链建立。根据生态学理论，结合生态系统过程分析、水动力过程分析等，建立破坏生态行为导致生态系统结构、过程与功能受损的损害原因（源）—损害方式（路径）—损害后果的因果关系链，分析因果关系链条的科学性和合理性。

（4）分析自然和其他人为可能的因素的影响，并阐述因果关系分析的不确定性。

(二) 生态环境损害实物量化

1. 损害范围和程度量化。利用统计分析、空间分析、模型模拟、专家咨询等方法量化生态环境损害的范围和程度。应根据生态环境损害类型、指标和方法适用性、资料完备程度等情况，选择适当的实物量化指标和方法。对环境要素的损害，一般以特征污染物浓度为量化指标；对生物要素的损害，一般选择生物的种群特征、群落特征或生态系统特征等指标作为量化指标。对于生态服务功能的损害，应明确受损生态服务功能类型，如提供栖息地、食物和其他生物资源、娱乐、地下水补给、防洪等，并根据功能或服务类型选择适合的量化指标，如栖息地面积、受损地表水资源量等。在量化生态服务功能时，应识别相互依赖的生态服务功能，确定生态系统的主导生态服务功能并针对主导生态服务功能选择适用的方法进行评估，以避免重复计算。生态环境损害实物量化的内容可能包括：①确定评估区环境空气、地表水、沉积物、土壤、地下水、海水等环境介质中特征污染物浓度劣于基线的时间、面积、体积或程度等；②确定评估区生物个体发生死亡、疾病、行为异常、肿瘤、遗传突变、生理功能失常或畸形的数量；③确定评估区生物种群特征、群落特征或生态系统特征劣于基线的时间、面积、生物量或程度等；④确定评估区生态服务功能劣于基线的时间、服务量或程度等。

2. 可恢复性评价。通过文献调研、专家咨询、案例研究、现场实验等方法，评价受损生态环境及其服务功能恢复至基线的经济、技术和操作的可行性。根据受损生态环境及其服务功能的可恢复性，制订基本恢复方案，需要实施补偿性恢复的，同时需要评价补偿性恢复的可实施性。

3. 恢复方案制订。恢复方案制订包括：确定恢复目标、选择恢复策略、筛选恢复技术、制订备选方案、比选恢复方案。

(三) 生态环境损害价值量化

1. 价值量化方法选择原则。生态环境损害的价值量化应遵循以下原则：①污染环境或破坏生态行为发生后，为减轻或消除污染或破坏对生态环境的危害而发生的污染清除费用，以实际发生费用为准，并对实际发生费用的必要性和合理性进行判断；②当受损生态环境及其服务功能可恢复或部分恢复时，应制订生态环境恢复方案，采用恢复费用法量化生态环境损害价值；③当受损生态环境及其服务功能不可恢复，或只能部分恢复，或无法补偿期间损害时，选择适合的其他环境价值评估方法量化未恢复部分的生态环境损害价值；④当污染环境或破坏生态行为事实明确，但损害事实不明确或无法以合理的成本确定生态环境损害范围和程度时，采用虚拟治理成本法量化生态环境损害价值，不再计算期间损害。

2. 生态环境恢复费用计算。测算最佳恢复方案的实施费用，包括直接费用和间接费用。其中，直接费用包括生态环境恢复工程主体设备、材料、工程实施等费用，间接费用包括恢复工程监测、工程监理、质量控制、安全防护、二次污染或破坏防治等费用。按照下列优先级顺序选择恢复费用计算方法，相关成本和费用以恢复方案实施地的实际调查数据为准。

（1）费用明细法。适用于恢复方案比较明确，各项具体工程措施及其规模比较具体，所需要的设施、材料、设备、人工等比较明确，且鉴定评估机构对恢复方案各要素的成本比较清楚的情况。费用明细法应列出恢复方案的各项具体工程措施、各项措施的规模，明确需要的设施以及需要用到的材料和设备的数量和规格、能耗等内容，根据各种设施、材料、设备、能耗的单价，列出恢复工程费用明细。

（2）指南或手册参考法。适用于恢复技术有确定的工程投资手册可以参照的情况，根据确定的恢复工程量，参照相关指南或手册，计算恢复工程费用。

（3）承包商报价法。适用于恢复方案比较明确，各项具体工程措施及其规模比较具体、所需要的设施、材料、设备等比较确切，但鉴定评估机构对方案各要素的成本不清楚或不确定的情况。承包商报价法应选择3家或3家以上符合要求的承包商，由承包商根据恢复目标和恢复方案提出报价，对报价进行综合比较，确定合理的恢复工程费用。

（4）案例比对法。适用于恢复技术不明确的情况，通过调研与本项目规模、损害特征、生态环境条件相类似且时间较为接近的案例，基于类似案例的恢复费用，计算恢复工程费用。

（四）生态环境恢复效果评估

生态环境恢复方案实施后，应采用环境监测、生物监测、生态调查、问卷调查等方法，跟踪生态环境恢复方案的执行情况、实施期间二次污染情况、恢复目标达成情况、生态环境恢复效果以及公众对恢复行动的满意度等。当基本恢复或补偿性恢复未达到预期效果时，应进一步量化损害，制订补充性恢复方案；当补充性恢复不可行或无法达到预期效果的，采用适合的环境价值评估方法量化生态环境损失。生态环境恢复效果评估应制定生态环境调查和监测方案，定期进行调查、监测和分析，包括大气、地表水、沉积物、土壤、地下水等环境监测，动物、植物、微生物等生物监测，水文、地质等相关参数的监测，以及生态系统恢复状况调查。

六、鉴定意见

针对生态环境损害司法鉴定委托事项，写明每一项生态环境损害的鉴定评估结论，包括生态环境损害确定结论、因果关系分析结论和生态环境损害量化结论。同时，阐明报告的真实性、合法性、科学性。明确报告的所有权、使用目的和使用范围。阐明报告编制过程及结果中可能存在的不确定性。最终由司法鉴定人签名或者盖章，并写明司法鉴定人的执业证号，同时，加盖司法鉴定机构的司法鉴定专用章，并注明文书制作日期等。

七、附件

司法鉴定文书附件应当包括与鉴定意见、检验报告有关的关键图表、照片等以及有关音像资料、参考文献等的目录。附件是司法鉴定文书的组成部分，应当附在司法鉴定文书的正文之后。

环境损害司法鉴定附件的主要内容包括：生态环境损害司法鉴定工作过程中依据的各

种证明材料、现场调查监测方案、现场调查监测报告、实验方案与分析报告等。

任务二　环境损害司法鉴定意见书的范例

×××司法鉴定中心司法鉴定意见书

×××司鉴中心［202×］临鉴意字第×号

（司法鉴定专用章）

一、基本情况

委托单位：×××公安局

委托事项：开展本次案件现场填埋固废及下方土壤的采样检测分析，结合现场勘探、测绘调查，确定固废填埋量；综合评估现场土壤环境污染状况，确定主要污染因子、污染程度；对本次案件近期可操作的环境损害进行量化，评估损害数额

受理日期：202×年×月×日

鉴定材料：1. 司法鉴定委托书 2 份

2. 土地用地类型证明材料

3. 固体废物与土壤检测报告

4. 询问笔录资料

二、基本案情

1. 案件背景：经××举报，202×年×月至 202×年×月，××市××镇××工程存在大量固废填埋行为，现场存在明显异味。××公安局于 202×年×月×日委托我中心前往××现场进行初步勘查。根据相关部门提供的资料信息，结合现场勘查，发现填埋物为黑色泥状物，具有明显异味，疑似××固废。根据××公安局提供的信息（详见附件1），填埋区域面积约为××亩，目前已填埋固废约××吨。

2. 任务由来：经现场勘查后，××公安局为核实本起案件造成的环境损害程度与范围，核实环境污染损害价值，于 202×年×月×日正式委托我中心开展本起案件环境损害司法鉴定工作，委托书详见附件2。

正式接受委托后，我中心评估技术小组立即制定详细工作方案，联系参与本案件处理处置的部门、单位，收集整理各方资料。在了解案件及现场情况的基础上，结合现场填埋区域分布情况分析，针对填埋的固废和固废下土壤开展采样检测及分析工作，并对场地内的固废总量进行勘测估算，最终核算该案件生态环境损害费用、事务性费用等相关数额，编制形成《××××环境损害司法鉴定意见书》，以期为本次案件的后续工作提供依据。

3. 其他材料：介绍案件区域概况（地理位置、气候条件、水文特征、地质地貌、社会经济等）以及案件区域环境功能区划〔案件区域用地类型属于×××（详见附件3）〕等情况。

三、资料摘要

1. 鉴定评估目标。

（1）通过对案件现场及周边可能受影响区域进行踏勘、走访、数据资料收集整理分析等方法，明确案件过程；

（2）基于调查走访结论，勘测估算本次案件区域内涉及的固废填埋总量；

（3）开展本次案件区域固废及土壤采样检测分析，并对案件造成的环境损害事实进行确认，并分析其存在的因果关系；

（4）基于科学规范的环境损害评估技术方法，核算案件可能造成的生态环境损害价值、人身损害、财产损害、应急处置费用、事务性费用等环境损害价值；

（5）对本次案件近期可操作的相关损失数额进行量化，出具环境损害司法鉴定意见。

2. 鉴定评估依据。

（1）法律法规：

《中华人民共和国环境保护法》（中华人民共和国主席令第9号，2015年1月1日起施行）；

《中华人民共和国固体废物污染环境防治法》（中华人民共和国主席令第57号，中华人民共和国第十三届全国人民代表大会常务委员会第十七次会议修订通过，自2020年9月1日起施行）；

《中华人民共和国土壤污染防治法》（中华人民共和国主席令第8号，2019年1月1日起施行）；

《中华人民共和国水污染防治法》（中华人民共和国主席令第八十七号，第十二届全国人民代表大会常务委员会第二十八次会议修正，2018年1月1日起施行）；

《广东省环境保护条例》（2018年11月29日广东省第十三届人民代表大会常务委员会第七次会议修正）。

（2）部门规章：

《环境保护部关于开展环境污染损害鉴定评估工作的若干意见》（环发〔2011〕60号）；

《最高人民法院关于审理环境民事公益诉讼案件适用法律若干问题的解释》（法释〔2015〕1号）；

《最高人民法院关于审理环境侵权责任纠纷案件适用法律若干问题的解释》（法释〔2015〕12号）；

《最高人民法院、最高人民检察院关于办理环境污染刑事案件适用法律若干问题的解释》（法释〔2016〕29号）；

《最高人民法院、民政部、环境保护部关于贯彻实施环境民事公益诉讼制度的通知》（法〔2014〕352号）。

(3) 技术标准与规范：

《环境损害鉴定评估推荐方法（第Ⅱ版）》（环办〔2014〕90号）；

《生态环境损害鉴定评估技术指南 总纲和关键环节 第1部分：总纲》（GB/T 39791.1-2020）；

《生态环境损害鉴定评估技术指南 总纲和关键环节 第2部分：损害调查》（GB/T 39791.2-2020）；

《生态环境损害鉴定评估技术指南 环境要素 第1部分：土壤和地下水》（GB/T 39792.1-2020）；

《生态环境状况评价技术规范》（HJ/T 192-2015）；

《土壤环境监测技术规范》（HJ/T 166-2004）；

《城镇污水处理厂污泥处置林地用泥质》（CJT 362-2011）；

《土壤环境质量 建设用地土壤污染风险管控标准（试行）》（GB 36600-2018）；

《地表水环境质量标准》（GB 3838-2002）；

《地表水和污水监测技术规范》（HJ/T 91-2002）；

《水质采样技术指导》（HJ 494-2009）；

《水质采样方案设计技术指导》（HJ 495-2009）；

《地下水环境监测技术规范》（HJ/T 164-2020）；

《地下水质量标准》（GB/T 14848-2017）；

《工业固体废物采样制样技术规范》（TJ/T 20-1998）；

《危险废物鉴别技术规范》（HJ 298-2019）；

《危险废物鉴别标准 腐蚀性鉴别》（GB 5085.1-2007）；

《危险废物鉴别标准 急性毒性初筛》（GB 5085.2-2007）；

《危险废物鉴别标准 浸出毒性鉴别》（GB 5085.3-2007）；

《危险废物鉴别标准 易燃性鉴别》（GB 5085.4-2007）；

《危险废物鉴别标准 反应性鉴别》（GB 5085.5-2007）；

《危险废物鉴别标准 毒性物质含量鉴别》（GB 5085.6-2007）；

《危险废物鉴别标准 通则》（GB 5085.7-2019）；

《固体废物鉴别标准 通则》（GB 34330-2017）；

《一般工业固体废物贮存和填埋污染控制标准》（GB 18599-2020）。

3. 鉴定评估原则。环境损害司法鉴定应遵循合法合规原则、科学合理原则、独立客观原则。

（1）合法合规原则。鉴定评估工作应遵守国家和地方有关法律、法规和技术规范。禁止伪造数据和弄虚作假。

（2）科学合理原则。鉴定评估工作应制定科学、合理、可操作的工作方案。鉴定评估工作方案应包含严格的质量控制和质量保证措施。

(3) 独立客观原则。鉴定评估机构及鉴定人员应当运用专业知识和实践经验独立客观地开展鉴定评估，不受鉴定评估利益相关方的影响。

4. 鉴定评估范围。依据本案件的环境影响范围、程度、所在区域基本情况和周边环境特点，并结合现场勘查、资料分析和监测结果，确定本次环境损害司法鉴定的空间及时间范围如下：

空间范围：××地块填埋固废的区域及其周边可能影响的区域。

时间范围：××案件首次填埋固废行为发生时至受损生态环境及其生态系统服务恢复至基线为止。写明开展本次司法鉴定工作确定的生态环境损害的时间范围和空间范围，以及确定时空范围的依据。

5. 鉴定评估方法。

(1) 技术路线：

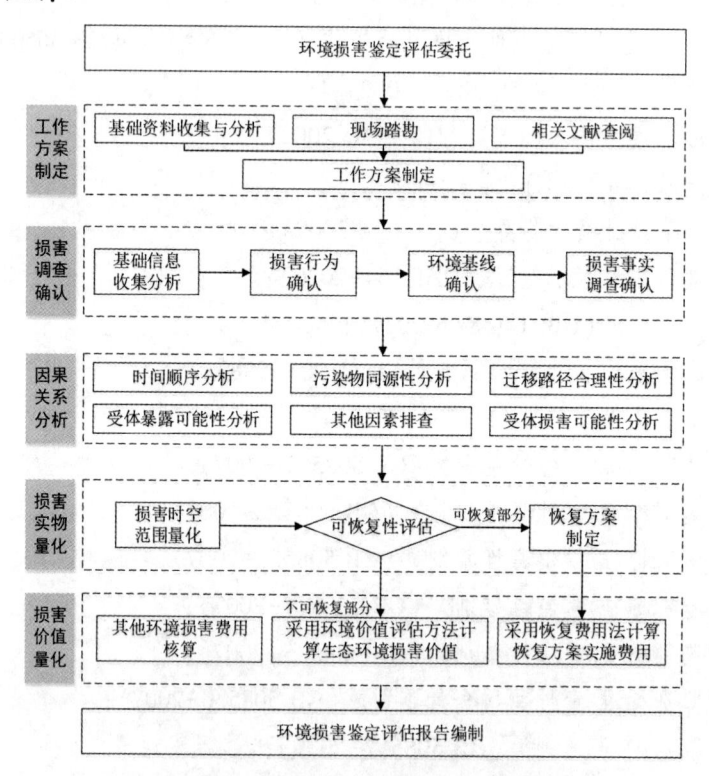

环境损害鉴定评估工作总体技术路线图

(2) 评估方法。

现场勘查法：现场勘查工作主要包括现场影像记录、丈量、采样、监测等，通过现场查勘，了解事故现场环境状况，初步判断受污染程度，重点对污染范围、污染扩散方向、财产损失和生态环境损害情况进行查勘。

数据分析法：结合环境损害鉴定固废及土壤的检测数据结果，识别案件区域污染物浓度，综合考虑环境污染物质的危害特征及其对周边环境的影响因素。对照相关环境质量标准及对照点数据，分析评估环境污染状况。结合环境损害调查和环境污染数据分析，从时间顺序、污染物同源性、污染物迁移路径等层面判定环境污染行为与环境损害间的因果关系。

环境损害费用计算方法：针对生态环境损害量化过程中涉及的人身损害、财产损害、应急处置、清运处置费用等环节，开展市场价格调研，并将评估对象与相同项目或类似项目的价格进行比较，结合实际情况对相关市场价格作出必要的修正，以此得出相关评估对象的客观合理价格。对于已发生的费用，对实际发生费用的必要性和合理性进行审核，得到实际发生费用。对于恢复方案比较明确，各项具体工程措施及其规模比较具体、所需要的设施、材料、设备等比较确切的，则采用承包商报价法。

针对生态环境恢复费用评估，本次评估采用指南参考法，参考《生态环境损害鉴定评估技术指南 环境要素 第1部分：土壤和地下水》（GB/T 39792.1-2020），根据确定的恢复工程量，参照上述指南，计算恢复工程费用。

四、鉴定过程

1. 生态环境损害调查。

（1）案件现场调查情况：202×年×月×日，我中心接受×××公安局委托，前往案件现场开展初步勘查工作。评估技术小组对案件区域及周边环境进行调查，对周边可能受影响区域进行了踏勘（详见附件4），对相关人员进行访谈（详见附件5），了解案件影响程度、核实现场状况。

202×年×月×日，××公安局正式委托我中心开展本次案件现场填埋固废及下方土壤的采样检测分析，结合现场勘探、测绘调查，确定固废填埋量；综合评估现场土壤环境污染状况，确定主要污染因子、污染程度；对本次案件近期可操作的环境损害进行量化，评估损害数额。

现场调查期间，评估技术小组委托了具备相关资质的×××公司根据《岩土工程勘察规范》（GB 50021-2001，2009年版）、《土的工程分类标准》（GB/T 50145-2007）、《工程测量规范》（GB 50026-2007）及《建筑工程地质勘探与取样技术规程》（JGJ/T 87-2012）等技术规范，开展场地区域测量与地质钻探工作。

（2）固体废物属性鉴别与总量分析：通过采样方案与初步筛查、固体废物属性鉴别设计与固废检测结果（检测结果见表××，检测报告详见附件6），分析固废检测结果得出固体废物属性分析结论。

经分析，本起案件现场倾倒的固体废物不属于具有反应性、易燃性、腐蚀性、浸出毒性、毒性物质含量和经口急性毒性特征的危险废物。根据现场勘查可知，从固体废物的外观形状判断，现场倾倒的固体废物主要为××，结合《最高人民法院、最高人民检察院、公安部、司法部、生态环境部关于办理环境污染刑事案件有关问题座谈会纪要》（2019年2月20日）第九条关于有害物质的认定条件，本次案件涉及的固体废物为"工业危险废物以外的其他工业固体废物；未经处理的××"，属于刑法第三百三十八条规定的"其他有害物质"。

根据××公司出具的案件区域测量及固体废物填埋量勘察报告（附件7、附件8），根据钻孔、挖掘及地面表面特征，对案件区域固废填埋分布情况及总量进行估算。

2. 基线确定。根据《生态环境损害鉴定评估技术指南 总纲和关键环节 第1部分：总纲》（GB/T 39791.1-2020）、《生态环境损害鉴定评估技术指南 总纲和关键环节 第2部分：损害调查》（GB/T 39791.2-2020）、《生态环境损害鉴定评估技术指南 环境要素 第1部分：土壤和地下水》（GB/T 39792.1-2020）等相关文件及标准规范综合确定本案件环境基线如下：

土壤环境基线：本次案件无充足污染环境或破坏生态行为发生前评估区域土壤环境历史数据，故本评估以利用未受污染环境或破坏生态行为影响的"对照区域"的现状数据作为土壤环境基线。经分析，对照点检测数据无异常值。×××检测指标的对照点检测数据服从正态分布，取对照点数据90%参考值上限（算术平均数+1.65标准差）作为基线。×××的对照点检测数据不服从正态分布，采用对照数据的第90百分位数作为基线。对照区域土壤检测数据及基线数据参见表×××（检测报告详见附件6）。

地下水环境基线：本次案件无污染环境或破坏生态行为发生前评估区域地下水环境历史数据，因此拟在调查区域上游设置地下水对照点作为基线，基于上游地下水对照点设置2个钻探点位均无法采集到地下水样品，故本次地下水评估主要参考《地下水质量标准》（GB/T 14848-2017）作为基线。根据《广东省地下水环境功能区划》（粤办函〔2009〕459号）可知，固废倾倒区域属于×××地下水水源涵养区，执行《地下水质量标准》（GB/T 14848-93）Ⅱ类标准，本次地下水评估主要参考《地下水质量标准》（GB/T 14848-2017）中的Ⅱ类标准作为基线。

地表水环境基线：本次案件无污染环境或破坏生态行为发生前评估区域地表水环境历史数据，且根据现场勘查情况，调查区域附近仅有一处未受污染环境或破坏生态行为影响的地表水"对照区域"，不符合5个样本的要求。结合《广东省地表水环境功能区划》（粤环〔2011〕14号）可知，本起案件周边的主要地表水执行《地表水环境质量标准》（GB 3838-2002）中的Ⅳ类标准。因此本次评估中将《地表水环境质量标准》（GB 3838-2002）中的Ⅳ类标准作为地表水环境基线。对照区域地表水检测数据及基线数据参见表×××（检测报告详见附件6）。

3. 生态环境损害确定。

（1）土壤环境污染分析：土壤环境污染分析结果（详见表×××，检测报告详见附件6）与基线进行对比评估（详见表×××），案件区域下方土壤样品××××××指标检测值存在不同程度超过基线水平的现象，其中×超基线倍数为××倍，×超基线倍数为××倍，×超基线倍数为××倍，×超基线倍数为××倍，×超基线倍数为××倍。根据《生态环境损害鉴定评估技术指南 总纲和关键环节 第1部分：总纲》（GB/T 39791.1-2020）生态环境损害确定条款（1），本次案件区域土壤环境损害事实明确。

（2）地下水环境污染分析：根据地下水样品检测结果（详见表×××，检测报告详见附件6),××个地下水样品的检测值均存在超过《地下水质量标准》(GB/T 14848-2017)中规定的×类标准的现象,主要超标污染物为××××××。

参考《地下水污染健康风险评估工作指南》(环办土壤函〔2019〕770号)可知,"地下水污染区涉及地下水饮用水源(在用、备用、应急、规划水源)补给径流区和保护区,地下水有毒有害物质指标超过《地下水质量标准》(GB/T 14848-2017)中的×类标准、《生活饮用水卫生标准》(GB 5749-2006)等相关标准时,可不开展地下水污染健康风险评估工作,基于标准值开展地下水环境管理工作。"

固废倾倒区域属于××××××地下水水源涵养区,涉及地下水饮用水源(在用、备用、应急、规划水源)补给径流区和保护区。地下水有毒有害物质指标主要为××××××,×个地下水样品的×××检测数据均低于《地下水质量标准》(GB/T 14848-2017)中的Ⅲ类标准、《生活饮用水卫生标准》(GB 5749-2006)等相关标准,因此,本次案件区域内地下水存在超过《地下水质量标准》(GB/T 14848-2017)中规定的×类标准的现象,但本报告出具之时,相关单位已完成固体废物清理处置工作,环境危险源已经全部消除,根据《建设用地土壤污染风险评估技术导则》(HJ 25.3-2019)、《地下水污染健康风险评估工作指南》(环办土壤函〔2019〕770号)判断,经与×××局沟通同意,固废倾倒区域的地下水采取自然恢复的修复措施,确保地下水环境逐渐恢复至基线水平。

(3) 地表水环境污染分析:根据地表水样品检测结果(详见表×××,检测报告详见附件6),××个地表水中的××均未检出,与地表水对照点比较得出,周边水体存在一定程度污染现象,如××××××指标数据均高于地表水对照点。参照《地表水环境质量标准》(GB 3838-2002)Ⅳ类水标准限值,×个地表水样品中××××的检测值存在超过《地表水环境质量标准》(GB 3838-2002)×类标准限值的现象。故本次案件对周边地表水存在一定程度污染,但本报告出具之时,相关单位已完成固体废物清理处置工作,同时现场的污水由于阳光暴晒已经干枯,经与××局工作人员沟通同意后,本起案件的污水不需要开展清理处置措施。

五、分析说明

1. 因果关系分析。根据《生态环境损害鉴定评估技术指南 总纲和关键环节 第1部分:总纲》(GB/T 39791.1-2020)、《生态环境损害鉴定评估技术指南 总纲和关键环节 第2部分:损害调查》(GB/T 39791.2-2020)、《生态环境损害鉴定评估技术指南 环境要素 第1部分:土壤和地下水》(GB/T 39792.1-2020)等相关文件及标准规范,环境损害因果关系分析主要包括污染环境行为的因果关系分析和破坏生态行为的因果关系分析,本次案件主要涉及污染环境行为与环境损害间的因果关系分析。

(1) 时间顺序分析:本次案件区域土壤环境无历史检测数据,根据案件区域历史卫星影像及历史用途,相关部门关于此次案件过程的调查结果,本次案件区域内固废样品分析结果,综合参考对照区域与污染区域主要特征污染物浓度水平分析结果进行分析、判断,土壤中主要污染物应来源于本次案件填埋的固废,本次案件污染环境行为应发生在生态环境损害之前。

（2）污染物同源性分析：根据固废检测主要特征污染物分析结果，本次案件区域土壤中含有的主要特征污染物××××××等与本次案件填埋固废的主要特征污染物基本一致，且经现场调查，案件区域周边无其他明显污染源，土壤环境介质存在的污染物与固废污染源产生的污染物具有一致性。

（3）迁移路径合理性分析：根据案件及现场调查情况，本次案件区域内未有相关环境污染治理设施，固废填埋过程中直接与土壤接触，如遇雨天，可渗漏并迁移至未硬底化土壤，存在明显污染行为及污染来源。根据区域内地形地貌，存在污染物从污染源迁移至污染区域的可能，且其传输路径与污染源排放途径相一致，可组成完整的环境暴露路径。综上分析，污染物至受体端存在合理的迁移、转化可能性。

（4）因果关系分析结论：根据上述分析，本次事件存在明确的污染环境行为，土壤、地表水环境污染损害事实明确，且污染行为先于环境损害的发生，受体端与污染源的污染物存在同源性，污染源到受损土壤、地表水环境间存在合理的迁移转化过程，本次事件环境污染行为与损害间存在明确的因果关系。

2. 生态环境损害实物量化。根据《生态环境损害鉴定评估技术指南 总纲和关键环节 第1部分：总纲》（GB/T 39791.1-2020）和《生态环境损害鉴定评估技术指南 环境要素 第1部分：土壤和地下水》（GB/T 39792.1-2020）等相关文件及标准规范，生态环境损害实物量化的内容可能包括：

（1）土壤环境损害程度量化。土壤环境损害程度量化主要基于土壤特征污染物浓度或相关理化指标与基线水平，计算每个点位土壤中污染物浓度或相关理化指标的超基线倍数，计算方法如下：

$$K_i = \left| \frac{T_i - B_i}{B_i} \right|$$

公式中，K_i 为某个点位土壤特征污染物或相关理化指标的超基线倍数；T_i 为某个点位土壤特征污染物的浓度或相关理化指标；B_i 为土壤特征污染物浓度或相关理化指标基线水平。

根据上述土壤损害程度量化方法，结合本次案件土壤检测结果（详见表××），经计算各检测指标超基线倍数如下：案件区域下方土壤样品××××××指标检测值存在不同程度超过基线水平的现象，其中×超基线倍数为××倍，×超基线倍数为××倍，×超基线倍数为××倍，×超基线倍数为××倍，×超基线倍数为××倍。具体超基线样品详见表××。

（2）土壤损害范围量化。本次案件超过基线的土壤样品共有××个，本次评估参照40m×40m系统布点法在固废填埋区域内均匀布设××个土壤调查点位，依据《测量报告》，地块的面积共计××m²，因此每个点位所代表的调查面积为××m²，本次土壤调查采样深度为××m。根据表××可知，本次案件受损土壤体积为××m³。具体详见表××。

3. 基本恢复目标。根据《生态环境损害鉴定评估技术指南 总纲和关键环节 第1部分：总纲》（GB/T 39791.1-2020）、《生态环境损害鉴定评估技术指南 环境要素 第 1 部分：土壤和地下水》（GB/T 39792.1-2020），基本恢复目标是将受损土壤环境及其生态服务功能恢复至基线水平。

（1）土壤环境恢复方案。本次案件在评估区域内采集的××个样品中，××××××均未检出外，其他××项重金属指标均有检出，其中×超基线倍数为××倍，×超基线倍数为××倍，×超基线倍数为××倍，×超基线倍数为××倍，×超基线倍数为××倍。参照《土壤环境质量 建设用地土壤污染风险管控标准（试行）》（GB 36600-2018）中第×类用地规定的风险筛选值和管制值进行对比分析，评估区域内所有检测指标均未超过×××标准中第××类用地规定的风险筛选值。对于仅超过基线的区域建议暂时无需进行人工修复，以自然恢复为主。根据《生态环境损害鉴定评估技术指南 环境要素 第 1 部分：土壤和地下水》（GB/T 39792.1-2020），当土壤环境不需要开展修复且现状污染水平高于基线水平时，应对现状污染水平与基线水平之间的损害进行评估。

（2）地下水环境恢复方案。本报告出具之时，相关单位已完成固体废物清理处置工作，环境危险源已经全部消除，根据《建设用地土壤污染风险评估技术导则》（HJ 25.3-2019）、《地下水污染健康风险评估工作指南》（环办土壤函〔2019〕770 号）判断，经与×××局沟通同意后，固废倾倒区域的地下水采取自然恢复的修复措施，确保地下水环境逐渐恢复至基线水平。因此，本评估报告中的生态环境损害价值量化不涉及地下水环境修复费用。

（3）地表水环境恢复方案。本次事件对周边地表水存在一定程度污染，但本报告出具之时，相关单位已完成固体废物清理处置工作，同时现场的污水由于阳光暴晒已经干枯，经与×××局工作人员沟通同意后，本起事件的污水不需要开展清理处置措施。

根据案件调查结果，本次案件固废填埋区域属于×××用地，案件发生后，不存在较为明显的生态系统服务功能损害。根据《生态环境损害鉴定评估技术指南 环境要素 第 1 部分：土壤和地下水》（GB/T 39792.1-2020），本次案件不对案件造成的期间损害进行评估。

4. 生态环境损害价值量化。根据《生态环境损害鉴定评估技术指南 总纲和关键环节 第 1 部分：总纲》（GB/T 39791.1-2020）、《生态环境损害鉴定评估技术指南 总纲和关键环节 第 2 部分：损害调查》（GB/T 39791.2-2020）、《生态环境损害鉴定评估技术指南 环境要素 第 1 部分：土壤和地下水》（GB/T 39792.1-2020），生态环境损害价值量化内容应包括污染清除、环境修复、生态环境恢复价值量化等内容。

污染清除指采用工程和技术手段，将生态环境中的污染物阻断、控制、移除、转移、固定和处置的过程；环境修复指污染清除完成后，为进一步降低环境中的污染物浓度，采用工程和管理手段将环境污染导致的人体健康或生态风险降至可接受风险水平的过程；生态环境恢复指采取必要、合理的措施将受损生态环境及其服务功能恢复至基线并补偿期间损害的过程，包括环境修复和生态服务功能的恢复。按照恢复目标和阶段不同，生态环境恢复可分为基本恢复、补偿性恢复和补充性恢复。

结合本起案件现场调查及数据分析等实际情况，本次案件区域内固废施用量超标，且所有样品中的×××均超过×××中规定的限值。若长期搁置，其渗滤液将存在污染风险，应及时对该区域固废进行清运。根据《生态环境损害鉴定评估技术指南 总纲和关键环节第1部分：总纲》（GB/T 39791.1-2020）、《生态环境损害鉴定评估技术指南 总纲和关键环节第2部分：损害调查》（GB/T 39791.2-2020）、《生态环境损害鉴定评估技术指南 环境要素第1部分：土壤和地下水》（GB/T 39792.1-2020），生态环境损害价值量化内容应包括污染清除、环境修复、生态环境恢复价值量化等内容。经与×××公安局沟通后，本次案件生态环境损害价值核算内容主要包括固体废物的清理处置与土壤环境恢复费用。

经核算，本次案件共造成固体废物清运处置费用为×××元，土壤损害价值约×××元。因此，本次案件共造成生态环境损害价值约为×××元。

5. 其他环境损害鉴定评估。根据《突发环境案件应急处置阶段环境损害评估推荐方法》（环办〔2014〕118号）和《环境损害鉴定评估推荐方法（第Ⅱ版）》（环办〔2014〕90号），环境损害指因污染环境或破坏生态行为导致人体健康、财产价值或生态环境及其生态系统服务的可观察的或可测量的不利改变，环境损害评估内容包括人身损害评估、财产损害评估、应急处置费用评估及事务性费用评估。

本次案件未产生人身损害评估、财产损害评估、应急处置费用评估费用，产生事务性费用×××元。

6. 环境损害价值量化结论。根据《突发环境案件应急处置阶段环境损害评估推荐方法》（环办〔2014〕118号）和《环境损害鉴定评估推荐方法（第Ⅱ版）》（环办〔2014〕90号），环境损害评估内容包括人身损害评估、财产损害评估、应急处置费用评估、生态环境损害评估及事务性费用评估。经核算，×××地块固废填埋案件造成的环境损害数额总计×××元，包括生态环境损害价值×××元、事务性费用×××元。

六、鉴定意见

1. 生态环境损害确认。结合本次案件填埋固废的主要特征污染物，土壤检测结果与基线进行对比评估，案件区域下方土壤样品××××××指标检测值存在不同程度超过基线水平的现象，其中×超基线倍数为××倍，×超基线倍数为××倍，×超基线倍数为××倍，×超基线倍数为××倍，×超基线倍数为××倍。参照上述生态环境损害确定条款（1），本次案件区域土壤环境损害事实明确。

2. 生态环境损害因果关系分析结论。本次案件存在明确的污染环境行为，土壤环境污染损害事实明确，且污染行为先于环境损害的发生，受体端与污染源的污染物存在同源性，污染源到受损土壤环境间存在合理的迁移转化过程，本次案件环境污染行为与损害间存在明确的因果关系。

3. 生态环境损害价值量化。经与××公安局沟通后，本次案件生态环境损害价值核算内容主要包括固体废物清运处置费用与土壤环境恢复费用。经核算，本次案件共造成固体废物清运处置费用为×××元、土壤损害价值约××元。因此，本次案件共造成生态环境损害价值约为××元。

4. 环境损害总额。××案件未产生由环境污染造成的人身损害费用、财产损害费用和应急处置费用，主要造成的环境损害价值包括生态环境损害价值、事务性费用两部分。经核算，××案件造成的环境损害数额总计××元，包括生态环境损害价值××元、事务性费用××元。

七、附件

附件1　公安局提供前期检测资料

附件2　委托书

附件3　土地用地类型证明材料

附件4　现场踏勘表

附件5　人员访谈表

附件6　环境检测报告

附件7　测绘成果报告

附件8　固体废物填埋量勘察报告

附件9　质量控制报告

附件10　事务性费用证明材料

启发与思考

1. 什么是环境损害司法鉴定？主要解决哪些专门性问题？
2. 环境损害司法鉴定的职业分类有哪几类？
3. 环境损害司法鉴定与传统三大类司法鉴定有何不同？

学习单元七

司法鉴定文书制作与出具

党的十八大以来，习近平就"严格执法、公正司法"提出了许多重要思想和观点。"严格执法、公正司法"是提高司法公信力、促进社会公平正义的首要之义。司法鉴定文书是记录和反映司法鉴定活动过程并最终出具司法鉴定意见的书面载体，是为司法案件提供科学证据的基础，也是实现"严格执法、公正司法"的重要途径。

项目一 司法鉴定文书的制作

学习目标

知识目标：了解司法鉴定文书制作工作。
能力目标：掌握司法鉴定文书的写作方法。

内容结构

任务一：司法鉴定文书制作前的准备。
任务二：司法鉴定文书的制作。
任务三：技能训练。

知识要点

司法鉴定文书是记录和反映司法鉴定活动过程并最终出具司法鉴定意见的书面载体，司法鉴定过程最终需以司法鉴定意见书作为最终成果，为司法活动提供证据。虽然司法鉴定意见书可能只是以几页纸的形式呈现，但制作司法鉴定意见书所需要的材料及记录资料可能厚达几本书，甚至几箱纸。司法鉴定从受理开始到出具司法鉴定意见书过程中需要进行制作前准备、收集鉴定材料、记载检查记录等，再根据司法鉴定文书规范要求制作司法鉴定意见书。

任务一 司法鉴定文书制作前的准备

一、给予案件唯一性标识以及选定司法鉴定人

司法鉴定机构受理鉴定委托后，应当将案件信息进行登记后给予唯一性标识，以防止案件相关鉴定材料与其他案件相混淆。应当指定本机构中具有该鉴定事项执业资格的司法鉴定人进行鉴定。司法鉴定机构对同一鉴定事项，应当指定或者选择 2 名司法鉴定人进行鉴定；对于重大疑难、特殊、复杂的鉴定事项，可以指定或者选择多名司法鉴定人进行鉴定。

二、了解案情

司法鉴定人受指派进行鉴定后，根据鉴定需要，有权调取、了解与鉴定事项有关的情况，查阅、复制相关资料，询问与鉴定事项有关的当事人和相关人员。详尽了解案件发生的原因、情节、时间和地点，了解受伤部位、致伤物、伤后经过和医疗情况等，以便在检查时做到心中有数。

三、收集鉴定资料以及保管

司法鉴定意见的形成不可能是无中生有，必须严格依据鉴定材料分析得出。因此，收集鉴定材料是司法鉴定意见书制作前的重要工作，鉴定材料包括生物检材和非生物检材、比对样本材料以及其他与鉴定事项有关的鉴定资料。生物检材是指自然界的动物、植物和微生物，或者机体的一部分、代谢物等。例如，与人相关的生物检材，包括人体、尸体、组织、血液、尿液、唾液和精液等。非生物检查是指自然界中无生命力的物质，如药物、毒品、化学物质、油墨、纸张和录音录像等。比对样本是指用于比对鉴定的样本，如反映人体 DNA 遗传标记的血液、毛发等，也可以是反映指纹的指印样本等。鉴定资料是指存在于各种载体上的与鉴定事项有关的信息，通常不属于鉴定的直接对象，如法医鉴定中的被鉴定人伤后的就诊病历、影像学片，或者反映损伤经过的视频等。

司法鉴定机构收到提供的鉴定材料时，应当对鉴定材料特点进行如实记录和描述，包括鉴定材料的名称、种类、数量、性状、保存状况和收到时间等，并与委托人确认。记录方式可以采用书面记录、拍照、录像等方式进行。

对于收集的资料需要按照鉴定材料的保管制度严格监控材料的接收、传递、检验、保存和处置。

四、鉴定资料的审查

在诉讼活动中，有的当事人为了达到一定目的，故意提供不真实、不全面的鉴定材料，只提供对自己有利的鉴定材料，隐瞒对自己不利的材料，甚至提交虚假的材料，影响鉴定意见的科学性、公正性，进而影响司法公正。因此，鉴定机构对所提供的鉴定材料的充分性、真实性及合法性负有审查义务。

首先，出具司法鉴定意见需要完整、充分的证据材料，如果材料不充分，鉴定意见的分析依据不充分，所出具的司法鉴定意见就可能出现偏差，更容易被质疑、甚至被推翻。其次，虽然鉴定资料的真实性、合法性是由委托人负责，但司法鉴定机构对鉴定资料上述两性仍然需要负有一定的注意义务，目的是减少因鉴定材料的不真实、不合法导致鉴定意见的不科学、不公正。

五、选用技术标准、技术规范和技术方法

每例司法鉴定案件都不可能千篇一律。例如，法医鉴定因委托人涉及的赔偿方式不

同、选择的伤残标准不同,甚至因为损伤部位、性质不同,所采用的检验规范均有不同。《司法鉴定程序通则》第23条规定,选用技术标准、规范和方法时,优先选用国家标准,其次是行业标准和技术规范,最后才选用该专业领域多数专家认可的技术方法。若委托人有特殊要求的按其要求,如法医临床伤残鉴定时委托人明确适用《人身保险伤残评定标准》。此时,司法鉴定人应当按照与委托人签署的委托要求选用相应的技术标准、规范和方法进行鉴定。

六、实施司法鉴定检验

司法鉴定人按照前述的技术标准、规范和方法,对鉴定材料进行鉴别和判断。不同领域、专业的鉴定检验、检测习惯不同,即使相同的专业也因不同机构、人员的不同,使用的记录方式、内容有所不同,但均需要遵守《司法鉴定程序通则》第27条的规定:司法鉴定人应当对鉴定过程进行实时记录并签名;记录可以采取笔记、录音、录像、拍照等方式。记录应当载明主要的鉴定方法和过程,检查、检验、检测结果,以及仪器设备使用情况等。记录的内容应当真实、客观、准确、完整、清晰,记录的文本资料、音像资料等应存入鉴定档案。例如,法医临床鉴定关节活动度时,需要记录患侧活动度值,也需要记录健侧的测量值,并需要实时地测量、记录。

在鉴定检验过程中需要注意以下问题:《司法鉴定程序通则》第19条规定,司法鉴定机构对同一鉴定事项,应当指定或者选择2名司法鉴定人进行鉴定;第24条第2款规定,现场提取鉴定材料应当由不少于2名司法鉴定机构的工作人员进行,其中至少1名应为该鉴定事项的司法鉴定人;第19条规定,同一鉴定事项由2名司法鉴定人进行鉴定,即检验、检测均由司法鉴定人完成。第24条规定的是"提取鉴定材料",不包含检验、检测。检验、检测必须要由司法鉴定人本人进行。

任务二 司法鉴定文书的制作

前述已经对从司法鉴定受理到检验、检测等工作内容进行了简单的叙述。接下来对司法鉴定意见书的制作过程进行说明。

一、形成司法鉴定意见书

在检验完成后,接下来的工作是制作鉴定意见书。鉴定意见书需在司法部发布的司法鉴定意见书格式规范要求的大框架下制作,可以根据鉴定类别和具体鉴定案件的需求增加或删减部分内容。

(一)基本情况

第一次制作司法鉴定意见书稿件时,必须将案件唯一性编号、委托人、委托事项、受理时间、鉴定材料、鉴定地点、在场人员等基本信息在稿件中填写完整,与签署的司法鉴定委托书记载一致。这些内容虽然不涉及技术问题,却是最容易发生错误的内容。务必在首次制作时再三校对。此外,在检验过程中可能需要补充鉴定材料。在制作鉴定意见书时，需要留意后面补充的鉴定材料在基本情况的鉴定材料中是否一一列出。如条件允许，针对这部分内容，每个鉴定机构也可以根据自身情况利用软件化的方式生成模板，可明显减少错误。

（二）基本案情

主要是摘录与案件鉴定相关的简要案情，一般与司法鉴定委托书一致。但需要注意的是，部分鉴定案件是个人委托，受文化程度和专业知识等因素限制，无法像专业人员一样准确地提炼和归纳出简要的案情，可能会写出很多口语化，甚至与委托事项无关的内容，这时需要司法鉴定人在制作稿件时进行删减、修缮。

（三）资料摘要

司法鉴定意见书是整个鉴定过程的高度概括和内容提炼，委托人提供的鉴定资料不可能一一在司法鉴定意见书中体现。在司法鉴定意见书制作过程中，需要司法鉴定人甄选出与委托事项有关、特别是与最终得出的鉴定意见高度相关的内容进行摘录。例如，法医临床伤残等级鉴定过程中，委托人常常提供就诊的收费清单、发票等材料，这些材料均与伤残等级鉴定无关，可以不进行摘录；但如果进行医疗费用合理性鉴定，则可以录入收费项目和具体金额。在有些鉴定项目中，资料摘要既要摘录与鉴定有关的阳性内容，也要录入具有鉴别意义的阴性内容，这部分属于司法鉴定意见成立的证据内容。

（四）鉴定过程

鉴定过程属于比较格式化的记载内容，主要体现鉴定步骤、鉴定方法、鉴定内容以及在鉴定过程中所使用的仪器设备、技术方法、技术标准、技术规范、行业规范和检验结果等内容。需要注意的是，在实际检验中，检验/检测时可以是文字记录、录像、录音、拍照等方式记录，以上记录只是原始的数据，可能是无序、杂乱的。不少机构为方便快捷记载，会先制作好图纸，检验时在图纸上标记。制作司法鉴定意见书时，需要将检验/检测记录转录成通俗、易懂的文字，并对部分记录内容进行加工。必要时，可对检验结果进行判断，如法医病理司法鉴定意见书常常出现"法医病理学诊断"一项内容，是前述的检验/检测的总结、归纳，目的是方便接下来鉴定意见的分析。

（五）分析说明及结论

这个部分是最能体现司法鉴定人水平的部分，受司法鉴定人的文笔水平、经验影响甚大，也是司法鉴定意见书的重中之重。需要以前面的案情、资料摘要、检验/检测结果为依据，根据现有的科学原理和经验分析检验结果、解答委托事项，分析过程完全可以理解为写一篇说明文的过程，需要有充分的论据、严谨的逻辑思维、清晰的层次。在这些过程中，每名司法鉴定人的分析都可能不一样，在分析过程中需要司法鉴定人独立完成后汇总，尽量形成统一的意见；如无法达成一致意见，需要分别进行标注。

根据技术标准、规范、方法的规定以及专业要求，司法鉴定意见书应当附加照片、图表等作为司法鉴定意见书的一部分，更能说明结论。

二、鉴定材料整理归档

虽然司法鉴定的整个鉴定过程最终以司法鉴定意见书的形式呈现（对外只出具司法鉴

定意见书），但鉴定材料也是鉴定文书不可分割的重要组成部分。司法鉴定人应当对鉴定过程进行实时记录并签名。记录可以采取笔记、录音、录像、拍照等方式。记录应当载明主要的鉴定方法和过程，检查、检验、检测结果，以及仪器设备使用情况等。记录的内容应当真实、客观、准确、完整、清晰，记录的文本资料、音像资料等应当存入鉴定档案。因此，在鉴定机构内部，对每个司法鉴定案件都应当有完整的鉴定档案。档案包括与委托人签订的司法鉴定委托书、收费清单、风险告知书、材料交接记录、材料清单、鉴定材料、检验/检测记录、审核/复核记录等。这些材料都是记录司法鉴定从委托到检验/检测直至鉴定意见书制作出具等鉴定的完整过程及结果，是出具司法鉴定意见最重要的证据材料。鉴定过程中涉及流转记录、审核记录、干预司法鉴定记录等资料均收录进入鉴定档案中，此外，还应收集其他与鉴定有关的材料，如发票复印件、被鉴定人、委托人的证件材料等。

任务三　技能训练

一、训练目的

学习、掌握司法鉴定意见书的书写规范、格式，以及学习如何筛选与鉴定有关的资料内容。

二、训练内容

根据案例资料制作法医临床司法鉴定意见书。

1. **案例资料**：委托书记载案情及委托事项。姜×、男、48岁，于××××年××月12日工作时受伤，现要求按《劳动能力鉴定 职工工伤与职业病致残等级》（GB/T 16180-2014）对其进行伤残评定。

某市××医院病历资料1份，X光片3张。

2. **病历摘要**：某市××医院病历（住院号××××××）。

姜×，××××年××月12日入院，因"摔倒致右腕疼痛、活动受限16小时余"入院。现病史：患者于16小时前工作时摔倒后右手腕疼痛，活动时明显，到当地医院治疗，予石膏托固定。现为进一步治疗来我院治疗，起病以来，大小便正常，睡眠正常。

体查：体温36.7℃，脉搏87次/分，呼吸20次/分，血压135/85mmHg。神志清醒，对答切题，查体合作。双眼瞳孔等大等圆，直径3mm，对光反射灵敏；胸廓对称，运动正常，双肺呼吸音清、未及湿啰音。心脏浊音区未见增大，各瓣膜听诊区未见异常。腹部未见隆起，腹肌软、无压痛，未及肿块，肠鸣音正常。

专科检查：右腕部石膏托固定，右腕关节肿胀，指端血运正常、感觉正常。右肘关节活动正常，右上臂中下段外侧见一长约15cm疤痕。

××××年××月12日 X片检查报告：右桡骨远端骨折，右肱骨中下段内固定术后，右肘关节未见骨折、脱位。

××××年××月 13 日，进行"右桡骨远端骨折切开复位内固定术"，术中见桡骨远端横形骨折，轻度移位，术中出血 30ml。

××××年××月 14 日 X 线检查报告："右桡骨远端骨折"内固定术后复查。

××××年××月 31 日出院。出院诊断：右侧桡骨远端骨折，右肱骨陈旧性骨折。

3. 法医学检验。检验时间在 6 个月后。被鉴定人神志清醒，对答切题。步行入室，检查合作。被鉴定人自诉右肘关节活动正常，右腕关节活动时仍有疼痛感、受限。

查体：右上臂中下段外侧皮肤见 16.3cm×0.2cm，右前臂下段前侧皮肤见 6.0cm×0.2cm 手术疤痕。

审阅 X 光片 3 张：见右桡骨远端骨折；右桡骨远端骨折内固定术后。右肱骨陈旧性骨折并骨折术后。

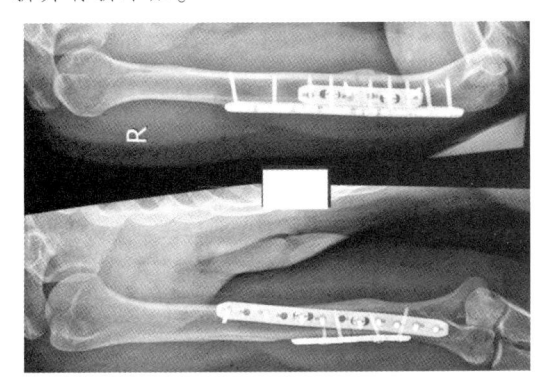

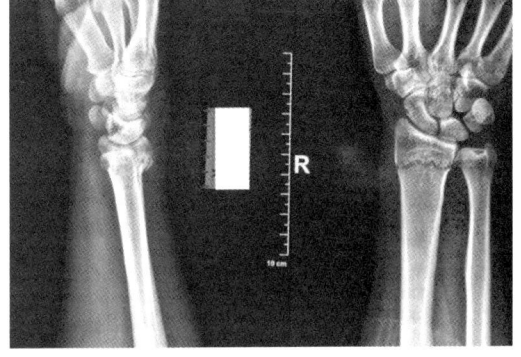

××××年××月 12 日 X 光片

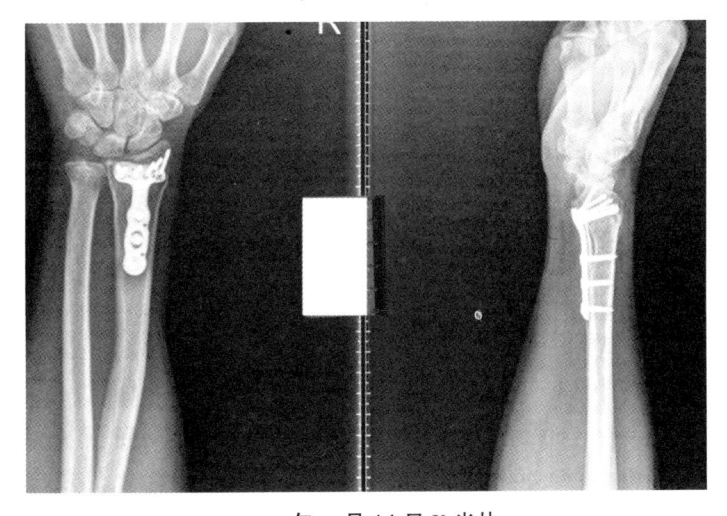

××××年××月 14 日 X 光片

三、训练要求

根据上述给定材料，按照司法鉴定意见书的写作要求和方法，制作一份法医临床司法鉴定意见书。

四、训练评价

司法鉴定意见书是否按文书规范制作；病历资料摘录的筛选是否恰当；适用条款是否

正确；是否有鉴别陈旧损伤，以及对陈旧损伤如何评定。

项目二　司法鉴定文书的审核与出具

学习目标

知识目标：了解司法鉴定文书审核与出具的相关规范、流程。

能力目标：掌握司法鉴定文书审核与出具程序。

内容结构

任务一：司法鉴定文书的审核与签发。

任务二：司法鉴定文书的出具。

知识要点

司法鉴定意见书稿件制作完成后，还需要经司法鉴定人校对后交复核人、授权签字人对鉴定程序、结论等内容审核无误后才签字出具。

任务一　司法鉴定文书的审核与签发

作为证据的司法鉴定意见书的内容应当是科学、严谨的，所以在稿件制作完成后（行业习称"初稿"），需要进行反复地校对、修改，经审核无误后才能签发。

一、司法鉴定文书的校对与修改

司法鉴定意见书稿件（初稿）制作后，司法鉴定人作为鉴定意见的负责人，须对稿件进行校对，如发现错误则进行修改，对于分析部分不充分、逻辑性不强等内容进行修改。对于分析说明部分的内容，建议司法鉴定人在独立完成后进行面对面讨论，每名司法鉴定人提出的观点或者要点不尽相同，但在讨论中观点的碰撞容易形成火花，从而得出更加严谨的分析过程及客观结论。在此需要注意的是，在稿件中的修改需要司法鉴定人签字确认，并作为鉴定过程的记录材料和其他鉴定材料一起归档保存。

二、司法鉴定文书的审核与签发

司法鉴定人对鉴定意见书进行校对、修改、定稿后，还需要进入复核、授权签发过程。应当将整份档案资料、司法鉴定意见书定稿的稿件一同转交复核人、授权签字人进行审核，具体的审核内容是从受理到出具司法鉴定意见书的整个过程，包括鉴定程序及鉴定意见，并对审核的情况进行记录、签字，此时司法鉴定意见书方能出具。如审核发现鉴定程序有错误或鉴定意见错误的，需要注明情况、签字，并退回鉴定档案给司法鉴定人整改，整改后再次审核。

审核通过后进行最后校对、排版打印，制作成正式鉴定意见书，由司法鉴定人签字发出，有条件的可以与报告一同附加送达凭证。委托人收到司法鉴定意见书之后，在签收处签名并寄回鉴定机构归入档案，但也可以通过其他方式体现。例如，现广州地区已适用电子司法鉴定意见书，在审核通过、校对、排版后上传至专用系统，司法鉴定人、复核人依次进行电子签章后，系统自动发出司法鉴定意见书。

任务二　司法鉴定文书的出具

在司法鉴定意见书出具之前，应当对程序、鉴定意见等鉴定过程、程序及结论进行三级审核及复核，并在相应的三级审核表、复核表等表格中进行签名，在审核及复核通过后方能出具司法鉴定意见书。

司法鉴定机构和司法鉴定人应当按照统一规定的文本格式制作司法鉴定书。司法鉴定意见书应当由司法鉴定人签名并加盖司法鉴定机构的司法鉴定专用章后，按照有关规定或者委托人约定的方式发送给委托人。司法鉴定意见应当一式四份，三份交委托人收执，一份由司法鉴定机构存档。一般情况下，按签署司法鉴定委托书时的约定发送司法鉴定意见书，方式可选择自取、邮寄、智慧平台等方式。

采用自取方式发送司法鉴定意见书的，司法鉴定机构应当制作好送达凭证或司法鉴定意见书签收表，领取人在上述表格中签名并注明时间。司法鉴定机构在发放司法鉴定意见书前应当对领取人进行身份核验后方能发放。采用邮寄方式发送司法鉴定意见书的，司法鉴定机构应当选择大型的、健全的快递公司，司法鉴定意见发送后应当将快递单存档，建议一案一快递，以便追寻快递投递、签收情况。

随着电子信息化技术不断发展，顺应时代要求，司法鉴定意见书的发送方式也发生了相应变化。例如，如广州市适用电子司法鉴定意见书，在司法鉴定意见书签署完毕后，平台自动发送短信至约定的手机号，由委托人自行下载打印。该技术暂时还未得到全部办案机构的认可，不少办案单位仍然需要发送纸质的司法鉴定意见书的，可参考自取、邮寄的发送方式进行。

此外，委托人可因办案需要增加司法鉴定意见书的数量，可与司法鉴定机构约定。正常情况下，在出具司法鉴定意见书前提出的，上述约定可以正常增加司法鉴定意见书数量；但在实际工作中，不少委托人在出具司法鉴定意见书后才提出。对待此要求，若原司法鉴定人离开原司法鉴定机构的，虽然未更改司法鉴定意见内容，但原司法鉴定人也不可能重新签字出具司法鉴定意见书，导致无法增加司法鉴定意见书数量，因此，建议在签署司法鉴定委托书时，提前说明是否增加数量。现在广州地区使用电子司法鉴定意见书后，仅需进行打印即可增加司法鉴定意见书数量，上述问题得以解决。

司法鉴定意见书出具后，发现有下列情形之一的，司法鉴定机构可以进行补正：①图像、谱图、表格不清晰的；②签名、盖章或者编号不符合制作要求的；③文字表达有瑕疵或者错别字，但不影响司法鉴定意见的。补正应当在原司法鉴定意见书上进行，由至少1名司法鉴定人在补正处签名。必要时，可以出具补正书。以上也存在司法鉴定人离开原司法鉴定机构后无法补正的情况，因此，司法鉴定人应当对司法鉴定意见书进行多次校对后才出具,减少上述需要补正情况的发生。

启发与思考

1. 司法鉴定意见书的发送对象是谁?
2. 司法鉴定意见书可以以哪些方式发送?
3. 随着时代发展,司法鉴定意见书的发送方式将如何转变?

参考文献

1. 邹明理主编：《我国现行司法鉴定制度研究》，法律出版社 2001 年版。
2. 霍宪丹主编：《司法鉴定学》，中国政法大学出版社 2010 年版。
3. 樊崇义主编：《司法鉴定法律知识导读》，法律出版社 2001 年版。
4. 何家弘主编：《司法鉴定导论》，法律出版社 2000 年版。
5. 项琼、陈国庆主编：《司法鉴定文书写作》，中国政法大学出版社 2016 年版。
6. 司法部公共法律服务管理局组编：《〈司法鉴定程序通则〉释义》，中国政法大学出版社 2020 年版。
7. 中华人民共和国司法部：《司法部关于印发司法鉴定文书格式的通知》（司发通〔2016〕112 号）。
8. 朱姗姗："中国古代司法检验制度研究"，载《中国司法鉴定》2018 年第 1 期。
9. 柯昌林主编：《文件检验》，中国政法大学出版社 2016 年版。
10. 王连昭："我国笔迹鉴定发展历程简述"，载《河南司法警官职业学院学报》2019 年第 4 期。
11. 司法部司法鉴定管理局组编：《司法鉴定技术规范》，北京大学出版社 2016 年版。
12. 公安部物证鉴定中心编：《手印检验技术实战应用手册》，群众出版社 2017 年版。
13. 王成荣主编：《痕迹物证——司法鉴定实务》，法律出版社 2012 年版。
14. 李丽莉编著：《道路交通事故车体痕迹鉴定》，科学出版社 2017 年版。
15. 赵明辉、李丽莉、冯浩编著：《道路交通事故涉案者交通行为方式鉴定》，科学出版社 2019 年版。
16. 冯浩、潘少猷编著：《道路交通事故痕迹物证鉴定概论》，科学出版社 2020 年版。
17. 单大国主编：《刑事科学技术》，高等教育出版社 2016 年版。
18. 孟品佳、刘景宁主编：《微量物证与毒物毒品分析》，中国人民公安大学出版社 2014 年版。
19. 刘冬娴、姚惠芳、徐远清主编：《微量物证与毒物毒品分析》，中国人民公安大学出版社 2013 年版。
20. 杨瑞琴主编：《微量物证检验》，中国人民公安大学出版社 2013 年版。

21. 刘咏主编：《微量物证与毒物毒品检验》，中国人民公安大学出版社 2011 年版。

22. 姜红：《微量物证检验及应用》，中国人民公安大学出版社 2011 年版。

23. 朱明华编：《仪器分析》，高等教育出版社 2002 年版。

24. 於方等："环境损害鉴定评估关键技术问题探讨"，载《中国司法鉴定》2016 年第 1 期。

25. 郭雪艳等："中国环境损害司法鉴定体制形成与发展"，载《法医学杂志》2020 年第 4 期。

26. 於方等编著：《生态环境损害鉴定评估工作指南与手册》，中国环境出版集团 2020 年版。

27. 《机动车运行安全技术条件》（GB 7258-2017）

28. 《道路交通事故车辆速度鉴定》（GB/T 33195-2016）

29. 《基于视频图像的车辆行驶速度技术鉴定》（GA/T 1133-2014）

30. 《道路交通事故现场痕迹物证勘查》（GA/T 41-2019）

31. 《道路交通事故涉案者交通行为方式鉴定》（SF/Z JD0101001-2016）

32. 《道路交通事故痕迹物证鉴定通用规范》（SF/T 0072-2020）

33. 《电动自行车安全技术规范》（GB 17761-2018）

34. 《基于视频图像的道路交通事故信号灯状态鉴定规范》（SF/T 0073-2020）

35. 《汽车电子数据检验技术规范》（SF/T 0077-2020）

36. 《道路交通事故痕迹物证鉴定通用规范》（SF/T 0072-2020）

37. 《汽车事件数据记录系统》（GB 39732-2020）

38. 《法庭科学车辆轮胎痕迹检验技术规范》（GA/T 1508-2018）

39. 《道路交通事故机动车驾驶人识别调查取证规范》（GA/T 944-2011）

40. 《法庭科学车体痕迹检验规范》（GA/T 1450-2017）

41. 《声像资料鉴定通用规范》（SF/T 0119-2021）

42. 《图像资料处理技术规范》（SF/ZJD 0302002-2015）

43. 《人像鉴定技术规范》（SF/T 0125—2021）